湖北民族大学马克思主义理论学科系列丛书

DISEASE
&
POVERTY

居民因病致贫风险评估

常金奎 著

中国社会科学出版社

图书在版编目（CIP）数据

居民因病致贫风险评估／常金奎著 .—北京：中国社会科学出版社，2021.6
（湖北民族大学马克思主义理论学科系列丛书）
ISBN 978 - 7 - 5203 - 8522 - 0

Ⅰ.①居… Ⅱ.①常… Ⅲ.①居民—贫困问题—研究—中国 Ⅳ.①F124.7

中国版本图书馆 CIP 数据核字（2021）第 101059 号

出 版 人	赵剑英
责任编辑	孔继萍
责任校对	杨　林
责任印制	郝美娜

出　　版	中国社会科学出版社
社　　址	北京鼓楼西大街甲 158 号
邮　　编	100720
网　　址	http://www.csspw.cn
发 行 部	010 - 84083685
门 市 部	010 - 84029450
经　　销	新华书店及其他书店
印　　刷	北京君升印刷有限公司
装　　订	廊坊市广阳区广增装订厂
版　　次	2021 年 6 月第 1 版
印　　次	2021 年 6 月第 1 次印刷
开　　本	710×1000　1/16
印　　张	14
插　　页	2
字　　数	223 千字
定　　价	88.00 元

凡购买中国社会科学出版社图书，如有质量问题请与本社营销中心联系调换
电话：010 - 84083683
版权所有　侵权必究

序　言

贫困问题是人类社会面临的重要问题，也是对很多人造成严重影响的社会问题，它导致个体或者家庭生活困难，造成社会不平等或者不稳定，引发政治动荡或者政治革命等。因此，贫困问题自古至今都受到人们高度关注，希望加以消除至少是能够减轻。贫困与人类历史共生、共存，也与人类反贫困的思想与行动共生、共存。贫困是一个永久的问题，也是一个永久的话题。

正因为此，关于贫困及其成因一直受到关注，尤其是近代社会以来，许多思想家、政治家、社会学家等都有很多的讨论。从原因上来看，亚当·斯密、马尔萨斯等分别从工资、人口、社会财富的关系展开讨论，朗特里、布茨等从健康、儿童数量、就业展开讨论；从程度上来看，马克思、恩格斯提出了无产阶级绝对贫困与相对贫困的思想理论；从解决方法上来看，查德威克提出济贫法改革主张，马克思、恩格斯、列宁提出无产阶级革命主张，穆勒、霍布森提出国家干预制主张，贝弗里奇和蒂特马斯提出普遍社会福利主张。这些主张在不同历史阶段对贫困问题的解决产生不同影响。

贫困问题也是中国社会发展史上的重要问题之一，虽然其原因是多方面，但其后果则是表现出较强的一致性，这就是大规模的农民运动推翻政权，建立新的政权，实施休养生息。从一定程度上来说，从休养生息到社会贫困到民不聊生到农民运动，进而再到休养生息的轮回，也是中国历史上贫困及其治理的一个特征。近代以来从孙中山先生的三民主义到中国共产党提出的武装革命与土地革命相结合，也都是在探索中华民族独立和解放的过程中，探索解决贫困问题、改善人民生活的道路。

改革开放以来，伴随着中国特色社会主义市场经济体制的建立，中国经济社会取得长足进步的同时，贫困问题不仅存在，贫困原因也更加复杂，既有个体原因，也有体制机制不完善的原因。但是，"贫穷不是社会主义"则是中国共产党的基本认识，全面建成小康社会是中国社会的阶段目标，精准脱贫是中国摆脱绝对贫困的基本途径，乡村振兴更是满足人们对美好生活的向往和基本实现社会主义现代的重大战略。

可以说，中国反贫困取得了阶段性胜利，绝对贫困问题基本解决，中国也将在反贫困道路上取得更加辉煌的成就。但是，因病致贫等问题更显突出。因病致贫的对象并非仅限于低收入群体，一般收入甚至较高收入群体也面临因病致贫风险。常金奎博士在其博士学位论文基础上修改完善并出版的这本著作，就是对这一问题开展专题研究的一部力作。

这部著作将因病致贫作为一种社会风险，以风险理论、贫困理论为基础，借鉴科学的风险评估方法，综合脆弱性评估模型和贫困计量模型的优点，构建了适用于居民因病致贫脆弱性评估的模型，评估了中国居民因病致贫脆弱性指数，尤其是对日常医疗、住院医疗以及重大疾病医疗分别评估其致贫风险，指出重大疾病致贫率最高，重大疾病致贫风险差异大，并对重大疾病区分为呼吸系统疾病、循环系统疾病等九种类型，具体评估了每类重大疾病的致贫风险。

本书对居民因病致贫脆弱性指数影响因素的相关分析指出，宏观层面负外部性因素如大气污染、水污染等在不同风险情景下对居民脆弱性指数的影响不同，对不同群体的影响也不同。居民收入储蓄各个因素都与多种风险情景下居民脆弱性指数相关显著。公共服务措施包括医疗保险、公共卫生支出等对城乡居民指数影响存在差异，但总的来说影响较弱。这些观点和结论都具有较大的学术和应用价值。

反贫困研究是一项综合研究，既需要研究贫困致因，也需要界定贫困属性，更需要测量贫困程度，还需要评估贫困风险。常金奎博士的这本著作通过对居民因病致贫风险评估，探究了新时期贫困原因、性质、程度和风险的变化，可以说是近年来国内学术界对反贫困尤其是因病致贫进行专题研究的重要成果。相信该成果一定会对中国学术界关于反贫困的研究产生推动作用，也将对中国反贫困事业的发展提供有益的学术支撑和数据支持，并且相信常金奎博士会在将来的学术研究中取得更多更好的成就。

中国社会保障学会副会长

华中科技大学社会学院院长

丁建定

2021 年 4 月 21 日

摘　　要

马克思在《德意志意识形态》一文中指出："一切人类生存的第一个前提，也就是一切历史的第一个前提，这个前提就是，人们为了能够'创造历史'，必须能够生活。但是为了生存，首先就需要衣、食、住以及其他东西。"[①] 可见马克思将民生作为人们创造历史的前提。因病致贫问题是威胁我国居民生活的重大风险，要保障民生、凸显社会主义的优越性，就有必要科学认识、有效治理因病致贫问题。

我国反贫困取得阶段性胜利，绝对贫困问题基本解决。但是因病致贫这种突发性、临时性贫困问题更显突出。并且因病致贫风险威胁的对象也不再局限于低收入群体，而是扩展到平均收入甚至更高收入水平的居民。针对这些变化，需要引入新的方法，对因病致贫风险进行分析和评估。本书将因病致贫看作所有居民都面临的一种风险，以风险理论、贫困理论为基础，借鉴灾害学、经济学成熟的区域风险评估方法，参考风险脆弱性评估框架，结合情景分析方法，综合脆弱性评估模型和贫困计量模型的优点，构建适用于居民因病致贫脆弱性评估的模型。应用2015年的相关截面数据，评估了省域水平上我国居民的因病致贫脆弱性指数。并根据评估结果呈现出的明显城乡差异特征，进一步分析不同风险情景下各省市居民因病致贫脆弱性指数的城乡差异具体状况。这对当前正在推进的城乡居民基本医疗保险的统一具有参考意义。为了揭示各省市居民脆弱性指数受外部因素影响的情况，本书还应用主成分分析、

[①] 《马克思恩格斯选集》第1卷，人民出版社1995年版，第79页。

Spearman 相关分析等方法讨论了各省市居民因病致贫脆弱性指数的影响因素，从而为居民接受政府的医疗救助提供更充分的依据，也为从源头上预防和治理居民因病致贫问题提供了线索。政策建议部分提出将因病致贫脆弱性评估结果用于完善最低生活保障政策、大病救助资金分配政策的可能方案。

从研究对象来看，与很多贫困脆弱性评估只专注低收入群体的研究不同，本研究将研究对象扩大到全体居民，覆盖的人群范围更广，更适用于当前一般居民也面临因病致贫风险的现实。从研究视角和方法来看，由于将因病致贫看作一种风险，这要求研究方法也与现有多数贫困脆弱性研究有所区别：首先，脆弱性评估方法借鉴了自然科学常见的风险脆弱性评估方法，也同时参考了社会科学经典的贫困计量方法，结合二者构建了本书的因病致贫脆弱性评估模型。其次，为了更好地描绘因病致贫的复杂情况，借鉴了风险分析中常见的情景分析法，其间还融入决策树、风险应对行为分析等具体操作方法。最后，基于风险脆弱性评估框架及方法，建立的居民因病致贫脆弱性指数评估模型，采集我国城乡居民的统计数据，实现对我国城乡居民因病致贫脆弱性的评估。评估结果以居民不同风险情景下的脆弱性指数值来呈现。从数据选择来看，选择截面数据的意义在于这一方法可以因数据更新保障评估结果的时效性，从而适应最新的居民脆弱性评估需求。

评估结果表明：总体而言，各省市居民因病致贫脆弱性最显著的特征依然是城乡差异。而且城乡差异在不同的风险情景下又会有不同的表现；通过具体的城乡差异分析发现：住院医疗脆弱性城乡差异要甚于日常医疗脆弱性的城乡差异，而重大疾病脆弱性的城乡差异又更甚于住院医疗脆弱性的城乡差异。与此同时，各省市居民因病致贫脆弱性指数分布还存在区域差异、重大疾病的病别差异等。这或许可以为我国正在推进的统一城乡基本医疗保险的步骤、进度提供参考。本书还进一步对各省市居民脆弱性指数的影响因素作了相关分析，结果表明：首先，宏观层面的负外部性因素，比如大气污染、水污染等在不同风险情景下对居民脆弱性指数的影响不同，对不同群体的影响也不同；城市居民日常医疗脆弱性指数与废气排放企业数相关显著，城市居民住院医疗脆弱性指数与水污染企业数相关显著,城市居民多种重大疾病脆弱性指数与水污染、固体废物、重金属等因素相关显著。但是农村居民脆弱性指数与各类负外部性关系并不显著,其中原因有待进一步研究。其次,居民收入储蓄的各个因素都与多种风险情景下的居民脆弱性指数相关显著,无论城市居民还是农村居民的脆弱性指数都是如此,这说明在收入储蓄类型的影响因素方面,城乡居民表现出了一致性。最后,就省域公共服务涵盖的各因素而言,医疗保险、公共卫生支出等对城乡居民的影响也存在差异,但总的来说,公共服务类支出对居民脆弱性的影响有限。以上研究结论可以为政府强化对居民的大病预防、医疗救助提供参考。

关键词:因病致贫;脆弱性评估;城乡差异;负外部性;地方公共服务

Abstract

With the decrease of absolute poverty population in China, the problem of poverty caused by illness has become increasingly prominent. In view of this change in poverty, this paper regards poverty caused by illness as a risk faced by all residents. Based on the risk theory and poverty theory, referring to the framework and methods of risk vulnerability assessment, and combining with the poverty measurement model, a model suitable for the assessment of poverty caused by illness isconstructed. The model is suitable for assessing the vulnerability of residents to poverty caused by illness. Based on the cross-sectional data of 2015, the vulnerability index of poverty caused by illness in China in 2015 is calculated, and then the most obvious difference between urban and rural areas is further analyzed, and the influencing factors that may affect the vulnerability index of Chinese residents are discussed by using the correlation analysis method. Finally, a possible scheme is proposed to apply the results of vulnerability assessment to the minimum living security policy and the allocation policy of funds for major illnesses. From the perspective of research, this paper is different from many poverty vulnerability assessments which only focus on low-income groups. The research object of this paper is extended to all residents, covering a wider range of people, and more suitable for the analysis of poverty caused by illness. From the point of view of research methods, considering poverty caused by illness as a risk requires that research methods should be different from most existing poverty vulnerability studies. Firstly, the vulnerability assessment method in this paper draws on the classical risk vulnerability assessment method of natural science, and of course, also refers to the classical poverty measurement method of social sciences. This paper combines the two methods to construct a more targeted approach. Vulnerability assessment model of poverty caused by illness. Secondly, in order to better depict the complex reality of poverty caused by illness, the scenario analysis method of risk analysis is used for reference, and the specific operational methods such as decision tree and risk response behavior are also integrated. Based on the analysis framework and assessment method of risk vulnerability assessment, the vulnerability assessment model of poverty caused by illness is established. Then the actual vulnerability level of poverty caused by illness is calculated by using the statistical data of urban and rural residents, and the vulnerability characteristics of poverty caused by illness are summarized. As far as data selection is concerned, the significance of selecting cross-sectional data is to ensure that the assessment results can be updated with better timeliness, so as to adapt to the latest needs of vulnerability assessment of residents. The assessment results show that there are still significant urban-rural differences in the disease-induced poverty index of Chinese residents in 2015. Further analysis shows that the differences will vary according to different risk scenarios, different regions and different types of diseases. This can provide a reference for the ongoing unified policy of urban and rural basic medical insurance in China. Further correlation analysis shows that the factors affecting the vulnerability of residents are also very different, and the negative externalities such as air pollution and water pollution affect different groups in different risk scenarios. In the context of major disease risk scenarios, income and savings of urban and rural residents are still the main factors affecting their vulnerability level, while public policies such as medical insurance and public health expenditure have limited impact on the vulnerability of residents.

Specific research contents include: Chapter 1 first describes the existence and harmfulness of the problem of poverty caused by illness in reality, as well as the determination and general policy of the government to solve the problem.

The second chapter elaborates the theoretical basis and the definition and analysis of the problem. The third chapter is mainly about the construction of the assessment framework of poverty caused by illness, the establishment of vulnerability assessment model, and the decomposition of the specific application of the assessment model combined with a variety of risk scenarios. The fourth chapter includes the empirical evaluation results of the vulnerability of Chinese residents to poverty caused by illness based on the relevant statistical data of provinces and cities, including the overall presentation of the empirical results, descriptive statistics and characteristics induction. The fifth chapter is to make a further detailed analysis of the characteristics of urban-rural differences found by descriptive statistics of vulnerability index in the previous chapter. Chapter 6 is an analysis of the relevant factors that may affect the vulnerability index of residents. Chapter 7 is policy recommendations. The purpose of vulnerability assessment is to serve the government's relevant relief or prevention policies. Therefore, based on the analysis of the existing medical insurance and relief system in China, this chapter explores the policy reference scheme of vulnerability assessment results. Chapter 8 is a summary of the full text. This chapter highly summarizes the main characteristics of thedisease-induced poverty vulnerability index of Chinese residents, the relevant influencing factors and the Enlightenment from it. At the same time, it reflects on the shortcomings of the study, and puts forward expectations for further in-depth exploration of the inspiration from the study.

Key words: Poverty Due to Illness; Vulnerability Assessment; Urban-rural Differences; Negative Externalities; Local Public Services

目 录

绪 言 ……………………………………………………………（1）

第一章 因病致贫问题 ……………………………………………（3）
 第一节 因病致贫问题的提出 …………………………………（3）
 第二节 相关研究综述 …………………………………………（6）
 第三节 研究设计 ………………………………………………（27）
 第四节 研究意义及创新点 ……………………………………（41）

第二章 马克思主义民生思想及其在中国的发展 ………………（46）
 第一节 马克思主义经典民生思想 ……………………………（46）
 第二节 马克思主义关于民生改善和升华的思想 ……………（50）
 第三节 马克思主义民生思想在中国的实践和发展 …………（54）

第三章 基础理论及核心概念 ……………………………………（59）
 第一节 基础理论 ………………………………………………（59）
 第二节 核心概念界定 …………………………………………（72）
 第三节 因病致贫相关主体分析 ………………………………（76）

第四章 因病致贫脆弱性评估模型 ………………………………（82）
 第一节 因病致贫脆弱性分析框架 ……………………………（82）
 第二节 因病致贫脆弱性指数测算模型 ………………………（92）

第五章　各省市居民因病致贫脆弱性评估 …………………… (104)
　　第一节　数据来源 ……………………………………………… (104)
　　第二节　数据处理 ……………………………………………… (105)
　　第三节　各省市居民因病致贫脆弱性指数评估结果 ………… (109)

第六章　各省市居民因病致贫脆弱性的城乡差异 …………… (118)
　　第一节　日常医疗脆弱性指数的城乡差异 …………………… (119)
　　第二节　住院医疗致贫脆弱性的城乡差异 …………………… (121)
　　第三节　九类重大疾病脆弱性的城乡差异 …………………… (124)
　　第四节　本章小结 ……………………………………………… (139)

第七章　居民因病致贫脆弱性指数的影响因素分析 ………… (144)
　　第一节　影响因素选择依据 …………………………………… (144)
　　第二节　影响因素分析方法 …………………………………… (148)
　　第三节　城镇居民因病致贫脆弱性指数影响因素分析 ……… (151)
　　第四节　农村居民因病致贫脆弱性指数影响因素分析 ……… (164)
　　第五节　本章小结 ……………………………………………… (168)

第八章　政策反思及优化建议 ………………………………… (173)
　　第一节　现有医疗保障体系存在的问题 ……………………… (173)
　　第二节　基于日常医疗脆弱性评估完善最低生活保障制度 … (180)

第九章　研究结论 ……………………………………………… (190)
　　第一节　研究结论 ……………………………………………… (190)
　　第二节　研究不足及展望 ……………………………………… (192)

附录　主成分分析结果 ………………………………………… (194)

参考文献 ………………………………………………………… (199)

致　谢 …………………………………………………………… (210)

绪　　言

马克思指出："如果说工人阶级仍然'穷'，只是随着他们给有产阶级创造的'财富和实力的令人陶醉的增长'而变得'不那么穷'了，那也就是说，工人阶级相对地还是像原来一样穷。如果说穷的极端程度没有缩小，那么，穷的极端程度就增大了，因为富的极端程度已经增大。"① 这句话表明资本主义制度下，随着生产力水平的提高，虽然无产阶级的生活条件会有所改变，但是受制于生产关系，无产阶级依然相对贫困。毕竟这种改善只是通过制度的修修补补实现的。要彻底改善广大群众的民生，必须靠革命来改变剥削性的社会制度。我国已经建立社会主义的生产关系，虽然还处于初级阶段，但是经过这些年的发展，生产力水平的提升已经为世界所瞩目。基于马克思主义理论，有了生产力发展的基础，也具备无产阶级占统治地位的生产关系，民生的改善就是水到渠成的事情。事实上，我国的贫困治理成效显著，基本实现了消除生存贫困人口的目标，这是人类历史上前所未有的伟大成就。我国贫困人口数量1978 年有 7.7 亿人，到 2017 年为 3046 万人，累计减贫 7.4 亿人，年均减贫人口规模接近 1900 万人，贫困发生率也从 97.5% 下降到 3.1%。② 我国生存贫困人口已经大为减少，根据目前的贫困治理力度，消除绝对贫困已不成问题。这充分体现了我国社会主义制度的优越性，也是马克思主义民生思想的最好实证和鲜活体现。

---

① 《马克思恩格斯全集》第 23 卷，人民出版社 1972 年版，第 715 页。
② 《中国贫困人口数量变化，从 1978 年末的 7.7 亿人下降到 3046 万人》，中研网，http：//www.chinairn.com/hyzx/20181023/155859175.shtml。

虽然我国在贫困治理领域取得了巨大成就,但贫困问题作为所有社会的顽疾目前还没有哪一个国家能够完全根除。伴随着经济发展和社会变革带来的急剧变化,我国居民面临的各类风险迅速增加,重大疾病、突发事件、教育支出等各类风险因素日益成为居民贫困的主要成因,其中尤以因病致贫问题最为突出。一些因病致贫居民没有得到及时的社会救助而陷入绝望的境地,由此引发的遗弃亲人、自杀甚至杀害亲人等极端事件时常见诸媒体,令人扼腕。更多情况下,因病致贫居民倾尽所有依然无法承受巨额医疗费,无奈之下求助于社会,催生了水滴筹、轻松筹等医疗资金众筹平台持续火爆,这些平台或许为部分患者提供了一定的帮助,但也引发了虚构案例、骗取慈善资金等乱象,消耗了社会同情心。

医疗权利与温饱一样是生存权利的重要构成,是任何形式的现代社会制度都必须保障的基本公民权利。消减因病致贫、保障公民基本医疗权利是中国特色社会主义的本质要求,也是科学社会主义、共产主义实现人的全面自由这一终极目标在社会主义初级阶段的具体体现。

第一章

因病致贫问题

第一节　因病致贫问题的提出

2020年消除贫困的目标基本达成，这里被消除的其实是绝对贫困，消除绝对贫困不等于消除所有贫困，比如因病致贫等风险贫困问题依然会存在。根据国务院扶贫办2015年的调查表明，农村居民的贫困成因中因病致贫所占的比例高达42%。① 2013年针对我国城乡困难家庭的一项调研也表明，"过重的家庭成员疾病负担"排在劳动收入能力之后，是位居第二的农村居民致贫影响因素；该调研还显示有63.45%的农村贫困居民选择了"医疗卫生保健服务"作为最为迫切的生活需求。此外，还有79.62%的农村贫困居民认为就医的主要难题是就医费用高。据长期关注农村医疗卫生的全国政协原副主席张梅颖说："当时七千万（贫困人口）的时候，统计了一下致贫原因，40%以上是因病致贫或者因病返贫，现在还有一千多万（贫困人口），这一千多万再调查研究，65%到70%是因病（致贫）的。"对比生存贫困人口与因病致贫人口的数据，说明我国贫困问题发生了变化：从人口比例上来看，生存贫困已经只是少数人口的问题，而因病致贫问题不单对贫困居民造成威胁，还会使非贫困居民陷入困境，从这个角度来说，以因病致贫为代表的风险贫困问题已经成为我国贫困问题的主要方面，甚至可以说成为我国贫困问题的主要

---

① 司富春：《"因病致贫返贫"与医疗卫生精准扶贫》，《中国人口报》2016年3月28日第3版。

矛盾。

因为路径依赖的存在，我国现有帮扶救助政策的主要瞄准对象依然聚集于生存贫困群体。相应地，帮扶救助手段、救助资金也都以生存贫困救助为目标。甚至在一些地方形成了救助资源的富集或过剩，最终造成了救助资源应用的低效率。与此同时，因病致贫居民如果没有事先获得"贫困"身份，作为一般的居民，其遭遇了重大疾病冲击后获取救助的渠道非常有限，所得到的救助资源也不足。对比传统意义上的生存贫困与因病致贫，可以说在生存贫困人口大量减少的局面下，我国居民的贫困问题已经主要体现为因病致贫这样的风险贫困、临时贫困问题。但我国现有救助政策依然以生存贫困救助为主要目标，这就会造成相关救助政策的偏颇，从而形成救助不足和遗漏。正如郑功成所说，"尽管社会救助制度建设取得了巨大的进展……一些地方还有应当被救助者未能够获得有效救助，社会救助制度依然存在着不足与缺漏"。[①] 习近平总书记提出了2020年消除贫困的目标，这不单指生存贫困问题，必然也包括对居民威胁很大的因病致贫问题。对于"消除贫困"可以理解为我国反贫困战略的升级或转型——当生存贫困人口数量已经很少，但是因病致贫会威胁每位居民，那么贫困救助政策的重点就应该由扶贫救助转变到预防和消减以因病致贫为代表的风险贫困上来。

因病致贫问题的成因复杂，居民依赖自身力量难以完全应对，政府有责任提供更多救助服务。徐正东、时瑜通过对泸州市农村因病致贫的调查，发现因病致贫、返贫的成因主要有三方面，一是医疗费用过高，二是新农合制度存在短板，三是商业医疗保险购买力度较弱。[②] 沈政基于1991—2011年中国健康与营养调查（CHNS）的微观数据，对新农合的贫困缓解效果及其异质性展开研究，结论显示新农合对因病致贫的缓解作用与农村交通基础设施、医疗服务等公共设施和服务的供给状况呈现正

[①] 郑功成：《中国社会救助制度的合理定位与改革取向》，《国家行政学院学报》2015年第4期。

[②] 徐正东、时瑜：《泸州市农民因病致贫返贫现状及对策研究》，《法制与社会》2016年第21期。

相关关系，这说明外部环境因素对新农合反贫困效果有限制作用。① 吴忆彤、苏玉璐对南宁市 12 个县因病致贫、因病返贫建档立卡贫困人口进行了入户调查，调查结果显示导致居民贫困的疾病类型多数为大病、慢性病，其中大病医疗费用居民自付的比例太高是直接致贫原因。由此提出了健康扶贫政策应更多关注大病、慢性病居民的建议。② 汪辉平等根据对西部地区九省一千多户因病致贫居民的调查，研究认为因病致贫问题的存在是农村居民陷入贫困的主要原因。③ 综合以上文献可见，居民就医时自付费比例较高，使疾病风险转变为经济风险，从而导致因病致贫。现有政策设计中，应对因病致贫的主要手段是医疗保险，但是该制度存在报销比例不足的问题，从而导致该制度并不能很好地解决因病致贫问题。也就是说因病致贫问题单靠医疗保险和居民自己是无法完全解决的。

  治理因病致贫问题，科学评估我国居民的因病致贫状况是施政的基础和依据。因病致贫不但威胁贫困居民，也会威胁非贫困居民。这意味着面临因病致贫问题，不管是城市居民还是农村居民、不管是贫困居民还是非贫困居民，几乎每个人都有风险。因此政府必须重视该问题，并采取相应的预防和准备措施。如张忠朝、袁涛认为政府相关部门应该尽快制定出认定和核算因病致贫的标准，寻找科学的方法界定医疗保障及救助概念，以达到精准识别因病致贫对象的目的，推进医疗救助与扶贫的有效衔接。④ 本书基于风险脆弱性原理及贫困理论，参考灾害学、经济学成熟的脆弱性评估方法，应用我国城乡居民的疾病就诊率、医疗费用、城乡医保资助、居民医疗资金筹集能力等相关数据，实现对我国各省市居民的因病致贫脆弱性指数评估。并对评估结果的分布特征展开分析，

---

  ① 沈政：《新农合对农户因病致贫的缓解效果研究——基于生存分析视角》，《西部经济管理论坛》2018 年第 1 期。
  ② 吴忆彤、苏玉璐：《农村贫困人口因病致贫、因病返贫现状及调查分析——基于南宁市 12 个县（区）调查数据》，《大众科技》2018 年第 5 期。
  ③ 汪辉平、王增涛、马鹏程：《农村地区因病致贫情况分析与思考——基于西部 9 省市 1214 个因病致贫户的调查数据》，《经济学家》2016 年第 10 期。
  ④ 张忠朝、袁涛：《医疗保障扶贫实施情况分析研究》，《中国医疗管理科学》2016 年第 4 期。

描绘城乡居民因病致贫脆弱性的具体特征；还进一步分析居民脆弱性指数的影响因素，以期揭示因病致贫问题的预防抓手，最后结合对现有基本医疗保险、大病保险等保险制度的分析，提出应用居民因病致贫脆弱性指数优化医疗救助的政策方案，实现综合治理，促成对因病致贫问题的应对、减除和有效预防。

第二节　相关研究综述

因病致贫现象起因于居民患病，终结于居民贫困，中间还有就医、费用支付、医疗保险、医疗救助等多个环节。相关研究涉及公共卫生、社会救助、保险制度、贫困治理等多个学科领域。因此现有关于因病致贫、贫困脆弱性的研究角度众多，方法不一，呈现出多视角交叉、多层次并进的探索性、发展性特征。尤其是脆弱性概念应用于贫困问题的研究时间不长，相关研究还集中在脆弱性概念应用于一般贫困问题的研究上，当然，也正是这些研究启发了本书将脆弱性概念进一步具体到因病致贫问题的研究中。

一　关于因病致贫问题的研究

因病致贫问题是贫困救助、医疗保险领域都涉及的交叉问题，学界对于因病致贫问题的研究从未中断，总结我国相关研究，可以概括为以下几个方面：

（一）因病致贫问题的存在性、严重性研究

学界从发现因病致贫问题，到应用因病致贫概念描述问题，再到深入探讨因病致贫问题的概念和性质，都可以认为是对该问题的总体性研究。早在20世纪末，就有学者开始关注并明确提出了因病致贫概念。并对因病致贫问题在我国发生的主要群体、治理方案进行了论证。比如王志锋等早在1997年就提出了以大病统筹方法解决我国农村居民因病致贫问题，并从农民的接受程度、医疗服务供给方、筹资水平等几个角度论证了其可行性。① 这与当前我国要求在新农合的基础上开展大病保险如出一辙，可以说当时这些学者的观点非常具有前瞻性，同时也说明因病致贫现象并非现在新出现的，而是一直存在，只是由于当时大量生活贫困人口的存在，使因病致贫问题没有显得那么突出。海闻等根据1998年的国家卫生服务调查结果，研究认为我国农村因病致贫、返贫概率高，从实证的角度论证了我国因病致贫问题的存在性、严重性。② 这对于开启因病致贫问题研究具有重要意义，它使该问题的研究有了立足点。时正新对因病致贫问题作了相当系统和深入的论述，很多观点放在今天也具有指导意义。他认为"在我国贫困人口中，因病致贫的大约占1/3甚至更多"。③ 这种说法虽然没有摆明数据支持，但是其作为在中央民政系统工作的人员，肯定是有一定依据的。这个比例也说明了当时我国因病致贫问题的严重性。此外，他还认为"因病致贫是城乡贫困现象大量存在并不断发生的重要原因。他们需要全方位的救助……医疗救助在整个救助体系中也具有特殊的地位和作用"。这就从医疗救助总体发展的角度阐述了因病致贫问题的治理，他指出："实施医疗救助是政府的职责，如果医疗救助缺失或不足，则整个社会救助体系也是不完整的。"这些观点其实明确了政府的角色，即要承担起医疗救助的责任。孙志刚的研究认为，针对日益突出的因病致贫问题，大病保险是全民医保体系建设中的短板，实施城乡居民的大病保险是医疗制度改革的关键。④ 并从实施原则、组织过程、领导方式等角度论述了大病医保的实施设想。徐善长同样认为，虽然我国已经建立了覆盖面很广的基本医疗保险体系，但是，我国居民基本医疗保险的保险水平比较低，只有50%左右，这导致大病保障不足并提出了建立大病医疗保险的建议，认为"大病医疗保险的报销范围应

---

① 王志锋、尹爱田、郝模：《以大病统筹方法解决农村居民因病致贫的可行性研究》，《中国初级卫生保健》1997年第10期。
② 海闻、刘刚、王健：《中国农村卫生问题研究：经济学的观点（一）》，《中国卫生经济》2002年第3期。
③ 时正新：《中国的医疗救助及其发展对策》，《国际医药卫生导报》2002年第11期。
④ 孙志刚：《实施大病保险是减轻人民就医负担的关键》，《行政管理改革》2012年第12期。

该突破现有局限性,使医疗补偿能真正按照居民实际支付的医疗费用来报销"。① 而林闽钢则是从精准扶贫的角度讨论了如何构建多层次因病致贫治理体系,提出了"医疗救助制度是基础;新农合制度是主干;医疗大病保险和疾病应急救助是补充;商业健康保险和慈善救助是再补充",② 这个体系明确了医疗保障的多层次性,每个层次保障的重点不同,但同时又互相衔接。

(二) 因病致贫的形成原因研究

当因病致贫问题的存在性得到确认,此后的研究者们开始关注因病致贫的形成原因和形成机理。有学者通过研究确认了因病致贫问题发生的重点人群是农村居民。比如吕美行基于我国城乡二元的经济社会状况,提出农村医疗保障的重点是解决因病致贫问题。并提到了医疗费用上升是导致因病致贫问题的可能原因,还对建立农村医疗保险的模式提出了建议。③ 也有研究者从收入的角度分类人群,从而提出因病致贫问题的重点人群是低收入者。比如唐圣春认为,"大额医疗支出给居民带来很大的经济负担,对低收入人群来说更是如此"。他还分析了农村居民罹患疾病会影响其劳动能力,进而影响其收入,最终是造成更加贫困的后果。并进一步指出卫生筹资和医疗消费的公平性是导致因病致贫的原因。④ 洪秋妹基于 CHNS 的七轮农村调查数据分析,研究结论也佐证了以上观点,即农村的贫困户更容易遭到疾病的冲击。相对于居民收入,医疗费用还是太高,这就会使患病的居民很容易陷入贫困。⑤ 以上研究结果都符合经济学上循环累积因果理论。后来的学者从医疗保险制度角度分析了因病致贫问题的成因,比如李叶等通过应用 WHO 的灾难医疗卫生支出方法,基于我国第四次卫生服务调查数据研究认为,新农合对农村居民的医疗费用保障不足,加上医疗费用增长太快,这些因素综合导致农村因病致贫

---

① 徐善长:《大病保险:健全医保体系的重要环节》,《宏观经济管理》2013 年第 3 期。
② 林闽钢:《社会保障如何能成为国家治理之"重器"?——基于国家治理能力现代化视角的研究》,《社会保障评论》2017 年第 1 期。
③ 吕美行:《对农村医疗保障制度构建的理论思考》,《卫生经济研究》2001 年第 6 期。
④ 唐圣春:《医疗消费的致贫研究》,《中国医院管理》2006 年第 3 期。
⑤ 洪秋妹:《新农合制度缓解因病致贫的作用效果》,《中外企业家》2014 年第 30 期。

问题突出。并据此提出了政府加大投入、强化配套机制等建议。①

还有学者结合了经典贫困理论中的能力剥夺等概念分析因病致贫的成因。比如王伟在其论文中提出，因病致贫不但影响居民的经济状况，还会造成其可行能力的剥夺，从而降低其收入能力。并阐述了疾病对居民造成冲击的经济性质。其后，他还通过太仓市的例子实证了因病致贫效应的存在性，并提出整合优化现有政策实现应对重大疾病的政策建议。② 这就使对因病致贫原因的研究更加开阔。汪辉平等通过对我国西部地区九个省份的 1000 多份因病致贫农户的调查，认为在因病致贫问题的形成原因中重大疾病冲击对农户影响最大，地方病的冲击力要小很多。③ 这就从疾病类型的视角来分析因病致贫的成因，相当独特，也为后期针对性地治理因病致贫问题提供了思路。他还进一步分析了因病致贫冲击的长期和短期影响，认为无论时期如何界定，疾病冲击都会导致农户收入能力的下降，同时使其医疗开支剧增，这就对解释因病致贫成因加入了时间维度。陈在余等通过对比分析 2009 年与 2011 年两年我国的营养与健康调查报告，认为因病致贫给居民家庭带来的冲击是长期的，原有因病致贫居民在未来两年再次陷入贫困的概率是非贫困户的 2.2 倍。家庭成员健康状况对其贫困的影响是显著的。④ 李怡霏的研究认为，"因病致贫的主要原因包括医疗费用高、新农合保障力度不强、农户没有商业保险等三个方面"。⑤ 归纳以上研究可以看出，从 21 世纪初到现在，因病致贫的主要原因、作用路径并没有太大变化，都可以归结为医疗费用高、居民医疗保障不足两个方面。

---

① 李叶、吴群红、高力军：《我国农村居民灾难性卫生支出的制度成因分析》，《中国卫生政策研究》2012 年第 11 期。

② 王伟：《重大疾病对贫困的作用机制及其应对策略研究》，硕士学位论文，南京大学，2013 年。

③ 汪辉平、王增涛、马鹏程：《农村地区因病致贫情况分析与思考——基于西部 9 省市 1214 个因病致贫户的调查数据》，《经济学家》2016 年第 10 期。

④ 陈在余、王海旭、蒯旭光：《农户因病致贫的动态变化及其影响因素分析》，《湖南农业大学学报》（社会科学版）2017 年第 6 期。

⑤ 李怡霏：《农村地区因病致贫现状及影响因素分析》，《中国管理信息化》2018 年第 3 期。

(三) 医疗费用增长过快从而限制了医疗保险反贫作用的研究

因病致贫历来是贫困治理的难题，对此我国的主要应对手段是医疗保险。即为城市居民和农村居民分别构筑了由城镇职工医疗保险、城镇居民医疗保险、新农村合作医疗保险构成的医疗保险体系，同时，部分地方还设立了大病保险，再辅以医疗救助及商业保险，形成了较为系统的居民医疗保障体系。

我国基本医疗保险体系自建立以来确实在一定程度上降低了因病致贫对居民的冲击。尤其是在医疗保险制度推行的最初几年，其对因病致贫问题的缓解作用明显。比如陈迎春等以贫困缺口为指标，探讨了新农合缓解因病致贫问题的效果，研究认为新农合确实有助于解决因病致贫问题。[①] 徐润龙等应用对浙江省三个区县的样本调查数据，分析了因病致贫的普遍程度、严重程度以及新农合对因病致贫的解决能力和缓解程度。结论认为部分区县新农合的实施对解决因病致贫问题有较好作用。[②] 闫菊娥等基于田野调查数据，对比分析了农村居民在参与新型合作医疗前后贫困程度的变化，研究表明新农合能从广度、深度两个方面降低参保人群的贫困程度，尤其对住院人群的缓贫效果更好。[③]

然而，医疗保险政策的执行也引起了医疗服务的对应变化，从而在一定程度上削弱了其对因病致贫问题的作用效果。在近几年的文献中，研究者们逐渐发现了一些弱化医保制度治理因病致贫问题的因素。比如李叶等以灾难性卫生支出率和致贫率为工具，采用 WHO 推荐的方法，基于第四次卫生服务调查的数据，分析了新农合对农村就医的保障力度，研究结论是新农合对农民的保障力度有限，并不理想。其进一步的分析认为医疗费用上涨的速度太快，影响了新农合作用的发挥。这说明新农

[①] 陈迎春等：《新型农村合作医疗减缓"因病致贫"效果测量》，《中国卫生经济》2005年第8期。

[②] 徐润龙等：《新型农村合作医疗制度的运行效果分析》，《中国初级卫生保健》2009年第2期。

[③] 闫菊娥、高建民、周忠良：《陕西省新型农村合作医疗缓解"因病致贫"效果研究》，《中国卫生经济》2009年第4期。

合的作用随着时间的推移在逐渐减弱。① 郭梦童等用黑龙江省卫生服务调查数据,对住院费用、实际补偿、自付比及因病致贫等指标进行分析。结果发现家庭因病致贫发生率在下降,但是居民就医的次均住院费却在快速增长,并且医院的等级越高费用上涨率越高,随之相伴的住院间接费用自然也在增长。② 这个研究结论证实了医疗费用持续上涨的问题。谢邦昌、韩静舒利用北京大学 CFPS 调查 2010 年、2012 年两期平衡面板数据,用双重差分—倾向匹配法评估了基本医疗保险对家庭消费支出的影响,研究结果表明医保政策促进城乡居民消费的同时也加重了居民的家庭医疗支出负担;并且医保对于农村低收入家庭的消费支出正向影响显著且大于城镇低收入家庭。③ 归纳以上研究可见,我国各类医疗保险制度虽然在治理因病致贫问题上有着重要作用,但是也衍生出了很多新的问题,最为突出的有两个,一是医疗费用上涨过快,二是各医疗保险的支付都有上限,这导致虽然政府在逐步提高保险支付比例,但是居民自负的医疗费用依然在快速增长。

(四) 关于现有医疗救助等保障制度不足的研究

现有医疗保障体系虽然在很大程度上缓解了居民的因病致贫风险,但是这套体系并不完美,还存在一些漏洞和缺陷。比如林闽钢认为,"'因病致贫返贫'仍是农村贫困群体的主因"。④ 左停、徐小言认为,"目前我国'因病致贫、因贫致病'现象十分严重,一方面是因为农民对医疗资源的需求得不到满足,另一方面是因为国家对医疗保障体系没有实现精准化瞄准和精细化管理"。⑤ 结合实际中频频出现于媒体的居民因

---

① 李叶、吴群红、高力军:《我国农村居民灾难性卫生支出的制度成因分析》,《中国卫生政策研究》2012 年第 11 期。

② 郭梦童等:《医保患者住院费用补偿、自付比及因病致贫变化趋势分析》,《中国医院管理》2014 年第 12 期。

③ 谢邦昌、韩静舒:《社会基本医疗保险对家庭消费的影响》,《商业经济与管理》2015 年第 5 期。

④ 林闽钢:《在精准扶贫中构建"因病致贫返贫"治理体系》,《中国医疗保险》2016 年第 2 期。

⑤ 左停、徐小言:《农村"贫困—疾病"恶性循环与精准扶贫中链式健康保障体系建设》,《西南民族大学学报》(人文社会科学版)2017 年第 1 期。

无钱看病陷入困境,甚至采取极端行为的事件,这说明我国城乡居民的因病致贫问题依然相当突出。可以认为现有以医疗保险为主体的保障体系并没有完全解决因病致贫问题。

关于因病致贫的对策研究中,很多文献都聚焦于新农合制度应对因病致贫问题的研究。该问题存在性研究表明农村是因病致贫问题的重灾区。所以讨论应用新农合医疗保险来应对因病致贫问题的研究非常多。比如房莉杰通过"对已有的相关文献、政策和数据进行梳理和分析,结果表明相对于城市而言,农村居民面临着更大的因病致贫和因病返贫的危机"。① 因此当我国通过 2005 年的试点建立了新型农村合作医疗保险制度以后,对因病致贫问题的研究开始讨论新农合对减轻因病致贫问题的作用。较早的如陈迎春等对湖北省三个县的调研数据认为,新农合确实对缓解因病致贫发挥了重要作用,但是也存在很多不足,比如对居民的医疗费用报销补偿的比例较低。② 再比如袁兆康等通过对婺源县的抽样调查认为,新农合在激励农民就医于门诊及住院服务方面有作用,农民的健康状况有所好转,因病致贫比例降低。③ 徐润龙等的研究认为,仅就浙江省的三个县而言,对调研数据的分析表明,"因病致贫问题缓解程度分别为 34.0%、64.9% 和 39.0%",从而得出结论认为新农合的实施对解决因病致贫问题有较好作用。④ 高建民、周忠良利用在陕西的调研数据分析发现,在减轻因病致贫问题方面,农村互助医疗保险要好于农村合作医疗保险,因此建议现有新农合取消个人账户,增加对门诊医疗的保障。⑤ 张广科、黄瑞芹基于对我国西部五个省市的调查数据,对比分析了农户的因病致贫风险状况,结果是,新农合虽然能降低一部分因病致贫风险,

---

① 房莉杰:《我国农村贫困人口的医疗保障研究》,《中国卫生经济》2006 年第 1 期。
② 陈迎春等:《新型农村合作医疗减缓"因病致贫"效果测量》,《中国卫生经济》2005 年第 8 期。
③ 袁兆康等:《新型农村合作医疗对农民医疗服务需要与利用影响研究》,《中国农村卫生事业管理》2005 年第 5 期。
④ 徐润龙等:《浙江省三县新型农村合作医疗方案对解决"因病致贫"问题的作用评价》,《中国卫生经济》2006 年第 6 期。
⑤ 高建民等:《新型农村合作医疗与医疗救助制度衔接实施效果分析》,《中国卫生经济》2014 年第 10 期。

但是比例仅三成左右，由此认为农民的因病致贫风险依然严峻，新农合的减贫作用有待提高，应该强化门诊医疗的报销等。① 贺晓娟等通过比较 CHNS 2004 年、2006 年、2009 年三年的数据，讨论新农合在减轻因病致贫问题方面的效果，认为该效果随新农合补偿比例的增加而增加，随政府对新农合补贴的增加而增加。② 沈政根据 1991—2011 年的 CHNS 数据分析了新农合制度在缓解农户因病致贫问题方面的效果，结果发现，新农合在交通医疗等基础服务较好的地区发挥了较好的作用，但是在以上公共服务较差的地区作用不明显。从而得出外部环境因素会影响新农合的反贫困效果的结论。③

总结以上研究可以发现，关于因病致贫问题的研究已经持续了相当长的时间，因病致贫问题的存在性已经是学界共识，对于因病致贫的重点人群认为集中在农村地区，对于因病致贫问题的成因作了多方面的探讨。但是相关研究也忽视了一些问题。首先，就因病致贫问题危及的对象来看，还应该包括城市居民。因为疾病是每个人都会面临的风险。比如时正新在探讨因病致贫问题时就指出："疾病是劳动力再生产和人口生长发育过程中不可避免的现象。"④ 这里的人口自然同时包括城市居民和农村居民。而崔凤认为我国城市居民其实从 20 世纪末就存在不少贫困现象，其中大多数是因为家庭成员患病导致的，这意味着城市基本医疗保险并没有能够很好地帮助城市居民应对因病致贫问题。但是讨论城市居民因病致贫问题的研究相当稀少。⑤ 其次，对于因病致贫问题的研究集中于新农合医疗保险制度的效果方面，这自然是因为该保险制度在缓解因病致贫问题方面发挥了作用，但是也暴露出我国当前应对因病致贫问题

---

① 张广科、黄瑞芹：《新型农村合作医疗制度目标及其实现路径——基于西部五省一线调研数据的实证分析》，《中国人口科学》2010 年第 4 期。

② 贺晓娟、陈在余、马爱霞：《新型农村合作医疗缓解因病致贫的效果分析》，《安徽农业大学学报》（社会科学版）2012 年第 5 期。

③ 沈政：《新农合对农户因病致贫的缓解效果研究——基于生存分析视角》，《西部经济管理论坛》2018 年第 1 期。

④ 时正新：《中国的医疗救助及其发展对策》，《国际医药卫生导报》2002 年第 11 期。

⑤ 崔凤：《城市贫困人口医疗问题的现状与出路》，《中共青岛市委党校·青岛行政学院学报》2004 年第 1 期。

的手段过于单一。此外，根据以上研究也容易看出，新农合的反贫困效果不尽如人意。最后，以上相关研究中，定量分析集中在原因分析和制度效果评价方面，而定性分析集中在新农合的制度构建、完善方面。它们都是讨论事后如何处理因病致贫问题的，而对于如何事前主动应对因病致贫问题的研究还很罕见。本书将因病致贫视为所有居民都会面临的一种风险，从风险治理角度讨论问题的预防，是一种包括事前预防与事中应对的研究。方法上主要通过采用定量的风险脆弱性评估，对我国居民的风险脆弱性作出总体评估，从而为因病致贫问题的预防和治理提供参考。

二 脆弱性概念的交叉特征

脆弱性是因病致贫研究的重要概念，综述脆弱性概念在贫困领域的应用，是本书界定因病致贫脆弱性概念的基础。脆弱性概念应用于贫困问题的研究时间不长，目前相关研究集中于脆弱性与一般贫困问题的结合。将脆弱性概念与因病致贫问题的研究相结合还不多见。但脆弱性概念是对居民可能遭受风险冲击状态的一种描述，非常吻合因病致贫问题的突发性特征，因此本书将二者结合应该是顺应了相关研究具体化、深入化的趋势。

脆弱性概念是风险分析中常见的概念，该概念能适应不同学科的问题研究，具有很强的可塑性。当将居民陷入贫困的可能性视为风险时，脆弱性就可以应用于贫困问题的研究。早在20世纪70年代，奥基夫、韦斯特盖特和威斯纳（O'Keefe，Westgate and Wisner）在对自然风险和灾害论述中引入了脆弱性的概念，他们在《自然灾害的自然性》中认为，自然灾害其实在很大程度上受社会经济条件的影响。并通过经验数据说明在过去的50年中，灾害发生的增加与生命损失的增加平行增长。这项研究还表明，生命损失主要集中在不发达国家，研究结论认为脆弱性正在增加。到20世纪80年代，钱伯斯（Chambers）基于实证研究归纳提炼出脆弱性的概念，认为脆弱性的基本结构至少包括两个方面：外部的风险因素与内部的应对能力。这两个方面的相互作用被归纳为风险暴露。这一观点后来被布莱克、坎农、戴维斯和威斯纳（Blaikie，Cannon，Davis and Wisner）再次精练，并在此基础上把脆弱性概念发展为分析框架，开发出压力和释放模型 PAR（Pressure and Release），对该模型后文会详细介绍。20 世纪 90 年代，沃茨和博勒（Watts and Boehner）通过对"社会空间的脆弱"进行正式化（formalizing）论证，探讨了其具体形式，即脆弱性可以由暴露、能力和潜力构成。沃茨和博勒研究的另一个重要意义是使脆弱性研究更加聚焦于饥荒等社会问题领域。显然，因病致贫问题是风险贫困的一种，也是目前对我国居民威胁最严重的风险。前人脆弱性视角的贫困问题研究为本书脆弱性视角的因病致贫问题研究提供了坚实的基础和依据。

开放的脆弱性概念为其用于因病致贫问题的分析提供了可能。脆弱性概念被应用于各个领域的研究，并非某一个学科领域的专属。在知名数据库施普林格（SpringerLink）中以脆弱性（vulnerability）为搜索词，可以检索出 190853 个结果（2017 年 6 月），包括医疗和公共健康、计算机科学、社会科学、生物医学、地球与环境科学、工程学等 61 个学科领域。但是如果细致观察这 61 个学科，可以发现它们大多都是相似或相关学科以及同一学科的不同分支，比如地理学、地学、地球科学、环境学、环境科学、地球与地理科学等。因此可以将绝大多数文献笼统地概括为三个学科领域：医疗生物与健康领域、社会经济人文领域、地理地质环境领域。由此可见，脆弱性既是一个应用广泛的概念和分析框架，但也有一定的领域集中特征。在社会经济人文领域，脆弱性概念也应用极广。文献中社会科学领域相关文献 18095 份，经济学领域相关文献 5922 份，政治和国际关系领域 8291 份，商业管理领域 4607 份，经济管理科学领域 2240 份，人文领域 3219 份，法律领域 1889 份，财政领域 1179 份，可以看出，脆弱性概念在社会经济和人文政法领域也是一个相对成熟的分析框架。

交叉的脆弱性概念为其用于分析因病致贫问题提供了便利。脆弱性概念不但会因为具体研究对象、研究目标而被赋予特殊的内涵，还会在研究过程中呈现出鲜明的交叉性特点。这些交叉可能是专业间的交叉，也可能是更高层次的学科间交叉。比如在广泛意义上的自然科学领域的脆弱性研究，常常会出现气象与灾害的交叉研究、环境与灾害的交叉研究，或者是地理与灾害的交叉研究，这些也是脆弱性研究最活跃、最丰富的领域。社会科学领域也有很多基于脆弱性的交叉研究，比如较早的权利与饥荒的研究，其后的权利与贫困的研究、经济制度与金融风险的研究等。医疗卫生领域也有类似的脆弱交叉研究，比如某种疾病的发生率与卫生资源分布的研究、公共卫生水平与社会制度的研究等。学科间的交叉研究是脆弱性研究发展到一定层次之后出现的，随着脆弱性研究的深入，研究者发现影响主体脆弱性的因素并受人为学科划分的局限，很可能是来自其他学科范围外的因素，此时学科间的脆弱性交叉研究就自然而然地出现了。比如基于贫困脆弱性概念讨论自然灾害后果的交叉研究，或者是基于地理环境讨论粮食安全脆弱性的交叉研究，以及疾病发生率（健康水平）与自然人文环境之间的交叉研究等，都是跨越了传统意义上自然科学与人文社会科学界限的交叉研究。

总之，脆弱性概念所体现出的可塑性、交叉性与开放性为其在因病致贫问题评估的应用提供了基础。脆弱性概念往往在各个学科之间交叉展开研究，这或许正是脆弱性概念的一个重要特点，也是它具有的一种特殊力量，这种力量能够把各个学科联系起来、交叉起来，建立前所未有的相关或因果关系，虽然说这种高层次、大跨度的交叉带来了研究的种种困难，但这或许也正是脆弱性研究的魅力所在。对脆弱性概念在多学科的应用，我们应该认同脆弱性概念的多样性特征，对它进行归纳和观察，而不必强求一个统一的脆弱性概念。脆弱性概念的交叉型特点为其应用于因病致贫问题提供了便利，因为因病致贫问题也是一个典型的交叉问题，同时涉及风险问题与贫困问题的交叉、医疗问题与贫困问题的交叉等。这些特点为脆弱性概念与因病致贫问题的融合提供了可能。

三 关于脆弱性概念与贫困问题结合的研究

如前文所述，脆弱性概念具有很强的可塑性，能适应不同学科的问题研究。近些年来，脆弱性概念被应用于贫困问题的研究发展很快，尤其是不同学科的风险研究者发现，很多风险的最终结果导致居民陷入贫困，当这些学者日益关注风险结果时，就逐渐形成了脆弱性贫困的概念。

脆弱性贫困研究是指基于脆弱性这一核心，从多学科角度讨论各类外部风险冲击导致居民陷入贫困的问题。与传统的贫困研究不同，脆弱性贫困重在探讨风险因素本身。

（一）关于脆弱性贫困的研究

脆弱性贫困这一概念最鲜明的特征是从自然灾害、地理因素等多种学科角度讨论多种风险因素，通过对这些风险因素的技术探讨或描绘，最终落脚在导致居民贫困的结果上来。比如 Glewwe、Hass 从脆弱性角度讨论了贫困的形成，他们的研究结论认为政府的政策会影响居民的脆弱性，市场也有类似的效果。[①] 此外，史培军是我国较早应用脆弱性方法的学者，他于2002年提出了广义、狭义两种脆弱性评估模型，还进一步讨论了广义、狭义脆弱性评估方法。[②] 这其中就涉及作为承灾体的居民家庭具有的脆弱性，其中的经济脆弱性其实就是因灾致贫。而李鹤等讨论了脆弱性在地理学科的应用，认为脆弱性是居民、社区甚至城市遭受风险冲击时具有的承受力。并从该角度讨论脆弱性产生的原因。由此形成了贫困脆弱性的核心概念，即研究对象（可以是居民或社区）在未来因为遭遇某种风险而陷入贫困的可能性。他们在地理文献综述中认为脆弱性研究通常被应用到发展援助和扶贫实践中，尤其是在社会科学领域，应用脆弱性的研究正快速增加，国内外的相关研究都有这种趋势。[③] 而何平等则是从经济学的角度，应用刚性消费需求构建的居民家庭消费函数模型对中国家庭高储蓄、低消费原因进行实证研究发现，我国居民消费低迷的重要原因是家庭具有脆弱性。[④] 这印证了居民家庭消费的欲望强弱变化受到居民家庭脆弱性、结构和生命周期等因素的影响。由以上综述可见，多个学科的脆弱性研究本质上都是探讨自然、经济等因素对家庭收

[①] Paul Glewwe, Gillette Hall, "Are some groups more vulnerable to macroeconomic shocks than others? Hypothesis tests based on panel data from Peru", *Journal of Development Economics*, Volume 56, Issue 1, June 1998, pp. 181–206.

[②] 史培军：《三论灾害研究的理论与实践》，《自然灾害学报》2002年第3期。

[③] 李鹤、张平宇、程叶青：《脆弱性的概念及其评价方法》，《地理科学进展》2008年第2期。

[④] 何平、高杰、张锐：《家庭欲望、脆弱性与收入—消费关系研究》，《经济研究》2010年第10期。

入的冲击和影响,与居民家庭贫困问题密切相关。从风险管理的角度,Douglas Paton、Leigh Smith、John Violanti 给出自己的界定方式,即脆弱性包括风险发生因子、风险应对因子以及风险损失三大部分。[①] 这就为更细致地应用脆弱性概念提供了参考。而 Deininger、Garcia、Subbarao 将脆弱性定义为一个家庭或个人在未来陷入贫困的可能性。[②] 总之,风险管理视角的贫困脆弱性解释顺应了风险社会的需求,正为越来越多的学者接受和应用。社会学角度对脆弱性的定义明显受到赋权理论或剥夺理论的影响,这种定义丰富了脆弱性和贫困的内涵。以上研究都为理解和界定脆弱性贫困作出了重大贡献。

综合以上分析可见,如果将居民面临的因病致贫视为一种风险,显然可以应用脆弱性概念来评估居民的因病致贫风险,因为本书的问题和概念的契合方式与自然灾害致贫或其他原因致贫是相同的。

(二) 关于贫困脆弱性的研究

与脆弱性贫困概念不同,其他学者应用脆弱性概念研究贫困问题还发展出了另一个概念:贫困脆弱性。贫困脆弱性概念的含义与脆弱性贫困不同,前者强调的是以贫困为核心的研究,对于导致贫困的原因则可以是多种多样的,重点探讨居民是否陷入贫困以及陷入贫困的概率。这两个概念的形成也增强了本书研究的信心:这说明脆弱性概念与贫困问题的结合不是单一的,而是多元的,可以根据贫困问题的不同、研究视角的不同来界定脆弱性与贫困的关系。由此我们可以确认本书界定因病致贫脆弱性概念是完全可行的,是对现有研究的具体化。

1. 贫困脆弱性概念的提出

贫困脆弱性相关研究包括:Foster 是较早将脆弱性概念引入贫困和发展研究领域的学者,他认为贫困脆弱性含义应该包括风险对象(通常是居民)受到风险冲击以后,其经济状况恶化到了公认的贫困状态

---

① Douglas Paton, Leigh Smith, John Violanti, *Disaster response: risk, vulnerability and resilience*, 2000, pp. 173–180.

② Klaus Deininger, Marito Garcia, K. Subbarao, "AIDS-Induced Orphanhood as a Systemic Shock: Magnitude, Impact, and Program Interventions in Africa", *World Development*, Volume 31, Issue 7, July 2003, pp. 1201–1220.

的概率。① 而 Chambers、Leach 提出了贫困脆弱性"内部—外部"分析框架，正式开拓了脆弱性在贫困领域的应用方式。② 此后的20世纪八九十年代受当时兴起的以森指数为代表的贫困计量方法的影响，学者们从可持续生计的角度来定义脆弱性。贫困脆弱性概念已经被国内外学者接受和广泛应用，相关研究可以归纳如下：

世界银行在2000年度的报告中使用了贫困脆弱性的概念，这对贫困脆弱性概念的传播起到了有力的推动作用，后续基于此概念的研究快速兴起。相关研究主要从经济角度、社会角度和风险管理角度解读了以居民家庭为主的社会单元遭遇外界各种扰动（自然的、经济的、社会的）冲击时表现出的敏感性、承受力、适应性和恢复力。各个研究者在贫困脆弱性概念的具体定义和分析方法上各不相同，因此尚未有统一的概念界定。有不少学者将贫困脆弱性界定为居民消费水平与贫困线之间的差异，当居民家庭消费和福利水平降至贫困线以下，则居民家庭是脆弱的。而 Luc Christiaensen 等的研究则强调了时间概念在贫困脆弱性定义中的作用，将贫困脆弱性视为某点或某段时间里居民陷入贫困的概率。③ Ligon 结合经济学中的期望效用理论来界定脆弱性。其通过对比居民遭受风险前后的期望效用来确定该风险对居民的影响程度，以此来定量计算贫困脆弱性④。由于期望效用模型在经济学上有广泛的应用，因此该方法被提出以后也获得了很多研究者的引用和发展。总之，自世界银行2000年提出贫困脆弱性概念，随后几年内国内就开始出现相关研究，并且发展很快，随着探讨的深入，对贫困脆弱性、脆弱性贫困等概念的认识日益清晰。

---

① James E. Foster, "Inequality and poverty orderings", *European Economic Review*, Volume 32, Issues 2 – 3, March 1988, pp. 654 – 661.

② Robert Chambers, Melissa Leach, "Trees as savings and security for the rural poor", *World Development*, Volume 17, Issue 3, March 1989, pp. 329 – 342.

③ Luc Christiaensen, Lionel Demery, Jesper Kuhl, "The (evolving) role of agriculture in poverty reduction—An empirical perspective", *Journal of Development Economics*, Volume 96, Issue 2, November 2011, pp. 239 – 254.

④ Ethan Ligon, "Poverty and the welfare costs of risk associated with globalization", *World Development*, Volume 34, Issue 8, August 2006, pp. 1446 – 1457.

2. 关于贫困脆弱性评估方法的研究

脆弱性不仅提供了理解贫困发生的新视角，它还提供了对贫困进行定量评估的独特方法。不少学者基于脆弱性视角观察贫困问题，提出贫困脆弱性评估的多种方案。具体而言包括：第一种方案是强调从风险冲击的角度讨论居民贫困，这种方案被定义为风险暴露脆弱性VER。第二种方案引入期望效用概念来度量居民未来的效用状况，由此被概括为期望效用脆弱性VEU。第三种方案是以贫困为核心，讨论居民在将来有多大的概率陷入贫困状态，因此被称为期望贫困脆弱性VEP。当然，在贫困脆弱性评估的细节上，学者们深入探讨了各种参数的选择问题。比如在脆弱性评估的关键指标贫困线设定方面，每个学者都有自己的选择。这其中最多、影响最广泛的是1.5美元/天的国际贫困线标准。贫困概率的选择通常设定50%为脆弱线。①

国内基于贫困脆弱性的研究也发展很快。如韩峥早在2002年就认为贫困脆弱性概念应该包括风险因素、主体的风险抵抗力、社会经济环境三个方面。其中尤其强调社会经济环境的作用，认为成熟完善的公共服务能提高主体抵抗力，限制风险因素，从而达到总体降低脆弱性的目的。② 黄伟探讨了风险冲击、脆弱性与农户贫困之间的关系，并提出了自己的方法来评价这种关系。③ 孙梦洁、韩华为综述了多种贫困脆弱性分析框架，并对三种主要的贫困脆弱性度量方法进行了较为详细的评述。④ 宋志立对贫困脆弱性研究的综述发现，学者们对脆弱性与贫困的关系有不同的界定，有认为二者相对独立但密切联系的，也有认为贫困本身就意味着脆弱，还有人认为脆弱性可以预测贫困的发生。⑤ 霍增辉等通过综述认为，脆弱性已经为贫困研究所接受，并成为一个核心概念，贫困脆弱

---

① Yin Zhang, Guanghua Wan, "The impact of growth and inequality on rural poverty in China", *Journal of Comparative Economics*, Volume 34, Issue 4, December 2006, pp. 694 – 712.
② 韩峥：《广西西部十县农村脆弱性分析及对策建议》，《农业经济》2002 年第 5 期。
③ 黄伟：《风险冲击、脆弱性与农户贫困关系研究》，硕士学位论文，华中农业大学，2008 年。
④ 孙梦洁、韩华为：《灾害、风险冲击对农户贫困脆弱性影响的研究综述》，《生产力研究》2013 年第 4 期。
⑤ 宋志立：《贫困脆弱性研究文献综述》，《经济研究导刊》2013 年第 2 期。

性迅速兴起为热点。① 现有文献对脆弱性的度量方法也有三种：收入或消费变动法（基于 VER）、期望效用脆弱性法（基于 VEU）、未来贫困概率法或预期的贫困脆弱性法（基于 VEP）。学界对贫困脆弱性的界定与度量的认识尚未形成一致结论。张冀等认为居民经济脆弱性概念的提出，一方面能用其评价风险冲击给居民造成的影响，另一方面也能用其评价居民应对风险时所能动用的资源，因此成为西方理论界近年来关注的热点。② 综上可见国内众多学者已经接纳贫困脆弱性概念，并论述了多种计量居民贫困脆弱性的方法。

3. 关于贫困脆弱性的实证研究

作为一种较新的分析框架和评估方法，脆弱性分析被各国学者们应用于不同国家或地区的实证分析。由于贫困问题在发展中国家比较突出，因此关于贫困脆弱性的研究多是针对发展中国家，包括印度尼西亚、肯尼亚、秘鲁、印度等。外文文献对于中国的因病致贫脆弱性研究也有，比如 Zhang 和 Wan 基于我国调查数据分析了贫困脆弱性计量时会影响预测准确性的因素。③ Mengjie Sun 等研究了汶川地震对当地居民的影响，④具体分析方法是观察地震前后当地居民贫困脆弱性状况。需要特别强调的是，除了学术领域的实证应用，真正推动脆弱性概念在贫困救助领域影响力迅速扩大还要归功于两个国际组织：一个是世界粮食计划署，另一个是世界银行。正是这两个国际组织在其官方文件和报告中应用贫困脆弱性的概念，才使贫困脆弱性为国际学术领域和各国政府、国际组织广泛认识和接受。由以上综述可见，国外的贫困脆弱性研究已不是一个单纯的概念，而是发展成一个具有多重内涵、汇聚多种计算方法的分析框架。

---

① 霍增辉、吴海涛：《贫困脆弱性研究综述：评估方法与决定因素》，《农村经济与科技》2015 年第 11 期。

② 张冀、祝伟、王亚柯：《家庭经济脆弱性与风险规避》，《经济研究》2016 年第 6 期。

③ Yin Zhang, Guanghua Wan, "The impact of growth and inequality on rural poverty in China", *Journal of Comparative Economics*, Volume 34, Issue 4, December 2006, pp. 694–712.

④ Mengjie Sun, Baofeng Chen, Jinzheng Ren, "Vulnerability: The case of Wenchuan earthquake", *Agriculture and Agricultural Science Procedia*, Volume 1, 2010, pp. 52–61.

贫困脆弱性的外文文献相当丰富，值得我国学者参考和借鉴，但是由于国情差异性导致的贫困问题的不同，以及研究环境和条件的不同，有些国外方法并不能直接拿来应用。比如在贫困脆弱性评价问题上，国外有较多的机构对居民家庭状况做长期调研，因此很方便运用多年的面板数据对居民家庭未来收入、消费、教育等进行预测，而国内具有这种研究条件的高校很少，并且相关数据也缺乏贫困脆弱性研究的针对性。这要求我们应该在尊重国情的基础上来探索贫困脆弱性研究方法。

实证研究方面，我国相关研究也很丰富，比如徐伟等研究了农村居民所处环境及具有的社会支持对于其贫困脆弱性产生的作用，结论认为，农村居民的社会关系会对其脆弱性产生直接和间接的影响。[1] 杨文等基于CFPS数据研究农村居民脆弱性。多方分析的结论是居民收入储蓄水平的增长对消除其脆弱性最有效；而医疗保险制度，比如新农合也有类似效果。[2] 万广华等利用山西、山东两省农户调查数据，从资产视角来综合研究贫困脆弱性、慢性贫困和暂时性贫困问题。减除农村居民脆弱性的主要手段应该是让居民拥有更多的物质资产和人力资本。[3] 由以上综述可见，贫困脆弱性概念在我国的应用已经呈现多角度、多方法竞相争辉的局面，一方面说明该研究充满了活力。另一方面也说明，围绕将风险纳入贫困评估框架后如何理解和测度脆弱性，大量研究成果尚未达成共识。不过这并不影响运用脆弱性概念分析贫困问题。

因病致贫问题正成为我国贫困问题的新焦点，将这一问题与脆弱性概念相结合适应了当前研究的发展趋势。由此界定因病致贫脆弱性概念具有合理性，因为这有利于对贫困问题形成原因的具体分析，是对脆弱性概念应用于贫困研究的具体化。也有利于对现有贫困脆弱性、脆弱性贫困两个概念进行延伸和深化。

---

[1] 徐伟、章元、万广华：《社会网络与贫困脆弱性——基于中国农村数据的实证分析》，《学海》2011年第4期。

[2] 杨文、孙蚌珠、王学龙：《中国农村家庭脆弱性的测量与分解》，《经济研究》2012年第4期。

[3] 万广华、章元、史清华：《如何更准确地预测贫困脆弱性：基于中国农户面板数据的比较研究》，《农业技术经济》2011年第9期。

四 现有研究述评

因病致贫问题、脆弱性及贫困问题的相关研究是本研究的前提和基础。根据前文综述，对现有研究评价如下。

(一) 对因病致贫问题的描述、原因分析、治理手段的研究相当丰富，但也存在一定程度碎片化、局限性的问题

学界早期对因病致贫问题的存在性、严重性、危害性等进行了归纳和研究，并提出了依靠基本医疗保险、大病保险或者综合性措施进行救助的多种方案。这使因病致贫问题得以明确并获得广泛的认知，也是本书的研究基础。其后随着生存贫困人口减少、因病致贫问题日益突出，学者们从不同角度进一步探讨了因病致贫问题的形成过程：有人从卫生筹资、医疗消费公平角度讨论农村居民的因病致贫问题，有人从医疗服务费用增长过快角度分析因病致贫问题，也有人从疾病类型、医疗保险赔付率低以及"疾病—贫困—疾病"恶性循环等各种角度来讨论因病致贫问题的成因。这些研究虽然从某一个角度解释了因病致贫的成因，但也存在一定程度的碎片化问题。其中最明显的表现是调查样本的碎片化：采用定量实证的相关研究，其调查样本一般是区域性、小范围的，缺乏对我国居民因病致贫问题的整体描述和综合呈现。然而就本书而言，基于我国的统计数据来评估各省市居民的因病致贫脆弱性，可以实现对我国居民因病致贫风险的总体评价。虽然相对于以往研究牺牲了小范围的精确性，但也具有可以全局认识和把握问题的优点。

在应对和解决因病致贫问题方面，相关研究从早期讨论新农合制度建设，到近期集中验证新农合减缓因病致贫问题的效果，表明相关研究正由过去的定性研究逐渐转向定量实证研究。这标志着相关研究逐步深入和细化。这些研究将解决问题的方案局限于单一地依靠基本医疗保险上面。而现实中因病致贫问题的日益凸显表明，仅仅依靠基本医疗保险是难以解决问题的。现代生活中的环境污染、工作压力等外部因素也是造成人们患病的重要原因，因此公共部门应该承担更多的因病致贫问题治理责任。本书将因病致贫视为所有居民都面临的一种风险，显然是从预防的角度看待因病致贫问题，将解决问题的线索进一步向前拓展。政

策建议部分也对综合应用最低生活保障、医疗保险、医疗救助等手段解决因病致贫问题提出了建议。

（二）脆弱性概念结合贫困问题的研究在两个角度上同时发展，为脆弱性概念进一步具体结合因病致贫问题提供了基础

通过梳理国内外贫困脆弱性文献，容易发现基于脆弱性概念研究贫困问题最早始于国外，从灾害学、生态学、经济学角度将脆弱性概念引入贫困问题。国内相关研究虽然略晚于国外，但是发展很快。贫困脆弱性研究在两个角度上同时推进：即脆弱性贫困研究和贫困脆弱性研究，这两个角度的研究虽然有差异，但也具有一定的共性，即两者都是脆弱性概念与贫困问题的交叉，只是切入问题的角度各不相同。两个角度的研究各有特色，开始的时间相差不远，目前处于齐头并进的状态。都为本书提供了有益的启迪：基于脆弱性概念的因病致贫问题视角，将因病致贫视为所有居民都会面临的一种风险，符合了疾病风险的随机性特征，从而能够为因病致贫问题的治理提供预测性的依据。

当然，以上两个角度也有各自值得深入探索的问题。首先，在灾害、生态、经管等学科对贫困脆弱性的交叉研究方面，脆弱性概念及其在生态学、地理学及经济学领域应用较早，其分析框架也较为成熟和丰富；相对而言贫困脆弱性研究的概念则相对单薄、方法较为模糊。但好在交叉研究与贫困问题的相关性很强，灾害、地理、经济等相关学科在探讨脆弱性问题时，其后果都是落脚到贫困脆弱性问题上，或者说落脚点是各类因素对居民家庭的负面冲击。贫困脆弱性概念涉及居民家庭与外界因素的多种联系，这些联系映射了社会复杂性对相关研究的学科交叉需求。因此相关学科的贫困脆弱性交叉研究仍将持续并为贫困问题提供更广泛的视角和思路。其次，在贫困脆弱性概念界定、量化方法探讨方面，现有研究明显过于分散，停留在各学科自圆其说的阶段，对贫困脆弱性的界定和测度还没有形成共识，没有形成权威的理论。因此，总体而言国内学者对于贫困脆弱性的概念范畴、含义界定以及贫困脆弱性评价方法等问题都处在讨论和总结归纳的阶段，对贫困脆弱性概念和方法的探索还将持续下去。但贫困脆弱性的研究视角已经形成，这就为因病致贫问题提供了可供参考的研究角度。最后，在贫困脆弱性研究的实

证分析方面，各个学者大多以微观数据为分析问题的基础材料，其隐含的前提是所有外界风险冲击都能够在居民家庭微观调研数据中包含并能够被其指标或模型识别出来，然而事实上，诸多外界风险冲击是无法在家庭数据中体现的。此外诸多贫困脆弱性分析指标选择时甚至根本没有考虑风险冲击问题，因此其计算结果只能展示居民家庭本身的资源占有或能力高低。而外界风险因素对居民家庭的冲击及其度量还有待探讨。总之，前人对于脆弱性概念与贫困问题结合的研究为本书提供了灵感和思路，本书也将进一步探讨外部性等因素对因病致贫的影响。

（三）因病致贫问题与脆弱性分析方法交叉的渐进性与必然性

疾病及贫困问题传统上分属社会保障、公共管理领域的问题，而脆弱性评估属环境科学、灾害学、经济学常用的方法。概念和问题分属不同的大学科门类，有较远的差距。也就是说因病致贫问题与脆弱性分析方法分属不同学科，相关研究的交叉不会很快发生。而之所以二者会产生联系，正是由于因病致贫的现实问题日益严重，引起了大量关注和研究，从而推动了二者的交叉。通过前文梳理相关研究的发展，从灾害学者逐渐关注贫困问题、社会学者逐步重视风险致贫，其间经历了相当长的时间，因此可以用渐进性来概括二者的交叉过程。

因病致贫问题与脆弱性分析方法的交叉又是必然的。因为灾害学、经济学讨论的风险因素要落实到对人的影响才有意义，而因病致贫也是以人为核心，二者的交叉点必然在居民这一主体上产生交叉，并且二者一旦交叉，其相互融合的程度也会越来越深入。二者都以居民的福利变化为研究对象，只是以往疾病及救助研究关注的是居民的困境结果，而灾害学关注的是居民各类风险因素对居民的影响程度这一过程。随着社会救助研究的深入，开始日益关注居民困境的形成原因；与此同时，灾害学、经济学等也更加关注风险后果对居民的影响程度，二者最终必然会汇集到同一个目标：都是讨论何种风险对居民产生了多大程度负面冲击的问题。于是因病致贫与脆弱性分析方法的交叉和融合就顺理成章地发生了。这必然会要求在概念上、方法上相互借用和重新界定，推进相关交叉研究进一步走向深入。

（四）因病致贫问题与脆弱性分析的交叉研究有广阔的发展空间

现有研究已经在贫困及脆弱性研究方面取得了丰富的成果，但也存在很多有待深入探讨的问题。就脆弱性贫困概念而言，现有研究虽然从风险角度界定了脆弱性的内涵，但是通常局限于自然灾害类的风险因素分析，侧重风险因子本身的分析，缺乏对居民自身资源条件、相关政策条件等的综合分析。风险角度相关研究还习惯于本学科（比如洪水灾害）视角的风险因素分析。类似地，就贫困脆弱性概念而言，社会科学研究者习惯于聚焦贫困这一结果性指标，关注贫困发生的概率、范围和强度，但是对于风险角度的贫困预防关注不足。

从研究范式上看，自然科学的脆弱性贫困研究通常应用宏观数据进行区域脆弱性评估，而社会科学的贫困脆弱性研究通常应用微观数据进行贫困概率评价。事实上，区域居民面临的各类风险也必然会受个人因素的影响；相应地，个体居民的风险贫困也会受制于当地物理环境、经济水平、公共服务等宏观因素的影响。因此，社会科学研究可以考虑借鉴自然科学的范式应用宏观数据对区域居民的总体脆弱性进行评估；自然科学的研究也可以参考社会科学的范式应用微观数据评估具体的风险因子状况。当然，两个方面的研究都是围绕居民贫困及其脆弱性这个核心。以上方向都有待更深入的交叉研究，相信研究范式上的相互借鉴有助于我们更全面地把握风险冲击导致贫困的特征。

总之，通过综述因病致贫相关研究、脆弱性与贫困问题结合的相关研究，可以发现脆弱性分析方法为风险视角的因病致贫问题分析提供了良好的方法，脆弱性概念与贫困问题的交叉呈现日益深入融合的趋势。顺应这个趋势，本书以全体居民为研究对象，将因病致贫作为全体居民都会面临的一种风险，构建综合的居民因病致贫脆弱性评估模型，对我国各省市居民因病致贫脆弱性进行总体评估。这样做的好处之一是更注重外部因素对因病致贫的影响，使之能够与基于微观数据的研究互补和参照。

第三节 研究设计

一 研究目标和思路

根据前文综述，现有个人和保险已经无法有效解决因病致贫问题，因此需要政府强化救助。现代社会中负面的外部因素可能影响居民健康，因此政府对居民的风险负有预防和兜底的救助责任。对于政府而言，其需要考量的是区域内因病致贫的总体发生率，而非单个家庭或哪个家庭会出现问题。一段时期内某一个家庭很可能没有遭遇疾病冲击，但对于区域总体而言，则肯定会有一定数量的居民发生因病致贫问题，这也是墨菲定律在居民疾病风险问题上的体现。政府要高效地治理因病致贫问题就需要对其有科学的认知，作为应用型研究，本书的研究目标就是：构建合理的因病致贫脆弱性评估模型，对我国居民的因病致贫脆弱性进行科学评估，归纳其主要特征，分析其影响因素，为相关政策应用提供全局性认识和参考。

围绕对我国居民因病致贫脆弱性进行总体描述这一目标，本书将因病致贫作为全体居民都会面临的一种风险，从风险视角切入，综合应用风险理论、贫困理论，基于对因病致贫问题性质的分析，提出合理的分析框架；然后参考风险脆弱性评估模型和经典贫困计量模型，构建综合的居民因病致贫脆弱性评估模型。在数据上，参考灾害学、经济学对区域脆弱性进行总体评估的研究方式，应用年度统计数据，以期实现对我国各省市居民因病致贫脆弱性的总体评估；在研究方法上，尝试融合自然科学和社会科学两种评估模型，体现了一定程度的交叉和创新。

要实现以上研究目标，遵循着从现状分析到问题治理的思路，分五个层次展开分析：第一个层次是应用风险脆弱性理论、贫困理论分析因病致贫对居民的冲击过程，由此界定因病致贫脆弱性这一核心定义，梳理因病致贫风险的情景分类、居民应对策略等。为研究提供坚实的理论基础。第二个层次是构建居民因病致贫脆弱性评估模型，基于不同风险情景分类，对模型进行分解，然后结合各省市相关统计数据，实现对我国居民因病致贫风险脆弱性指数的评估。第三个层次是根据实证结果表现出的显著特征：城乡差异，具体分析在不同风险情景下我国各省市居民的脆弱性指数城乡差异情况。第四个层次是深入讨论我国居民脆弱性指数的影响因素。从负外部性、居民收入储蓄和公共服务医疗保险三个角度应用主成分分析法等分析各种外部因素对居民不同指数的影响状况。第五个层次是政策应用。主要是结合现有政策的不足，基于本书的居民脆弱性评估结果，讨论其对于补充和完善现有政策的应用方案。

为了更加直观地展示本书的总体研究思路，将本书研究的主要问题、理论基础、研究方法、分析过程、政策应用，以及它们之间的相互嵌入和衔接用一个研究思路图来表示，具体如图1—1所示。图中，实线框内表示现实问题、对现实的分析结果以及政策应用；虚线框内表示分析问题依据的理论、应用的方法以及分析过程。

二　研究内容

本书从分析因病致贫的现实问题出发，首先，综述相关研究进展。由于评估思想来自风险理论，评估框架参考了风险脆弱性评估框架，评估模型结合了脆弱性评估模型和贫困计量模型，因此综述的内容较为多样，包括因病致贫相关研究、脆弱性评估框架及模型、贫困脆弱性概念、脆弱性贫困相关研究等内容。其次，综述基础理论。包括公共产品理论、风险脆弱性理论以及贫困理论等，然后再基于此界定因病致贫问题的性质，并明确本书研究的范围。随后基于风险脆弱性评价的分析框架及评估方法，建立因病致贫脆弱性评估指数，并基于城乡居民的统计数据对我国城乡居民的现实疾病脆弱性、情景疾病脆弱性评估，据此归纳出我国居民的因病致贫脆弱性特征。再对实证结果进行对比分析、相关分析，进一步揭示问题的形成原因及特点。最后，将问题特征与救助政策相结合，创新性地提出设立最低医疗保障线的政策建议，并给出了最低医疗保障线的设立依据、计算方法及预期效果。当然，也根据实证结果对现有医疗保险制度、大病救助政策的优化提出了建议。具体而言，研究内容包括以下几章。

第一章 因病致贫问题

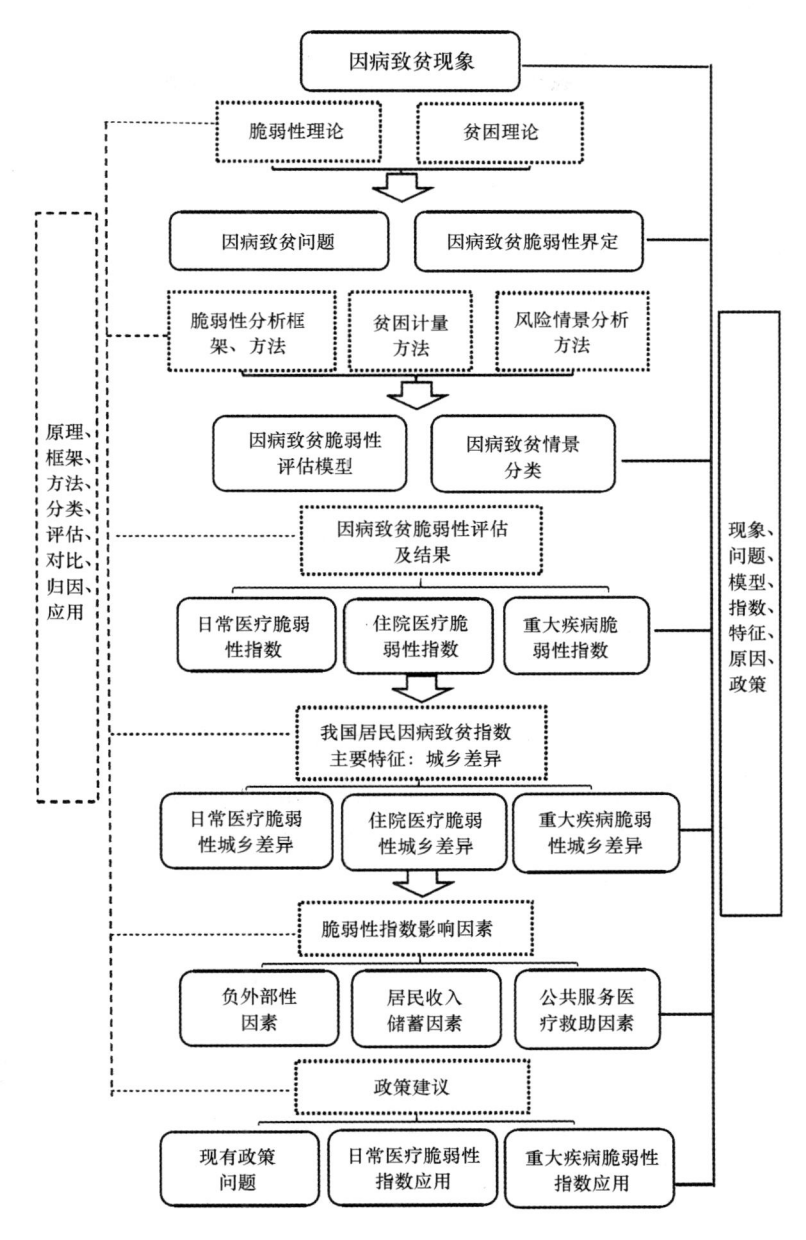

```
                    因病致贫现象
                          │
              ┌───────────┴───────────┐
          脆弱性理论              贫困理论
              └───────────┬───────────┘
                          ▼
              ┌───────────┬───────────┐
          因病致贫问题          因病致贫脆弱性界定
              
       脆弱性分析框    贫困计量    风险情景分析
       架、方法        方法        方法
                          ▼
              因病致贫脆弱性        因病致贫情景
              评估模型              分类
                          ▼
              因病致贫脆弱性评估
              及结果
              
       日常医疗脆    住院医疗脆    重大疾病脆
       弱性指数      弱性指数      弱性指数
                          ▼
              我国居民因病致贫指数
              主要特征：城乡差异
              
       日常医疗脆    住院医疗脆    重大疾病脆
       弱性城乡差异  弱性城乡差异  弱性城乡差异
                          ▼
              脆弱性指数影响因素
              
       负外部性      居民收入      公共服务医
       因素          储蓄因素      疗救助因素
                          ▼
              政策建议
              
       现有政策      日常医疗脆弱性  重大疾病脆弱性
       问题          指数应用        指数应用
```

（左侧大括号：原理、框架、方法、分类、评估、对比、归因、应用）

（右侧大括号：现象、问题、模型、指数、特征、原因、政策）

图 1—1 研究总体思路

第一章描述了现实中因病致贫问题的存在性、危害性以及政府治理问题的决心和总体方针。尤其强调我国一般居民面临的贫困风险的变化

可能导致的政策瞄准错位。然后回顾了相关领域研究，由于脆弱性评估与贫困问题的结合是典型的交叉研究，因此出现了脆弱性贫困、贫困脆弱性等多种概念和研究角度，对这些研究进行了综述和评价。前人研究也为本书研究提供了思路参考，由此确定了本书综合风险脆弱性评估方法和贫困计量方法构建居民因病致贫风险脆弱性评估模型，对我国居民的因病致贫脆弱性进行评估的研究目标。并阐述了研究设计、研究意义及创新点。

第二章、第三章阐述了相关理论基础以及对问题的界定和分析。基础理论部分，以马克思主义民生理论为根本，此外，由于问题与方法的交叉性特征，还涉及贫困理论、脆弱性评估理论和方法以及公共产品外部性理论等。问题界定部分其实是结合基础理论具体分析因病致贫问题的性质、构成及其应用脆弱性概念进行分析的合理性。最后结合情景分析法讨论因病致贫问题发生的多种可能性和场景，实现了对因病致贫这种复杂问题的条理性、多样性区分，实现了较为精确的描绘，为后文的分析和评估奠定了基础。

第四章的内容主要是构建居民因病致贫评估框架、评估模型以及结合多种风险情景对评估模型的具体应用进行分解。首先是讨论了本书参考的压力—释放（PAR）模型和可持续生计模型构建居民因病致贫脆弱性评估框架的过程及其合理性。展示了本书的脆弱性评估框架具体构成，并阐述了框架各部分结合因病致贫问题的实际意义。然后结合情景分析法归纳了居民遭遇疾病风险时区分不同医疗手段形成的脆弱性情景，进一步讨论了居民在不同脆弱性情景下的医疗资金筹集渠道、针对不同风险情景的应对方案等内容。基于以上框架和情景分析，构建了居民因病致贫脆弱性评估模型，该模型综合参考了风险脆弱性评估模型和经典贫困计量模型，涵盖了风险因素、风险抵抗力以及范围指标等三个方面指标，兼顾体现了风险评估和贫困计量的思想。由于因病致贫问题的复杂性和多样性，必须区分为多种风险情景，因此，评估模型的应用也需要结合不同风险情景而具体讨论，这就是对评估模型的分解。根据居民的日常医疗风险情景、住院医疗风险情景以及重大疾病风险情景对评估模型进行分解，使评估模型的实际应用更加精确可行。

第五章是结合各省市实际数据，对我国居民因病致贫脆弱性的实证评估结果。本章首先交代了数据的多种来源以及选择截面数据的理由，然后说明了数据处理过程。最后重点对我国居民因病致贫脆弱性评估结果做了总体展示。本来评估出的结果应该有704个各省区各类风险情景下的脆弱性指数，限于篇幅对重大疾病部分只选择其中两种列入表中，结合日常医疗和住院医疗共列出了其中的256个居民脆弱性指数。其后，又对评估出的全部704个脆弱性指数作了描述性统计分析，发现城市居民指数与农村居民的指数存在明显差异，为后文第六章的城乡差异分析提供了线索。为了更直观地观察我国居民的因病致贫脆弱性水平，本章最后采用五分法对实证评估结果进行层次区分，通过列表直观展示了我国居民在不同风险情景下的脆弱性水平。

第六章是根据第五章脆弱性评估指数描述性统计结果所发现的城乡差异现象，作进一步的具体分析。毕竟评估的目的就是要揭示我国居民所面临的因病致贫风险特征。由于第五章只是对评估结果的总体描述，发现的是总体特征，对于各种风险情景下的脆弱性指数城乡差异还需要具体分析。区分日常医疗风险情景、住院医疗风险情景以及九类重大疾病风险情景，合计共11种疾病风险情景，逐一分析各自情景下的因病致贫脆弱性指数差异。这种详细的分析不但描绘了城乡差异的具体情况，还据之发现了脆弱性评估指数的其他一些特点，比如指数分布的区域性特征、不同重大疾病类型间的指数差异等。这些详尽的分析一方面为认识我国居民因病致贫脆弱性的城乡差异提供了充实的证据，另一方面也为进一步挖掘指数分布的其他特征提供了线索和启发。

第七章是对可能影响居民因病致病脆弱性指数的相关因素进行分析。在综述前人研究的基础上，归纳出负外部性因素、公共服务及医疗保险因素、居民个人收入水平因素等三个方面共20个可能影响居民因病致病脆弱性指数的相关因素指标，以它们为一组变量，以居民因病致贫脆弱性评估结果为另一组变量，根据两种数据的不同分布特征分析进行主成分分析和Spearman相关分析。结果表明负外部性因素中的不同污染种类对城市居民的不同疾病会产生不同影响，而农村居民与负外部性中的各类污染源关系都不显著，在这一点上城乡居民差异明显。然而，居民个人收入水平因素中的各个因素与各种风险情景下的脆弱性指数有显著的负向相关关系，在这方面城乡居民的表现则是一致的。公共服务及医疗保险诸因素中，城市和农村居民脆弱性指数都与人均 GDP、医疗保险人均资助金额等关系显著。而城市居民脆弱性指数还与社会保障支出关系显著，农村居民指数则与人均医疗和计划生育支出关系显著，这表明城乡居民在这些方面既有一致性也有各自的独特性。

第八章是政策建议分析。评估居民因病致贫脆弱性的目的就是服务于政府的救助或预防政策。因此，本章在梳理我国现有医疗保险和救助制度的基础上，分析了医疗保险制度的局限性，以及我国现有医疗救助制度可能存在的偏差和问题。然后讨论了将居民日常医疗需求纳入最低生活保障制度的合理性。结合居民日常医疗脆弱性评估结果，设计了居民基本医疗保障标准的计算方法和实证结果。以上分析可以为相关政策提供参考。此外，结合我国居民重大疾病的脆弱性评估结果，讨论了中央对地方医疗救助资金的分配模型及实证结果，为依据风险程度分配资源，从而提高救助资金的利用效率提供了思路和参考。

第九章是对全书的总结。归纳了我国居民因病致贫脆弱性指数的主要特征、相关影响因素以及从中得到的启示。同时反思了研究中存在的不足之处，并对研究的进一步优化以及从研究中得到的启示作了总结。

三 研究方法

与很多贫困脆弱性评估只专注低收入群体的研究不同，本书将因病致贫看作所有居民都面临的一种风险，研究对象不再局限于贫困群体，而是涵盖了全体居民。这更符合因病致贫问题的突发性特征，也使研究更具有预测的性质：讨论的是所有居民可能遭遇因病致贫问题的风险水平。由此可见，因病致贫问题虽然最终落脚在贫困上，但是研究本身是风险测算，这就使本书参考的研究方法与以往的贫困脆弱性研究有所区别，这些方法上的独特性主要包括以下两点：首先，脆弱性评估方法借鉴了自然科学常见的风险脆弱性评估方法，当然，也同时参考了社会科学经典的贫困计量方法，结合二者构建了本书的因病致贫脆弱性评估模型。其次，为了更好地描绘因病致贫的复杂情况，借鉴了风险分析中常见的情景分析法，其间还融入了决策树、风险应对行为等具体操作方法。除了这些因为交叉应用显得有些独特性的分析方法以外，文中还应用一些常见的分析方法，包括分析城乡居民脆弱性差异的对比分析法、讨论可能影响居民脆弱性的多种因素的相关分析法，以及总结相关文献内容、总结居民脆弱性指标总体特征必须使用的归纳法。这些方法有的提供思路和框架，有的提供模型依据，有的将复杂的现实梳理为简明的分类，有的凸显了评估结果的差异，总之它们之间互补融合，为分析和描绘我国居民的因病致贫脆弱性状况提供了帮助。各个研究方法具体如下：

（一）脆弱性评估法

因病致贫问题虽然是社会问题，但是，当我们将因病致贫视为所有居民面临的一种风险时，该问题就有着类似灾害风险的发生机理。由于灾害学、环境科学以及经济学领域对脆弱性评估方法的应用起步较早，各种模型较为丰富多样，值得我们参考借鉴。而相对而言，贫困脆弱性评估关注的仅仅是居民收入落入贫困线下的概率，这与本书将疾病视为风险的视角并不一致，因此本书参考环境、灾害等领域常用的风险脆弱性评估模型更加合适。

当然，跨学科地交叉参考脆弱性评估方法还需要对相关研究进行归纳和鉴别，选择分析问题的结构与因病致贫问题类似的研究作为参考对象。经过梳理相关文献，发现以下研究提出的脆弱性评估模型对因病致贫问题更有借鉴意义。比如，葛怡等 2005 年应用风险脆弱性评估方法对长沙地区的水灾脆弱性进行评估，认为 1998—2003 年长沙各区的水灾脆弱性呈现先下降再上升的趋势。[1] 个人认为该文更有价值的贡献在于明确了 18 项指标中与脆弱性呈正相关的 9 项因素及呈负相关的 9 项因素。因为这实证了构成风险脆弱的影响因素可以有风险冲击及风险抵抗两个方面。李鹤、张平宇 2008 年对东北地区面临的矿产资源枯竭风险进行了脆弱性评估，结果表明矿业生命周期的推进与脆弱性同步扩大，而应对能力的强弱也显著影响城市的资源枯竭脆弱性，煤炭类矿业城市脆弱性最

---

[1] 葛怡等：《中国水灾社会脆弱性评估方法的改进与应用——以长沙地区为例》，《自然灾害学报》2005 年第 6 期。

高，油气类最低，高脆弱性城市集中于辽宁省。① 刘继生等对辽源市的矿业失业和死亡等风险脆弱性进行评估，通过对1998—2007年的相关指标分析，发现该市风险敏感性在下降、风险抵抗力在上升，从而造成综合脆弱性不断下降的结果。② 李雪莲等2010年对我国多家银行的汇率波动风险进行了评估，发现我国70%以上的银行风险暴露显著，尤其是对出口型企业贷款业务比例较高的银行，其风险暴露系数为正数。③ 王相宁、胡冰清2015年对上海交易所上市的324家上市制造业的外汇风险暴露进行评估，发现外汇风险暴露与外销比例、速动比例和现金流量净额等呈正相关，④ 由此实证了影响制造业风险脆弱性的部分因素。廖春贵等2017年对广西的14个地市的旱灾风险暴露进行了评估，并对风险暴露较高的城市分布利用GIS技术进行了分布图表达。⑤ 彭飞等2015对我国沿海城市的海洋经济风险脆弱性进行了评估，并运用BP人工神经网络模型对各城市的脆弱性时空演变特征、影响因素进行了评价。发现沿海城市脆弱性变化平缓，华北沿海地区与华南沿海地区呈现内部两极分化的格局。⑥ 将以上研究的模型通过表格列出，能更清楚地归纳其特征，具体如表1—1所示。

　　归纳前人研究发现，虽然每个研究的对象各不相同，模型的具体形式也差异很大，但是通过仔细甄别也可以总结出三个特征：首先，风险脆弱性方法研究呈现出更多的多样性和交叉性，尤其是近期的研究，比如表内最后两项研究就在风险脆弱性基本评估方法的基础上结合了GIS

---

①　李鹤、张平宇：《东北地区矿业城市社会就业脆弱性分析》，《中国地理学会2008年学术年会论文摘要集》2008年2月。
②　刘继生、那伟、房艳刚：《辽源市社会系统的脆弱性及其规避措施》，《经济地理》2010年第6期。
③　李雪莲、刘梅、李健：《商业银行汇率风险暴露系统估计及其规避之浅见》，《现代财经（天津财经大学学报）》2010年第12期。
④　王相宁、胡冰清：《我国制造业外汇风险暴露的影响因素研究》，《中国科学技术大学学报》2015年第3期。
⑤　廖春贵、秦年秀、胡宝清、熊小菊：《广西干旱灾害暴露度时空变化特征》《广东农业科学》2017年第5期。
⑥　彭飞、韩增林、杨俊、钟敬秋：《基于BP神经网络的中国沿海地区海洋经济系统脆弱性时空分异研究》，《资源科学》2015年第12期。

技术或者融合 BP 神经网络这些跨学科的技术方法，体现出更为广泛的交叉性特征。其次，经济学领域的风险脆弱性和暴露度研究是自成特色的，因为该领域的研究必须结合利润（利息、收益）才具有意义，而利润的计量在每个行业都有较为成熟的公式，因此，经济学领域的风险脆弱性及暴露度评估会显示出独特的方法。最后，在多样性的丰富研究方法背后，众多方法还有不少关键问题方面的一致性。这种一致性首先表现在风险脆弱性评估的核心方法并没有改变，都是围绕风险脆弱性的两个核心变量：风险冲击与风险抵抗力展开的具体研究，只是在核心方法外围的指标处理或结果表达形式上结合一些其他的方法。此外，多种风险脆弱性评估方法几乎都是以城市、城市群为对象，说明它们在研究对象方面也有高度的一致性。

表 1—1　　　　　　　　各类风险脆弱性评估指数

风险类型	评估对象	公式	指标处理	说明
水灾风险	长沙市各区	$I_{sovj} = \dfrac{\Delta X_j}{(F_j \times I_{Bovj})}$ $(j=1,2,\cdots,n)$	主成分分析法	葛怡、史培军、刘婧，2005
资源枯竭风险	东北三省各城市	$V_i = \dfrac{S_i}{R_i} = \dfrac{W_i \sqrt{I_i^{ov} I_i^{w}}}{F_{i1}+F_{i2}+\cdots+F_{in}}$	Z-score 标准化处理	李鹤、张平宇，2008
矿业死亡失业风险	辽源市	$V_i = \dfrac{S_i}{R_i} = \dfrac{W_i S_i}{W_i R_i}$	熵权系数法	刘继生、那伟、房艳刚，2010
汇率波动风险	商业银行	$R_{i,t} = \alpha_i + \beta_i^{CH} R_{CH,t} + \beta_i^{HK} R_{HK,t} + \beta_i^{CH,A} R_{CH,t} DumA + \beta_i^{HK,A} R_{HK,t} DumA + \varepsilon_{i,t}$	弹性原理	李雪莲、刘梅、李健，2010
汇率波动风险	制造业	$R_{it} = \alpha_i + \beta_i R_{mt} + \gamma_i \varphi_t + \varepsilon_{it}$	弹性原理	王相宁、胡冰清，2015

续表

风险类型	评估对象	公式	指标处理	说明
旱灾风险	广西各城市	$R = \sum_{i=1}^{n} F_i W_i$	极值标准化	廖春贵、秦年秀，2017
经济综合风险	沿海十多个城市	$V_i = \dfrac{S_i}{R_i}$	BP神经网络模拟	彭飞、韩增林，2015

总之，脆弱性评估方法将风险区分为三大部分：风险冲击因素（致灾因子）、风险冲击对象（承灾体）以及联系二者的环境因素（包括客观的自然条件和制度性的社会关系）。本书在构建因病致贫脆弱性评估模型时就参考了这一思路，模型的构成中包括风险冲击力因素（疾病发生率和医疗支出）、风险抵抗力因素（居民自身的收入储蓄）以及外部因素（医疗保险、社会救助等医疗资金渠道），此外还考虑了范围系数及机会成本等因素。当然，这也借鉴了经典的贫困计量模型的思路：本书模型中前两项的风险冲击、风险抵抗力是评价贫困强度的指标，模型后两项范围系数及机会成本是经典贫困计量中常见的范围系数。总之，本书的因病致贫脆弱性评估模型同时参考了脆弱性评估方法和经典贫困计量模型。基于此模型应用中国统计年鉴、卫生与计划生育统计年鉴中各省市居民收入消费数据、门诊疾病、住院疾病等诊疗数据，测算我国居民的因病致贫脆弱性指数。

（二）贫困计量方法

因病致贫问题对居民影响的最终后果是使居民陷入困境，这种困境可能是多方面的，既包括经济上的贫困，也包括心理上的伤害，甚至会影响其社会地位和未来发展。但是仅就最直接的后果而言，最明显的后果依然是经济上的贫困状态。在实践中，因病致贫问题也被认为是贫困和救助问题。因此，评估居民的因病致贫脆弱性肯定要参考经典的贫困计量理论和方法。

目前经典的贫困测量方法除了阿马蒂亚·森（Amartya Sen）提出的

模型即森指数以外,后来众多学者对 Sen 指数进行了改进和完善,形成了 SST 指数、FGT 指数①、基于洛伦茨指数或基尼指数的分析、利用社会福利函数测量贫困等公认的经典综合贫困测量方法。多维贫困测量概念兴起以后,学者们也提出了不少创新测量方法,如对 FGT 指数的多维推广、基于模糊理论的多维贫困测量、A – F 计数测量法、R 指数②、PG 指数③等。这些方法或者基于 Sen 指数在方法上进行多维衍生,或者以 Sen 的贫困度量理念(公理)为指导交叉其他具体数学方法构建多维贫困测算模型。总之,综合性贫困测量方法和多维贫困测量方法一起构成了当前贫困测量方法上丰富多样的局面。相关综述也很常见,仅就本书拟参考的几个经典贫困计量模型归纳如下:

1. Sen 指数,公式为:

$$S = \frac{2}{(q+1)n} \sum_{i=1}^{q} \left(\frac{z-y_i}{z}\right)(q+1-i) \quad (1—1)$$

2. Thon 指数,公式为:

$$T = \sum_{i=1}^{q} \left(\frac{z-y_i}{z}\right)\left[\frac{2n-2i+2}{n(n+1)}\right] \quad (1—2)$$

3. SST 指数,公式为:

$$SST = \frac{1}{n^2} \sum_{i=1}^{q} \left(\frac{z-y_i}{z}\right)(2n-2i+1) \quad (1—3)$$

4. FGT 指数,公式为:

$$P_\infty = \frac{1}{n} \sum_{i=1}^{q} \left(\frac{z-y_i}{z}\right)^\infty \quad (1—4)$$

以上各式中,i 为第 i 位穷人,y_i 为穷人 i 的收入,q 为贫困人口,z 为贫困线,n 为总人口数,$(q+1-i)$ 为相对剥夺程度。其中 α 为贫困厌恶系数,它的值越大,表明对贫困的厌恶程度越高,一般取 $\alpha > 1$。

纵观以上贫困计量公式,虽然各个公式的形式各异,但是其实它们

---

① J. Foster, J. Greer, E. Thorbecke, " A Class of Decomposable Poverty Measures", *Econometrica*, Vol. 52, No. 3, June 1984, p. 763.
② 陆康强:《贫困指数:构造与再造》,《社会学研究》2007 年第 4 期。
③ 徐映梅、张提:《贫困缺口总指数的构造、分解与应用》,《统计研究》2016 年第 7 期。

都有极为类似的结构，各式其实都是由两部分构成：其中包括求和符 Σ、z、y_i、q 的部分，形式基本相同，其实都是度量贫困缺口公式的 $G = \sum_{i=1}^{q}(z-y)$ 变形。而另外包括 n、i 的部分其实都是贫困发生率 $H = \dfrac{q}{n}$ 的衍生形式。

贫困计量公式的这种结构对因病致贫脆弱性评估模型的构建提供了参考。首先，经典的脆弱性评估的结构可分为两大部分，分别是风险冲击力度量和风险抵抗力度量，但是这种评估没有参考由人口等因素度量的风险发生率，或者叫风险比例。而通过对以上经典贫困计量模型的归纳，参考其中的贫困发生率指标，本书为因病致贫脆弱性评估模型引入疾病风险发生率的计量指标，从而弥补脆弱性评估模型的不足，达到对居民因病致贫状况进行更科学全面评估的目的。

（三）情景化风险分析法

考虑因病致贫给居民造成的冲击时会面临一个不确定问题：因为疾病有很多种情况，疾病种类不同、严重程度不同，由此产生的医疗费用需求会有很大的差异。处理好这个不确定问题是保证居民脆弱性评估合理性的前提。本书应用情景化风险分析法来区分居民的因病致贫风险情景。Garrick 等提出的情景化风险分析方法（简称情景分析法）。该方法认为风险源无法根除，但人们对风险的认识越全面、深刻，就越可能避免风险事件的发生，或者减轻风险事件的不良后果。因此风险认知和预防就非常重要。认知和预防风险是事前工作，如果无法确定风险发生的时间、地点、强度等具体情况，也就无法用单一的风险状况概括。因此可以用情景化的风险分析方法归纳或假设出风险发生的多种情景，然后分别讨论各种情景下的风险防范和损失减除。同时由于风险事件涉及多个环节、多个主体，必须考虑各个主体之间的具体联系，就有了系统风险的概念。将情景理论与风险事件的复杂情况结合起来分析和评估风险的方法就是情景化系统风险评估方法。该方法的具体步骤包括：

第一步系统描述。充分了解和分析系统的主体、构成及相互关系，以便判断系统运行的正常状态与遭遇冲击后的异常状态。

第二步风险因子识别。根据以往经验，列出可能冲击系统的各类风险因子，同时厘清可能被冲击的对象（包括主体或关系）。

第三步情景构建及脆弱性评估。也有不少研究将情景构建单列，然后再进行脆弱性评估。在本书中由于不同的风险冲击情景对家庭因病致贫脆弱性的高低有直接影响，因此将二者归入同一个步骤，更加符合研究对象的实际情况。

第四步集合描述。在完成对不同情景下风险冲击的构建和主体风险脆弱性评估以后，将各种情景及结果集合起来，形成综合的风险脆弱性评估集合，这个集合可以是分层次的，也可以是累积的，结合因病致贫冲击的实际情况，分层次的风险脆弱性集合描述更合适。

第五步结果解释及政策建议输出。这一步骤同样可以分开进行也可以综合进行，就区域居民因病致贫冲击评估而言，不同风险脆弱性与居民收入水平直接相关，而政策对救助对象的选择是与收入相关的，因此将结果解释与救助政策结合起来更容易阐述。

总之，情景分析法认为对于还没有发生的风险，无法事先确定它发生时的具体情况。但是为了使风险发生时能够有较好的应对方案，可以在事前归纳或假设出多种风险发生时的情景，再分别讨论各种风险情景下的可能危害和损失，并据之做出应对预案或做好风险防范和减除。

就因病致贫问题而言，所有居民都可能会遭遇或大或小疾病的冲击，这些疾病引起居民陷入贫困境地的风险大小也各不相同。从居民遭受疾病冲击到引发一系列负面后果，这个过程虽然具有多样性，但基本要件、发生过程并不复杂。不同类型的疾病造成的后果严重程度也不同，这意味着评估居民的因病致贫脆弱性不可能用一刀切的方法描绘疾病风险，而情景分析法恰好最适合分类描述不同问题的场景，于是本书拟将情景分析法与脆弱性评估结合起来，以达到准确评估各类疾病冲击情景下我国城乡居民的因病致贫脆弱性。具体而言，本书将居民的因病致贫风险区分为日常医疗致贫风险情景、住院疾病致贫风险情景以及重大疾病致贫风险情景三种类型，同时应用决策树分析法，参考居民筹措医疗资金的渠道及成本，梳理出居民在不同风险情景下应对因病致贫问题的不同策略组合。这些风险情景分析为因病致贫脆弱性评估模型的分解应用提供了框架和依据。

（四）对比分析法

根据因病致贫脆弱性的实证结果，发现我国城乡居民的因病致贫指数存在明显差异。对实证结果的描述性统计也表明，城乡差异是我国城乡居民因病致贫脆弱性指数最显著的特征。长期以来我国城乡二元的经济决定了在公共卫生服务、医疗服务领域的城乡差异，这必然进一步导致居民的因病致贫脆弱性也呈现城乡二元的状态。我国现有医疗保险制度、医疗救助制度也表现为二元甚至多元状态。随着经济发展和政府对民生保障认识的进步，国务院已经在2016年出台了统一城乡基本医疗保险的文件，贯彻实施这个文件必须以正确认识城乡居民医疗风险的差异为基础和前提。尊重现实才能有效改进现状，应用对比分析法比较我国居民因病致贫脆弱性水平的城乡差异，揭示这些差异的具体情况是改变现状的前提和基础。本书分不同的风险情景，采用对比分析法讨论了我国城乡居民在日常医疗风险情景、住院医疗情景以及其他9种重大疾病风险情景下的脆弱性指数差异，这11种风险情景下的城乡差异详细对比分析，为优化现有城乡医疗保险、医疗救助制度提供了参考，也为逐步缩小城乡医疗差异，最终达到城乡医保统一、救助统一提供了基础和依据。

（五）归纳法

本书对我国居民的因病致贫脆弱性评估结果进行了分析和整理。最基本的整理就是归纳指数的变化特征。我国31个省市城乡居民疾病脆弱性的总体特征、分布特点都需要应用归纳法进行处理。当然归纳的过程包括对数据的总体观察，也包括借助统计描述方法对数据进行均值、方差、峰度、偏度等技术处理。希望借此发现不同情景下脆弱性指数的横向特征，即从日常医疗保健风险脆弱性指数到住院因病致贫脆弱性指数再到各类重大疾病致贫脆弱性指数的变化特征。根据归纳出的总体特征，再对指数做进一步的分析。此外，归纳法还表现在对文献的收集和整理方面。通过泛读、精读关于医疗贫困、医疗救助问题的相关研究文献，把握现有研究在该领域的进展。从各类研究中发现问题的症结点和可能的研究方向。结合中央和地方关于医疗救助、医疗保险的文件精神，把握现有因病致贫问题与医疗救助政策的错位，揭示救助难题所在。大量的文献阅读为因病致贫脆弱性评估及救助研究提供了理论指导、方法工具和政策优化参考。

总之，以脆弱性评估方法为核心，结合贫困计量模型构建居民因病致贫脆弱性评估模型。在问题界定和结果分析时综合应用情景分析法、对比分析法以及归纳法等，实现对我国居民因病致贫脆弱性水平的分类评估、特征分析以及原因探讨。

第四节 研究意义及创新点

一 研究意义

（一）研究的现实意义

根据墨菲定律：有可能发生的风险事件一定会发生。政府的医疗救助面对的是区域范围内居民的总体因病致贫问题，这意味着在一定时期内，某区域总会有一定数量的居民遭遇因病致贫问题。而合理实施医疗救助政策必须以对居民因病致贫状况的科学评估为基础。本书从风险视角，参考风险脆弱性评估框架，构建居民因病致贫脆弱性评估模型，基于风险情景分类方法，对我国城乡居民的因病致贫脆弱性进行评估。可以为预防和治理因病致贫问题提供参考。

首先，本书有助于总体认识我国居民因病致贫问题的实际情况。随着2020年消除贫困目标实现，我国生存贫困人口大量减少，但一般居民的因病致贫问题则日益突出。本书通过对省际层面的居民因病致贫脆弱性状况的评估，有助于把握因病致贫问题的严重程度，有助于辨识我国贫困问题的主要方面是否已经从原有的生存贫困、长期贫困转变为风险贫困、临时贫困。从而及时把握贫困问题主要矛盾的变化。定量的评估能够更精确地评价我国居民因病致贫脆弱性的范围和强度。分情景的评估可使复杂的因病致贫问题变得条理清晰，进而能从总体和分类两个角度把握我国因病致贫问题的特征。对影响因素的分析为消除脆弱性、预防疾病风险以及增强居民抵抗力提供了线索和途径。总之，本书有助于揭示我国居民因病致贫脆弱性的总体状况、显著特征及影响因素，使我们对因病致贫问题的认识更加清楚和深刻。

其次，本书有助于政府救助政策优化和创新。基于因病致贫脆弱性的评估结果，本书在梳理我国现有救助政策的基础上，建设性地提出将基本医疗需求纳入最低医疗保障线的方案，并给出相关验算和实证结果，为降低低收入群体因病致贫脆弱性提供了参考。同样，结合大病致贫问题突出的现实，根据本书对我国居民重大疾病脆弱性的评估结果，结合现有大病保险的政策，提出优化现有基本医疗保险、大病保险以及医疗救助政策的建议。尤其是对医疗救助资源问题设计了依据脆弱性水平高低来分配救助资源的具体方案，并基于相关数据进行了实证分析，具有较为明确的政策参考价值。

最后，本书对脆弱性影响因素的分析也有助于社会治理的改进。相关分析部分揭示了居民与外部环境的经济、社会、自然因素之间的关系，尤其是外部负面冲击对居民的影响。在强调社会治理能力的今天，这些研究结果可以为政府调节居民与经济、社会、自然因素之间的关系提供参考。政府为居民提供更多的经济选项、提供更急需的社会服务以及改善自然条件，可以优化居民的外部环境，减少外部风险对居民的冲击概率。

总之，本书提出的因病致贫脆弱性是从风险控制角度讨论贫困，研究结果能够呈现居民因病致贫脆弱性的总体特征。迎合了现有救助从生存救助到风险防范的升级需求，顺应了救助政策由事后救助向事前扶持的转变要求。

(二) 研究的理论意义

因病致贫是众多贫困类型中的一种，在我国已经消除了大量生存贫困人口的背景下，因病致贫成为日益凸显的贫困问题新焦点。但因病致贫问题在性质上与传统的生存贫困有很大差异。因此，需要从问题性质、理论基础、概念界定等多个方面重新审视和界定因病致贫问题。这必然要求改变原有的经济贫困理论，选择更适合因病致贫问题突发性特征的风险理论作为基础。本书花费了较大篇幅讨论以上问题，也是风险理论、贫困理论在因病致贫问题上应用的一种尝试。

现有文献对贫困脆弱性的研究侧重居民家庭内部各构成因素的分析，一般用居民预期收入落入贫困线下的概率评价贫困脆弱性。这体现了脆弱性概念与贫困问题的结合。但相关研究还停留在对总体贫困的结合层次上，还没有到因病致贫这种更具体的贫困问题上。本书提出的因病致贫脆弱性概念，讨论了居民因医疗支出过高而陷入困境的具体贫困情况，是对现有贫困脆弱性概念的细化和延伸，也丰富了贫困脆弱性概念的内涵。

在方法和数据方面，现有文献对贫困脆弱性的分析一般是基于居民家庭调查的微观数据，但是具体指标的选择差异很大，研究者会根据自己的研究侧重点或基于资料的可获取性自由设置。这也暴露出不少问题，比如指标选择随意、样本覆盖率低等。本书提出的评估模型方法既参考了风险脆弱性评估模型，也结合了贫困计量的方法，其度量的因素包括居民自身收入、储蓄、保险等，也包括外部物理环境、社会经济、公共服务等多个方面对居民的影响，评估结果可以与现有文献对居民个人因素的评价互相补充，全面评价区域内居民在内部和外部因素的共同作用下陷入困境的状况。在数据应用方面，本书的指标选择考虑了区域总体指标，因此可以基于统计数据进行评估；统计数据具有权威通用、容易获取的特点，更能适应公共政策参考的需求。此外，截面数据的应用可以保障评估结果的时效性。总之，本书构建的居民因病致贫脆弱性评估模型考虑了外部因素对居民的影响，是对现有基于微观数据评估贫困脆弱性的补充，丰富了贫困脆弱性研究的思路和方法。

二 创新点

（一）研究角度创新

在我国已经消除了绝大部分生存贫困人口的背景下，所有居民都可能面临的因病致贫风险成为当前贫困问题的新焦点。本书提出的我国居民因病致贫脆弱性研究，从风险角度切入，具有视角的独特性。在研究对象上，与以往研究的不同点在于：以往文献的贫困脆弱性研究往往只针对少数贫困人口。而本书研究以全体居民为对象，因为本书认为疾病的发生具有随机性，因病致贫问题可能发生在每一位居民身上。由此可以认为所有居民都面临着因病致贫风险。贫困群体与非贫困群体的脆弱性谁高谁低是难以简单区分的。因此本书不打算专门讨论贫困群体或非贫困群体，而是讨论区域居民的总体因病致贫问题，通过评估省域居民的因病致贫脆弱性来实现对区域居民脆弱性状况的总体认识。这就体现出了与以往贫困脆弱性研究的差异。这样一来，不局限于贫困线圈定的居民，在方法上就不受制于贫困线，从而可以避免贫困线的固有缺点：贫困线的设定具有主观性，研究中可以自行定义，实践中各地不一，容易产生争议。

总之，从风险角度研究因病致贫脆弱性，根源于因病致贫问题的突发性特征，由此决定了研究视角不同于以往的贫困研究，这种研究角度上的独特性还进一步要求研究对象从贫困群体扩展到全体居民，通过评估省域居民的因病致贫脆弱性来实现对区域居民脆弱性状况的总体认识。

（二）方法创新

本书将因病致贫视作所有居民都面临的一种风险，这要求在评估方法上主要参考风险脆弱性评估模型，这与以往的贫困脆弱性评估框架不同，而风险脆弱性评估模型在灾害学、经济学领域的应用更为成熟。同时作为贫困问题分析也要参考经典的贫困计量模型，二者结合才能构建合适的因病致贫脆弱性评估模型。这种跨度较大的方法交叉，要求做大量的前期理论分析、问题性质分析工作。本书在建立模型之前归纳了多种风险脆弱性评估框架、评估模型，并认真综述了贫困计量的公理，为模型的建立奠定了较为扎实的基础。在评估模型的应用上，并没有用一个模型形式概括复杂多样的因病致贫实际，而是结合情景分析法，将"患病—治疗—贫困"的因病致贫问题链区分为日常医疗情景、住院医疗情景以及重大疾病情景三类，并据之对脆弱性评估模型进行分解，建立三种情景下的具体应用模型，以达到使模型弹性适用现实问题的目的。此外，从数据的角度看，本书模型应用宏观截面数据进行评估，虽然有缺点，但是也有优点，那就是及时更新的年度数据能够保障评估结果的时效性，能实时反映居民脆弱性的变化，对当时的政策更具参考价值。总之，本书提出的评估模型具有交叉性、综合性特征，也能弹性应用于多种情景，结合数据保障评估结果的时效性，是方法上的创新尝试。

（三）政策参考创新

由于本书评估的是省域居民因病致贫脆弱性总体状况，因此基于负外部性治理理论、公民权利理论，分析现行社会救助制度的遗漏和不足，根据本书评估出的脆弱性结果，提出一些改进和完善现有社会救助制度的建议，在一定程度上是政策创新。

首先，现代社会体系中，人们患病有相当部分的原因来自社会环境，个人又无法阻止来自外部环境的各类致病风险，比如各类污染、食品安全等。这就要求政府对个人遭受的这些负外部风险作出补偿，鉴于此，将基本医疗需求纳入最低生活保障也就有其合理性了。其次，从生存权利的角度上讲，每位公民都有获得基本医疗服务的权利。参考最低生活保障制度的建立依据更容易理解这一点，最低生活保障制度的目标是无条件地保障所有人的生存需求，目前对生存需求的界定只强调居民的衣、食需求，认为它们是维持一个人生理存在的最低条件，很多地方也以最低的衣食需求计量作为最低生活保障线的设定依据。其实这忽略了一个问题：即人不仅会因冻饿而死，患病不治疗也会致死。从这个意义上说，一个人的基本生存需求应该包括医疗需求。这样一来，只要度量出一个地区居民基本医疗需求的平均水平，就可以将它并入当地的最低生活保障线。本书在评估居民因病致贫脆弱性时，将疾病冲击区分为日常医疗、住院医疗、重大疾病三类风险情景，其中日常医疗情景下的居民医疗支出需求就可以作为计量当地居民基本医疗需求的依据。这一点也在本书的政策建议部分做了试算。至此，就有了较为完整的以基本医疗评估为依据、将基本医疗纳入最低生活保障线的政策建议，是完善现有救助制度的建议。

第 二 章

马克思主义民生思想及其在中国的发展

马克思主义是我国社会主义建设的基本指导理论，居民因病致贫问题是关系所有居民的重大民生问题，对此问题的研究也应当遵循马克思主义民生思想的指导。

第一节 马克思主义经典民生思想

关于民生的定义，《新华字典》注释为：民生即"人民的生计"；生计即"维持生活的办法"；生活即"衣食住行等方面的情况"。民生可概括为：人民维持衣食住行的办法及衣食住行等方面的情况，有消费、享受的特点。①

一 马克思民生思想的源起

马克思对民生的关切，始于对贫困人民的同情。马克思主义发展史上颇为有名的"林木盗窃问题"，其实质就是马克思维护贫困人民权益的斗争。律师家族出身的马克思早期希望通过法律途径解决民生问题，针对当时将贫困居民在树林捡柴、采摘等行为认定为盗窃的律法，马克思根据1841年第六届莱茵省议会会议记录，于次年10月、11月在《莱茵报》发表了《关于林木盗窃法的辩论》系列文章，谴责立法机关偏袒林

---

① 赵异：《马克思民生思想及其当代价值初探》，《吉林省社会主义学院学报》2010年第1期。

木所有者的利益，剥夺贫民捡拾枯枝等习惯权利，系统地提出自己的森林立法观。1843年1月，马克思在《摩塞尔记者的辩护》一文，敦促政府切实履行帮助群众解决生活困难的职责。在论文中"马克思……极为详尽地论证了：政府不曾采取任何认真的措施去帮助摩塞尔的农民，正是普鲁士的官僚政治不负责任地任由小农陷于破产和毁灭"。① 正是马克思关于"林木盗窃问题"的主张，惹恼了普鲁士政府，因此查封了《莱茵报》，马克思也辞去报纸主编的职务，这是马克思人生的重要转折，为其后来的研究埋下了伏笔。回顾历史可见，正是马克思对广大群众贫困状态的深切同情，在通过法律途径的斗争失败后，激发了马克思更深入地去探讨资本主义制度存在的问题。也使马克思的思考和研究从此转向了哲学，开启了马克思主义哲学、政治经济学的大门。因此可以说，对贫困群体的关切是马克思走向社会研究的情感动力源头。

二 马克思民生思想贯穿于其社会制度思想中

从生产关系改进的宏观角度，马克思主义通过将人的解放和全面发展置于社会制度完善的前提下来阐述民生思想。

在马克思的语言体系中，虽然没有直接使用"民生"这一词汇，但这只是词汇应用上的技术性差别，在内涵上，马克思将人们的生存和生活置于其考察社会制度演进的起点。比如在《德意志意识形态》中马克思认为："一切人类生存的第一个前提，也就是一切历史的第一个前提，这个前提就是，人们为了能够'创造历史'，必须能够生活。但是为了生存，首先就需要衣、食、住以及其他东西。"② 基于此他批判了资本主义对工人阶级的压迫，并导致了他们的生活窘迫，扼杀了他们的成长和发展。从这个角度看，对工人阶级民生状况的关切是马克思革命理论、社会理论的肇始。

正是认识到无产阶级的贫困源自资产阶级的剥削，并且用法律等和

---

① [德] 海因里希·格姆科夫等：《马克思传》，易廷镇等译，生活·读书·新知三联书店1978年版。

② 《马克思恩格斯选集》第1卷，人民出版社1995年版，第79页。

平手段难以改变这种状况，马克思才指出："工人革命的第一步就是使无产阶级上升为统治阶级，争得民主。"① 当无产阶级取得政权以后的目的是什么呢？根据马克思主义理论，生产力是决定性的因素，无产阶级的政权也必须将生产力的发展作为基本任务。无产阶级将利用自己的政治统治，一步一步地夺取资产阶级的全部资本，把一切生产工具集中在国家即组织成为统治阶级的无产阶级手里，并且尽可能快地增加生产力的总量。那么，同样是推动生产力发展的政权，无产阶级专政与资产阶级专政的区别在哪里呢？"要做到这一点，当然首先必须对所有权和资产阶级生产关系实行强制性的干涉，也就是采取这样一些措施"②，这里的措施包括：

（1）剥夺地产，把地租用于国家支出。

（2）征收高额累进税。

（3）废除继承权。

（4）没收一切流亡分子和叛乱分子的财产。

（5）通过拥有国家资本和独享垄断权的国家银行，把信贷集中在国家手里。

（6）把全部运输业集中在国家手里。

（7）按照总的计划增加国家工厂和生产工具，开垦荒地和改良土壤。

（8）实行普遍劳动义务制，成立产业军，特别是在农业方面。

（9）把农业和工业结合起来，促使城乡对立逐步消灭。

（10）对所有儿童实行公共的和免费的教育。取消现在这种形式的儿童的工厂劳动。把教育同物质生产结合起来。

以上措施既包括对生产资料所有制的改造，也包括对劳动成果分配方式的改变，更有对社会弱势群体的关切。从民生的角度来理解，劳动资料的改变是为分配方式的改变奠定基础，而分配方式的改变最终落脚点是提高无产阶级的生活水平、教育和发展机会。可见，马克思主义的政治经济理论一方面揭示了无产阶级贫困的原因，另一方面是为无产阶

---

① 《马克思恩格斯选集》第1卷，人民出版社1995年版，第293页。
② 《马克思恩格斯选集》第1卷，人民出版社1995年版，第293—294页。

级生活条件（民生）的改善指明了道路。

至于在未来理想社会中，民生是什么样子的？首先可以肯定的是未来的新社会是比资本主义更高级的社会形态，《资本论》对这种社会的界定是"以每个人的全面而自由的发展为基本原则的社会形式"。① 在明确了共产主义的理想社会形态后，马克思在《共产党宣言》中将个人与社会的关系描述为：在共产主义社会里已经积累起来的劳动只是扩大、丰富和提高工人的生活的一种手段。此时，个人与社会已经实现了和谐的统一，整个社会发展的最终目的是服务于每一个人的发展。

三 马克思主义民生思想体现在其个人需求理论中

马克思主义还从个人的微观角度出发，通过分析个人需求来阐述民生思想。基于唯物主义，保障人的客观存在是一切问题最基本的前提。马克思认为任何人类历史的第一个前提无疑是有生命的个人的存在。因此，第一个需要确定的具体事实就是这些个人的肉体组织，以及受肉体组织制约的他们与自然界的关系。可见，马克思将每一个人的物理存在作为其从事社会、历史活动的前提。同样，人的行为也是如此。人的行为虽然是复杂多样的、多目标的，但是，任何行为都首先要满足他自身的生存需求，才有可能顾及其他。认为任何人如果不同时为了自己的某种需要和为了这种需要的器官做事，他就什么也不能做。这里的"这些个人的肉体组织""自己的某种需要""这种需要的器官"其实指的是人们的生存和生活，就是人们的"衣食住行等方面的情况"，也就是所谓的民生。由此可见，马克思主义将民生作为"人类历史的第一个前提"。根据以上马克思的论述，民生的具体表现是需求，这样一来，需求的满足其实就是民生的实现。

对于需求，马克思主义有比较详细的论述，在《1844年经济学哲学手稿》中他指出："在现实世界中，个人有许多需要。"② 进一步地，恩格斯在《自然辩证法》中区分了"生存资料、享受资料和发展资料"，并

---

① 《马克思恩格斯选集》第2卷，人民出版社1995年版，第239页。
② 《马克思恩格斯全集》第3卷，人民出版社1960年版，第326页。

指出:"生产很快就造成这样的局面:所谓生存斗争不再单纯围绕着生存资料进行,而是围绕着享受资料和发展资料进行。"① 这里对生存资料、享受资料和发展资料三种类型的区分,必然对应生存需求、享受需求和发展需求,因此,这里的类别区分实质上是层次的划分,即把需求划分为高低不同的层次。马克思主义对需求的分类和层次划分还有更多证据,在马克思主义原典里关于需求的概念有"自然需要""社会需要""一般需要""感性需要""利己需要""对光、空气的需要""文明的需要""考究的需要""绝对的需要""最迫切的需要"等,这进一步证明马克思主义对需求有着细致的区别和分类。

通过以上马克思主义经典理论的回归,可以看出,马克思将人们的生存作为一切社会活动的前提、将满足自身生存需求作为人们行为的基本目标,可以说人们的生存需求的满足是马克思民生思想的起点。进一步地,马克思主义区分了需求的类型和层次,并将需求类型与生产资料、劳动成果分配对应起来,从而将民生思想纳入生产关系与阶级关系匹配的分析中,是判断二者匹配与否的重要参考标准,可以说,马克思主义民生思想在分析阶级与生产关系吻合过程中有着重要的作用。

第二节 马克思主义关于民生改善和升华的思想

一 民生改善基于生产力的发展和生产关系的变革

作为一种科学的理论,马克思主义为改善民生提供了系统的理论依据:生产力的发展是民生改善的基础和前提,但是要彻底实现民生的改善,就必须建立无产阶级占统治地位的生产关系。

生产力是基础,是决定性的力量,不管社会制度如何,都只有首先发展好生产力,才能为改善民生提供前提和基础。"通过社会生产,不仅可能保证一切社会成员有富足的和一天比一天充裕的物质生活,而且还可能保证他们的体力和智力获得充分的自由的发展和运用。"② 在这段话

---

① 《马克思恩格斯选集》第4卷,人民出版社1995年版,第372页。
② 《马克思恩格斯选集》第3卷,人民出版社1995年版,第633页。

里,"社会成员"并没有做阶级划分,也就是说只有在生产创造出产品和财富的基础上,构成社会的任何一位成员,才可能获得充足的需求满足和民生保障。

当然,马克思主义从来不会孤立地理解生产力对民生改善的作用,必然将生产力发展创造的物质成果置于生产关系的条件下进行讨论。"个人怎样表现自己的生活,他们自己就是怎样。因此,他们是什么样的,这同他们的生产是一致的——既和他们生产什么一致,又和他们怎样生产一致。"① 从这句话可以看出,马克思认为"怎样生产""生产关系"是决定一个人生活状态的直接因素。由此可以认为,民生的改善依赖于生产关系的状况,因为生产关系会决定劳动成果的分配。显然,只有在生产关系中处于优势地位的阶级,才能获得充足的劳动价值,从而不断改善该阶级人们的民生。就马克思时期而言,当时的资本主义制度条件下无产阶级的民生是糟糕的。"解决民生问题离不开生产关系的完善和发展。虽然资本主义制度促进了生产力的发展,创造了丰裕的物质财富,但由于其剥削制度的本性,造成了一边是资产阶级财富的积累,一边是无产阶级的贫困的积累的不公平现象。"②

资本主义制度虽然实现了生产力的快速发展,无产阶级工人的民生状况也得到了很大改善,但是依然存在大量民众因疾病、失业、负债等陷入贫困状态。尤其是近些年,西方发达国家经济陷入停滞,贫困现象更加普遍,民生问题也日益突出。正如马克思所言:"如果说工人阶级仍然'穷',只是随着他们给有产阶级创造的'财富和实力的令人陶醉的增长'而变得'不那么穷'了,那也就是说,工人阶级相对地还是像原来一样穷。如果说穷的极端程度没有缩小,那么,穷的极端程度就增大了,因为富的极端程度已经增大。"③ 显然,受制于资本主义的生产关系,无产阶级民生的改善是难以通过制度的修修补补实现的,要彻底改善民生,必须靠革命来改变剥削性的社会制度。

---

① 《马克思恩格斯选集》第1卷,人民出版社1995年版,第68页。
② 王涛:《马克思恩格斯的民生思想及其启示》,《理论探索》2010年第2期。
③ 《马克思恩格斯全集》第23卷,人民出版社1972年版,第715页。

我国已经建立社会主义的生产关系，虽然仍然处于初级阶段，但是经过这么多年的发展，生产力水平的提升是为世界所瞩目的。基于马克思主义理论，有了生产力发展的基础，也具备无产阶级占统治地位的生产关系，民生的改善就是水到渠成的事情。

二 通过人的解放实现民生的高度发展

马克思主义的民生思想还包含在其对人的解放的论述中。而人的解放的最基本表现就是他的生活需要能够得到满足。"只有在现实的世界中并使用现实的手段才能实现真正的解放；没有蒸汽机和珍妮走锭精纺机就不能消灭奴隶制；没有改良的农业就不能消灭农奴制；当人们还不能使自己的吃喝住穿在质和量方面得到充分保证的时候，人们就根本不能获得解放。'解放'是一种历史活动，不是思想活动，'解放'是由历史的关系，是由工业状况、商业状况、农业状况、交往状况促成的……"[①]可见，所谓"人的解放"其基本内涵就是民生的实现，这种实现是以技术进步为条件，并最终由"历史的关系"促成的。

马克思主义理论中，个人的解放要靠"吃喝住穿在质和量方面得到充分保证"来实现，这其实就是民生的实现。其具体的过程是"生产提供满足需要的对象；分配按照社会规律分摊这些对象；交换按照个人需要重新分配已经分配过的东西；最后，在消费中，产品脱离这种社会运动，成为个人需要的直接对象和服务者，并在享受中满足他的需要"[②]。由此可见，如果我们不区分群体或阶级，单纯客观地观察生产、交换以及分配、消费等活动，它们的最终指向都是民生的实现。随着生产力水平的提高，人的解放所需也不断实现量和质的提高，这其实就是民生的改善，而民生的改善又提高了人的素质，这又会进一步促进生产力水平的提高，如此往复循环，实现了生产力与民生的不断进步和改善。也就形成了社会发展和人的发展的持续动力。这种螺旋阶梯式发展的结果不断促进人的解放，最终走向"以每个人的全面而自由的发展为基本原则

---

① 《马克思恩格斯选集》第 1 卷，人民出版社 1995 年版，第 74—75 页。
② 《政治经济学批判大纲》第 1 分册，人民出版社 1975 年版，第 11 页。

的社会形式"。① 在这个过程中,民生作为人的解放和发展的具体内涵,也必将走向完善。

三 马克思主义关于共产主义的设想是民生的终极完善和升华

《资本论》指出未来的新社会是比资本主义更高级的社会,这种社会以每个人的全面而自由的发展为基本原则的社会形式。这里每个人的全面自由发展显然是民生的更高阶段。而到了理想的共产主义社会,《共产党宣言》的经典表述是:"代替那存在着阶级和阶级对立的资产阶级旧社会的,将是这样一个联合体,在那里,每个人的自由发展是一切人的自由发展的条件。"② 这表明共产主义社会中的个人与社会实现了完美融合,基于极大丰富的物质基础,个人与他人和社会没有了物质竞争,也就没有了对立、没有了群体划分、没有了阶级差异。正如恩格斯所言:"由社会全体成员组成的共同联合体来共同地和有计划地利用生产力;把生产发展到能够满足所有人的需要的规模;结束牺牲一些人的利益来满足另一些人的需要的状况;彻底消灭阶级和阶级对立;通过消除旧的分工,通过产业教育、变换工种、所有人共同享受大家创造出来的福利,通过城乡的融合,使社会全体成员的才能得到全面发展。"③ 显然,共产主义条件下,原有的一切城乡差异、区域差异、群体差异等统统消失了,每个人都可以获得他想要的生活条件和发展条件,至此,民生也就实现了终极完善,或者无所谓民生了,传统意义上民生已经升华为全社会的充分和自由发展。

共产主义阶段的民生是"生活的乐趣",人已回归自身,全人类整体处于同一状态、自由人联合体状态。此时的人类生活状态的更准确概念应为"人生",是真正"人"的真正生活。人们可以充分体会到"我的劳动是自由的生命的表现",这是马克思追求的理想的民生状态。

---

① 《马克思恩格斯全集》第 23 卷,人民出版社 1973 年版,第 649 页。
② 《马克思恩格斯选集》第 1 卷,人民出版社 1995 年版,第 294 页。
③ 《马克思恩格斯选集》第 1 卷,人民出版社 1995 年版,第 243 页。

第三节 马克思主义民生思想在中国的实践和发展

中国在世界马克思主义研究中具有重要地位，中国的历代领导人同时也是马克思主义思想的继承者更是拓展者。他们虽然实践着马克思主义的民生思想，但是在很长的时间里也没有直接使用"民生"一词。而是用"群众利益""人民生活"等具有同样内涵的表述。

一　毛泽东认为革命运动是民生实现的前提

以毛泽东为核心的第一代领导人经历了推翻半封建半殖民地社会的新民主主义革命，进行了社会主义改造，建立了全新的社会主义中国。即便是在革命斗争的艰苦阶段，毛泽东都始终将民生作为革命的重要目标。早在1934年就指出我们是革命战争的领导者、组织者，我们又是群众生活的领导者、组织者。组织革命战争，改良群众生活，这是我们的两大任务。由此可见，毛泽东将民生与革命斗争并列起来，足以看出他对民生问题的重视。同年的中华苏维埃第二次全国代表大会《关心群众生活，注意工作方法》也提到："我们应该深刻地注意群众生活的问题，从土地、劳动问题，到柴米油盐问题。"① 1937年，毛泽东提出将"改良人民生活的纲领"作为抗战的"八大纲领"之一。1942年，他在《必须给人民看得见的物质福利》一文中指出："我们应该不惜风霜劳苦，夜以继日，勤勤恳恳，切切实实地去研究人民中间的生活问题，生产问题……并帮助人民具体地而不是讲空话地去解决这些问题。"同时强调这是"我们党的根本路线，根本政策，每个同志（军队的同志也在内）都要好好地去研究"。② 当抗日战争接近胜利，当时的共产党并没有急于争夺权力，而是将民生放在心上，希望与包括国民党在内的多党派合作，和平建立为人民谋福利的政权。1945年4月24日毛泽东在中国共产党第七次全国代表大会上作了《论联合政府》的报告，明确提出："共产党人

---

① 《毛泽东选集》第1卷，人民出版社1991年版，第138页。
② 《毛泽东著作选读》（下册），人民出版社1986年版，第564页。

的一切言论行动，必须以合乎最广大人民群众的利益，为广大人民群众所拥护为最高标准。"① 由此可见，中国第一代领导集体始终将民生作为全党工作的价值取向。

二 邓小平强调发展生产力是民生改善的基础

以邓小平为核心的第二代领导集体面临的主要问题是当时的社会主义经济相当落后，民生水平当然很低，存在大量贫困人口。为此，邓小平指出："不管天下发生什么事，只要人民吃饱肚子，一切就好办了。"② 并将民生改善与社会主义制度的优越性结合起来，"我们是社会主义国家，社会主义制度优越性的根本表现，就是能够允许社会生产力以旧社会所没有的速度迅速发展，使人们不断增长的物质文化生活需要能够逐步得到满足"。③ 显然，与第一代领导人一样，邓小平也将民生改善作为社会发展的目标，明确提出了要"逐步改善人民的生活，提高人民的收入"。④ 同时，基于当时较为落后的社会经济现实，邓小平理智地提出分步走的发展战略："我们的政策是让一部分人、一部分地区先富起来，以带动和帮助落后的地区，先进地区帮助落后地区是一个义务。我们坚持走社会主义道路，根本目标是实现共同富裕。"⑤ 总之，邓小平的民生思想是有层次、分步骤改善民生。同时牢牢把握生产力发展是民生改善的基础，优先发展生产力，为此可以"让一部分人先富起来"，由此可见，其对生产力发展的强调，这也是当时的国情使然，是符合马克思主义规律的必然选择。

三 江泽民、胡锦涛提出发展成果人民共享的民生理念

此后中国每一届政府及领导人都将民生作为施政的重要目标之一。以江泽民为核心的领导集体提出了"三个代表"重要思想，其中强调了

---

① 《毛泽东选集》第3卷，人民出版社1991年版，第1096页。
② 《邓小平文选》第2卷，人民出版社1994年版，第406页。
③ 《邓小平文选》第2卷，人民出版社1994年版，第128页。
④ 《邓小平文选》第2卷，人民出版社1994年版，第258页。
⑤ 《邓小平文选》第3卷，人民出版社1993年版，第155页。

民生的重要性，明确了"人民共享发展成果"的发展理念："在经济发展的基础上，促进社会全面进步，不断提高人民的生活水平，保证人民共享发展成果。"① 将民生作为中国共产党的工作目标，"全党同志心中始终都要装着人民群众，关心人民群众，千方百计地为他们谋利益，带领他们艰苦奋斗，创造幸福生活"。② 在行动中践行民生，以是否有利于民生作为衡量工作的标准和原则："在任何时候任何情况下，我们的一切工作和言行都要以是否符合最广大人民的根本利益为最高衡量标准。这必须成为我们观察和处理问题的根本原则。"③

其后，以胡锦涛为核心的领导集体延续了对民生问题的关注。提出了："把实现人民的长远利益和当前利益结合起来，群众利益无小事。"④ "坚持以人为本，就是要以实现人的全面发展为目标，从人民群众的根本利益出发谋发展、促发展，不断满足人民群众日益增长的物质文化需要，切实保障人民群众的经济、政治和文化权益，让发展的成果惠及全体人民。"⑤ 在明确保障民生的同时，还提出了"人的全面发展"的社会主义建设目标，这是基于社会主义建设取得一定成果的国情，对民生赋予了更丰富的内涵和要求。

四 习近平对民生内涵的拓展及落实

以习近平同志为核心的党中央尤其注重民生问题，此时的民生思想也达到了一个新的高度。首先，习近平同志强调了民生的目标价值。谈话中多次提到"发展要落实到改善民生上"⑥ "努力维护最广大人民根本

---

① 《江泽民文选》第3卷，人民出版社2006年版，第534页。
② 《江泽民文选》第3卷，人民出版社2006年版，第122页。
③ 《江泽民文选》第2卷，人民出版社2006年版，第577页。
④ 胡锦涛：《在"三个代表"重要思想理论研讨会上的讲话》，人民出版社2003年版，第20页。
⑤ 胡锦涛：《在中央人口资源环境工作座谈会上的讲话》，人民出版社2004年版，第2页。
⑥ 习近平：《不断增添爱国爱疆正能量》，新华网，http://news.xinhuanet.com/mrdx/2014-05/01/c_133303014.htm，2014年5月1日。

利益，保障人民群众对美好生活的向往和追求"① 等。并在党的十九大报告中要求："全党必须牢记，为什么人的问题，是检验一个政党、一个政权性质的试金石。带领人民创造美好生活，是我们党始终不渝的奋斗目标。必须始终把人民利益摆在至高无上的地位，让改革发展成果更多更公平惠及全体人民，朝着实现全体人民共同富裕不断迈进。"② 党的十九大报告还强调民生是经济社会发展的目标。

其次，习近平关于民生思想的重要论述的开拓性在于其细致地论述了民生与其他社会建设之间的具体关系。比如提出民生与经济发展之间"要实现经济发展和民生改善良性循环"③，二者之间是协同发展、包容共生的关系。详细论证了法制建设与民生之间的关系，认为要加快保障和改善民生、推进社会治理体制创新法律制度建设、我们要依法公正地对待人民群众的诉求，努力让人民群众在每一个司法案件中都能感受到公平正义，绝不能让不公正的审判伤害人民群众感情、损害人民群众权益、依法加强和规范公共服务，完善教育、就业、收入分配、社会保障、医疗卫生、食品安全、扶贫、慈善、社会救助和妇女儿童、老年人、残疾人合法权益保护等方面的法律法规，把民生的内涵扩展到法律权利，并以法制建设加强民生权益保护，这也进一步丰富了民生的具体内涵。

最后，习近平关于民生思想的重要论述还指出了民生改善的根本途径是改革。明确指出要"紧紧围绕更好保障和改善民生、促进社会公平正义深化社会体制改革"④。这一观点的提出非常及时，因为我国经历了几十年的经济发展，过去为了促进经济发展，允许较大的贫富差距存在，也因发展条件的不同形成了较大的区域差异、城乡差异。一方面这些差异有悖于我国社会主义国家的性质，另一方面这些差异不解决也会影响

---

① 习近平：《在首都各界纪念现行宪法公布施行30周年大会上的讲话》，中国政府网，http://www.gov.cn/ldhd/2012-12/04/content_2282522.htm，2012年12月4日。

② 习近平：《决胜全面建成小康社会 夺取新时代中国特色社会主义伟大胜利——在中国共产党第十九次全国代表大会上的报告》，人民网，http://cpc.people.com.cn/19th/n1/2017/1027/c414395-29613458.html，2017年10月17日。

③ 习近平：《稳中求进推动经济发展 持续努力保障改善民生》，新华网，http://news.xinhuanet.com/politics/2013-05/15/c_115783123.htm，2013年5月15日。

④ 《十八大以来重要文献选编》（上卷），中央文献出版社2014年版，第494页。

经济社会的长期稳定发展。习近平于此时提出以改革来促进民生可谓高瞻远瞩。对于新时代的民生，习近平指出"统筹教育、就业、收入分配、社会保障、医药卫生、住房、食品安全、安全生产等，切实做好改善民生各项工作"①，这就顾及了民生的方方面面，为把我国民生水平提到一个更新的高度指明了方向和道路。

---

① 中共中央文献研究室：《习近平关于全面深化改革论述摘编》，中央文献出版社2014年版，第100页。

第三章

基础理论及核心概念

从风险角度研究因病致贫问题是本书的特点,这源于因病致贫问题发生的随机性、突发性。因此,风险理论是本研究要参考的重要基础理论。风险评估是风险理论的重要构成部分,脆弱性评价是风险评估的具体实现,也是本书主要参考的研究框架。脆弱性评估框架在灾害学、经济学等领域的风险评估中很常见,有着更为广泛和成熟的应用,因此也要对这些领域的脆弱性评估框架进行梳理。同时,居民遭遇疾病风险冲击既有其自身的原因,也有外部因素的影响,本书以服务政策应用为目的,因此重点挖掘外部因素对居民的影响。此外公共经济学、贫困治理等理论也是本研究要参考的基础理论。最后,对于因病致贫问题发生发展的较多环节讨论时会涉及相关概念,也在此进行简单介绍,说明它们在本书中的含义和范围。

第一节 基础理论

一 风险脆弱性理论

将一般居民面临的因病致贫可能视作一种风险,因此必然要参考风险脆弱性理论。脆弱性评估最初只是分析风险问题的一种方法,随着脆弱性概念在多个学科的迅猛发展,风险与脆弱性已经融为一体,形成了成熟的风险脆弱性理论框架。

(一) 风险理论

风险通常与损害联系在一起。不造成损害的事件可以是无关的或者是有益的，一般不作为风险问题来研究。因此可以认为风险其实是在强调损失发生的可能性。1895 年美国学者海尼斯（J. Haynes）在所著的 *Risk as an Economic Factor* 一书中提出风险的概念，他认为"风险意味着损害的可能性"。①

风险是由风险因素、风险事故和损失三要素构成的。这些要素的共同作用决定了风险的存在、发生及后果。风险因素是指促使和增加损失发生的频率或严重程度的任何事件。构成风险因素的条件越多，发生损失的可能性就越大。风险事件是指直接或间接造成损失发生的突发事件，它是损失的媒介物，即风险因素通过风险事故的发作才能导致损害。损失是指由于风险事故的发生或风险因素的存在所导致的经济价值的意外丧失或减少。就疾病而言，影响居民健康的各类因素都是风险因素，这既包括居民自身的生活习惯、饮食结构及遗传基因，也包括外部的居住环境、空气质量、饮水安全、食品安全、公共卫生状况、防疫保健等因素。并且这些外部因素对人们健康的影响越来越大。而患病就是居民遭遇了因病致贫事件，患病后必然要治疗，这会带来医疗费用的增加，同时也会耽误患者的工作，从而带来机会成本损失，支出增加和收入减少的叠加构成了因病致贫事件的第三个要素，即损失。疾病损失往往是不可预料的，并且可以用货币来衡量。至此居民遭遇疾病的情况在全过程上都符合风险及其三要素的定义，完全可以用风险理论来研究居民的疾病问题。

风险或风险因素是不以人的意志为转移的客观存在，但风险发生的不确定性程度的高低则取决于人对被判断事物的认识程度、个人的经验等诸多因素。我们之所以进行因病致贫脆弱性研究，就是要深化对居民所面临的因病致贫的认识，以更好地防范和减除因病致贫对人们的危害。

（二）风险脆弱性评估理论

脆弱性概念最早在生态学、环境科学研究中出现，20 世纪 70 年代，奥基夫、韦斯特盖特和威斯纳（O'Keefe, Westgate and Wisner）在他们的

---

① 转引自刘燕《风险管理及其模型》，郑州大学出版社 2015 年版，第 3 页。

自然风险和灾害论述中引入了脆弱性的概念。① 随后该概念被应用到医学、经济学等更广泛的领域。到 20 世纪 80 年代，钱伯斯（Chambers）把脆弱性实证研究的结果提高到概念层面上并认为脆弱性应该包括外部和内部两个方面：人们暴露于特定的自然和社会风险；同时，人们通过不同的行动策略拥有不同的能力来应对他们的暴露。这一观点后来被布莱克、坎农、戴维斯、威斯纳再次精练，并在此基础上把脆弱性概念发展为分析框架，开发出压力—释放模型 PAR（Pressure and Release）。20 世纪 90 年代，沃茨和博勒通过对"社会空间的脆弱"进行正式化（formalizing）论证，探讨了其具体形式，即脆弱性可以由暴露、能力和潜力构成。沃茨和博勒研究的另一个重要意义是使脆弱性研究更加聚焦于饥荒等社会问题领域。在过去 20 年里，人们越来越认识到，灾害不仅是人与技术和环境系统之间相互作用的结果，而且是人与人之间相互作用的结果。②

风险脆弱性评估在环境、资源以及自然灾害领域应用最为广泛，风险脆弱性评估的方法也最为丰富和成熟。在经济研究领域，脆弱性作为评价冲击资产收益的因素，被应用于分析行业外部环境因素的变化。而社会学领域的脆弱性研究则有所不同，社会脆弱性研究关注的中心是研究对象本身，而非风险源，也就是没有明确的风险源指向，对风险冲击因素的界定一般是指综合风险，因此在方法上要求采集研究对象广泛的微观数据，以求达到尽量全面地评价各个方面综合风险的目的。

（三）风险脆弱性评估框架的一致性

脆弱性概念会因为具体研究对象、研究目标而被界定为特定的内涵，相应地脆弱性评估在多个学科被广泛应用，但是也没有形成统一的评估框架。各个领域甚至每一篇文章都会根据自己研究目标和对象的特点建立自己的评估框架。但是，归纳这些分析框架会发现它们虽然有差异，但在框架的基本结构上具有高度一致性。关于风险冲击脆弱性评估框架

---

① O'Keefe, P. Westgate, K. Wisner, et al., "Taking the naturalness out of natural disasters", *Nature*, Vol. 260, No. 5, May 1976, pp. 566 – 567.

② K. Fara, "How Natural Are Natural Disasters, Vulnerability to Drought of Communal Farmers in Southern Namibia", *Risk Management*, Vol. 3, No. 3, March 2001, p. 47.

影响较大的有以下几种，如表3—1所示。

表3—1　　　　　用于风险评估的脆弱性分析框架

分析框架	核心观点	逻辑主线及框架特点
压力—释放模型 PAR（Pressure and Release）	PAR模型将灾难理解为社会经济压力与身体接触的交集。风险被定义为扰动、压力源或压力的函数和暴露单元的脆弱性。区分了社会因素的三个组成部分即根本原因、动态压力和不安全条件，以及自然方面的原因。所谓根本原因是指包括"经济、人口和政治过程"等这些能影响不同人群之间资源分配的因素。动态压力是指在当地情况下经济和政治过程的变化。所谓不安全条件是当时的物理环境、当地经济或社会关系等指标表示的脆弱性	逻辑主线：脆弱性由压力和暴露构成，从根本原因、现实条件、动态原因三个层次分析脆弱性的形成原因。 特点：侧重脆弱性的形成原因分析，并注意到人口、经济政治条件。提到改善政治经济结构来减缓脆弱性
可持续生计框架	该框架以生计为核心，探讨各类资本（通常是五类：人力资本、社会资本、自然资本、物质资本、金融资本）占有及获取能力对居民或家庭应对风险或灾害冲击的敏感性和抵抗力，并将可持续（微观的居民家庭存续，与经济学通常意义上的概念有差异）概念与居民的从风险冲击中恢复的能力联系起来。该框架在分析时强调了资源占有的初始政治分布、资源获取的经济分配过程等，探讨了居民持续生计的风险脆弱性	逻辑主线：脆弱性由多种资本决定。强调各类资本提供给家庭的抵抗力。 特点：侧重从抵抗力角度，以生计概念讨论家庭占有资源所形成的抵抗力。并且将可持续概念与抵抗力嫁接起来
地方—风险分析框架（HOP）	HOP框架主要思想是风险与减除之间的对比关系决定了脆弱性水平的高低，认为脆弱性可以源自地理环境决定和社会环境决定，同时受经济状况、人口结构等社会经济条件的影响。社会环境则是抵抗力或减缓力的主要来源，不良的社会环境也是强化风险的因素之一，风险与减缓力之间的交互关系取决于地方的地理环境和社会环境条件的具体状况	逻辑主线：地理环境与社会环境交互作用中的风险源—抵抗力对比关系。 特点：尤其强调区域或地方特定条件决定的风险暴露度及抵抗力

续表

分析框架	核心观点	逻辑主线及框架特点
人—环境耦合分析框架	人—环境耦合框架分三个层次：环境因素与人文因素的耦合、环境和人文两因素相互作用时承担的冲击和风险、暴露度敏感性及康复力等指标。在由人文与环境两种耦合的系统中，物理条件及社会资本会影响风险暴露和脆弱性，而人的主动性、行动力以及社会机制会影响抵抗力。该框架可用于社区、局部、国家甚至世界范围多种范畴的脆弱性分析。同时考虑自然环境因素、社会政策、文化对耦合系统的影响，探讨了人—环境的交互	逻辑主线：脆弱性由人—环境耦合过程中表现出的风险暴露、敏感性以及康复力构成。 特点：是一个综合了人与环境互动过程、人的主动性、社会条件的影响等多个方面、多重影响的综合性分析框架。并且其适用范围也非常广泛
BBC 框架	BBC 是三位提出者（Bogardi，Birkmann，Cardona）名字的缩写。该框架认为脆弱性受社会、经济、环境三个方面因素的影响，三个方面应对能力的薄弱是导致风险发生的主要原因。评估分两种状态：一是事前状态，主要目标是风险预防、风险减除以及预警和灾害准备。二是事发状态，此时的目标是通过良好的应急响应和事故处理来减弱灾害后果。可见该框架包括了备灾预警及应对处置，是一个全过程风险脆弱性评估框架。该框架对日常、灾后两种状态下的环境因素、社会条件以及经济状态列明各自的指标，讨论致灾因子与应对能力的相互作用。尤其强调风险预防与人为干预对减缓脆弱性的作用	逻辑主线：强调研究对象应对能力的薄弱是导致其风险脆弱性的主因。 特点：突出了灾前、灾后两种状态下的不同脆弱性评估，倾向于过程分析。尤其强调风险减除和风险预防的功能
MOVE 框架	MOVE 框架认为脆弱性是一个多元特征概念模型，它认为风险脆弱性同时来自自然环境以及社会经济条件，二者之间的动态作用过程是影响脆弱性的关键因素。该分析框架强调自然环境与社会经济的具体特征，包括区域特殊自然因素及人文社会条件。同时，该框架还强调人的主动性，认为主动对自然环境及人文条件中的要素构成、资源分配等进行风险减除调整和优化，可以有效减少风险暴露、提高风险抵抗力。相应地，不良的自然风险分布、社会资源配置是造成研究对象风险脆弱性的主要原因	逻辑主线：脆弱性是包括敏感、暴露以及响应和适应的多元概念。 特点：认为风险预防、风险应对以及恢复能力等环节存在的缺陷，才使脆弱水平升高。而对各环节主动的调节、规划和实施可降低风险脆弱性。框架的应用须考虑地方特征和社会环境

归纳以上几种脆弱性分析框架，可以看出，有的框架强调揭示脆弱性的成因，有的强调脆弱性的减缓能力，有的则强调风险发生前后的全过程，也有的强调脆弱性概念与相关领域如何嫁接，还有的则是强调多重因素对脆弱性的影响。虽然各种分析框架的侧重点不同，但它们的逻辑主线却具有相似之处，即都认为脆弱性是由风险冲击与抵抗两个方向的力量对比决定的。虽然在各个分析框架中对风险冲击可能被表述为压力、灾害、危害、不安全因素、暴露度等不同的名称，抵抗力被表述为资本、减缓、减除、适应力、响应、恢复力等名称，这些表述在各个框架也可能被更细致地区分为各自在脆弱性总体概念中的不同地位，但从它们思路的逻辑主线来看，都可以被大体区分为风险冲击与风险抵抗力两大类。这种两面因素对立分析的逻辑之所以被各个分析框架所采用，根本原因在于其映射了实际风险发生的过程。实践中，不管风险源是来自自然还是社会，它都会累计一定的能量构成具有破坏力的"势能"，当这个"势能"冲击人或财物时就会造成破坏，从而形成灾难或损失等不良后果。而被冲击的人或物如果承受力强，这个冲击的破坏性后果就小；承受力弱，破坏性后果就大。因此，风险脆弱性评估框架虽然丰富多样，却具有类似的逻辑主线。

就因病致贫问题而言，也可以应用以上分析框架进行风险脆弱性评估：将居民视为风险冲击的承受对象，通过分析其所处环境的整体风险因子发生概率来评价其暴露性，通过分析环境整体的风险应对条件来评价其抵抗力，然后结合二者来评估各省现有条件下的因病致贫风险脆弱性状况。

（四）本书参考的脆弱性评估框架

与以上逻辑主线相吻合，因病致贫问题发生的过程也符合"风险冲击—家庭动员资源抵抗冲击"的逻辑顺序。因此完全可以用风险冲击问题下的脆弱性分析框架进行风险评估。具体而言，本书的因病致贫评估框架主要参考了三种风险评估模型，即压力—释放模型、风险危害模型以及可持续生计框架。这三个分析框架的具体情况如下。

首先是压力—释放模型 PAR（Pressure and Release）。该模型由布莱克、坎农、戴维斯、威斯纳于1994年开发。PAR模型将灾难理解为社会经济压力与身体接触的交集。风险被明确定义为扰动、压力源或压力的函数和暴露单元的脆弱性。该模型主要用于解决面对灾难事件的社会群体差异,强调了不同的暴露单位,如社会阶层和种族的脆弱性区别。该模型区分了社会因素的三个组成部分:根本原因、动态压力和不安全条件,以及自然方面的一个组成部分,即自然灾害本身。根本原因包括"经济、人口和政治过程",这些因素影响着不同人群之间资源的分配和分配因素。动态压力是指在当地情况下经济和政治过程的变化(例如迁移模式)。不安全条件是在时间和空间上表达脆弱性的具体形式,如由物理环境、当地经济或社会关系引起的脆弱性。[1]

其次是风险危害模型 RH(Risk-Hazard)。该分析框架以危险的影响作为曝光和灵敏度的函数。初始的 RH 模型试图显示作为暴露于危险事件和暴露实体的灵敏度函数来讨论风险危害,并据此提出模型。该模型在环境和气候影响评估中的应用通常强调暴露和对扰动和应激源敏感性。

最后是可持续生计框架。该框架以生计为核心,基于脆弱性概念提供的分析框架,探讨各类资本(通常是五类:人力资本、社会资本、自然资本、物质资本、金融资本)占有及获取能力对居民或家庭应对风险或灾害冲击的敏感性和抵抗力,并将可持续(微观的居民家庭存续,与经济学通常意义上的概念有差异)概念与居民的从风险冲击中恢复的能力联系起来。该框架在分析时强调了资源占有的初始政治分布、资源获取的经济分配过程等,探讨了居民持续生计的风险脆弱性。

以上三个分析框架提出较早,在环境科学、灾害分析等领域应用广泛,也奠定了脆弱性分析的基本思路。虽然后来的脆弱性研究扩展到更加广泛的领域,各研究者提出的脆弱性分析框架更加丰富多样,但其基本思路都遵循了以上三个分析框架的逻辑。即便是以上三个脆弱性分析基本框架,它们也有内在的一致性:三者都体现了压力—弹性的相对关系,或者说都是对脆弱性的本质——弹性(resilience)对应物的具体体现。

二 贫困理论

因病致贫脆弱性问题的最终落脚点是居民贫困,虽然因病致贫问题

---

[1] B. Wisner, H. R. Luce, "Disaster vulnerability: Scale, power and daily life", *Geo Journal*, Vol. 30, No. 1, June 1993, p. 127.

因其突发性特点，需要在视角上、方法上与传统贫困研究有差异，但它本质上依然讨论居民陷入收不抵支困境的问题，并没有脱离贫困分析的范畴，因此依然要以经典贫困理论作为研究基础。

最早对贫困进行科学研究的是朗特里（Rowntree），他在20世纪初通过对英国居民的调查研究认为，如果一个家庭的总收入不足以取得维持体能所需要的最低数量的生活必需品，那么这个家庭就是贫困的。这些生活必需品包括食品、住房、衣着和其他必需的项目。该标准也成为判断贫困的经典依据，被包括我国在内的多国政府作为计算贫困线的根本依据。关于贫困的科学研究不断深入，归纳起来大致经历了四个阶段。一是20世纪初期以朗特里为代表的科学家以生物学方法界定的绝对贫困；二是20世纪三四十年代以汤森（Townsend）为代表的社会学家提出的相对贫困；三是20世纪六七十年代以伦理学视角给出的贫困定义，这是价值判断；公共政策认为贫困就是一种政策定义（比如确定贫困线就是公共政策的体现）。四是20世纪八九十年代以阿马蒂亚·森（Amartya Sen）为代表的学者提出的贫困内核定义。

阿马蒂亚·森的贫困理论在当前贫困研究领域具有较大影响。他通过对孟加拉等国家和地区在20世纪六七十年代发生的大饥荒的深入观察、分析和研究，以福利经济学理论和方法为基础，结合哲学工具建构了"权利方法"来分析贫困，直指贫困的内核——饥饿基本上是人类关于食物所有权的反映。他认为"饥饿是指一些人未能得到足够的食物，而非现实世界中不存在足够的食物"，并对美国食品药品管理局的观点"饥荒是由粮食供给下降引起的"提出质疑。阿马蒂亚·森对贫困研究的另一个重大贡献是将贫困发生率和贫困程度的分析进行科学的结合，创立了"森指数"。此外，阿马蒂亚·森的"可行能力"理论被公认为是当前主流贫困理论的基础。阿马蒂亚·森的这些观点为从因病致贫角度讨论家庭的风险脆弱性提供了理论依据。

因病致贫问题虽然起因于疾病，却落脚于贫困。因此因病致贫脆弱性的评估离不开对贫困计量的参考。贫困问题作为经典的经济学问题，关于贫困测量的研究已经非常丰富，也形成了较为统一的认识和指标评价标准。阿马蒂亚·森在构建其贫困测量指数时，首先设置了所谓的量度公理（axiom）。这些公理既是贫困测算模型构建的指导性原则，也是检验标准。这些公理被学界广为接受,并被后来者不断扩展和完善,形成了包括聚焦性公理、单调性公理、转移性公理、单调—敏感性公理、转移—敏感性公理、加性分解公理、连续性公理等在内的公理体系。当然因为贫困问题作为社会现象所具有的复杂性,不可能像物理规律研究那么严苛,必须增加一些假设、放宽一些条件,因此即便是经典的森指数、FGT 指数等也并非能够符合全部的公理。具体而言,这些公理主要贡献者及相应的公理包括:

(一)聚焦性公理

该公理的意思是指贫困测量应该聚焦关注贫困群体,对于那些被贫困指标排除在外的人群不加考虑。这样做的好处是使贫困测量的研究可以集中在特定的目标对象上,而不至于考虑太多的相关变量以至于随意地界定出所谓的贫困人口,从而淡化对真正贫困群体的关注。但是该公理也有不足之处,因为贫困本身就是相对的概念,在界定贫困群体时,不可避免要与一个国家或区域的总体收入水平或平均收入水平发生关系。该公理的更精确表达应该加入一个时间前提,即区分短期和长期,长期与短期的区别界限用当地居民收入、物价水平的变化是否足以要求改变贫困指标来衡量。如果在一个时期里,当地居民的平均收入水平、物价水平波动不大,人们的生活支出需求没有太高的增长,那么此时的贫困线也是稳定的,对贫困的测量自然应该满足聚焦性公理。而当地居民收入或物价水平剧烈波动时,会导致原有界定贫困的收入标准及其他标准失效,此时,应该调整贫困测量标准,然后在新的标准下聚焦于贫困群体的研究。因此聚焦性公理的适用也应该是动态的,即短期内的稳定聚焦及长期的重复瞄准聚焦。简言之,一旦确定了界定贫困的标准,就应该将贫困测量指标聚焦于贫困群体,非贫困群体收入的变动不在讨论范围之内。

(二)单调性公理

所谓单调性公理是指构建出的贫困指数应该能够同向反映贫困者的状态:当贫者更贫时,指数随之增大;当贫者不那么贫困时,指数相应减小。其数学表达为:设 p 为贫困指数,y 为收入,q 为按升序排列的贫困人口数,z 为贫困线,ε 为贫者收入减少的比例。则对于任意整数 $i \leq q$,当 $\varepsilon > 0$ 且 $y_i - \varepsilon \geq 0$,假定其他条件不变,有 $p(y, z) < p(y - \varepsilon,$

z），以及 p（y，z）＞p（y+ε，z）。这表明任何一个贫困者的收入减少将使整个社会的贫困指数增大；反之则减小。即合理的贫困指数应该是贫困者收入的单调递减函数。

(三) 转移性公理

转移性公理讨论的是在总量一定的条件下，财富在人群中的分配对贫困状况的影响。合理的贫困指数应该能够反映出某贫困者财富向比他财富占有状况更好的人转移所导致的该贫困者境况的恶化。假设其他人的境况不变，该贫困者境况的恶化应该使整个社会的贫困程度进一步深化，这种深化应该能够被合理的贫困指数表达出来。即合理的贫困指数应该是贫困者收入的单调递减函数。

就因病致贫问题而言，以上公理其实可以用来讨论居民的总体收入分配均等化问题。如果仅是穷人的，那么可以用来分析城乡差异条件下，公共资金应该救助城市穷人多些还是救济农村穷人多些的问题。加入城乡医疗保险缴费标准及国家对城乡医保补贴，结合医保救助给付城乡差别，评估现有政策效果。

总之，自阿马蒂亚·森之后这些公理在世界范围内被广泛认可，也得到进一步改进和发展，成为评价各类贫困指标的依据。但是需要说明的是，现有经典的贫困指数并不都能满足所有公理，如贫困发生率不满足上述聚焦性、转移性公理，贫困缺口指数不满足转移性公理。这意味着贫困指标并不是必须满足以上所有公理。对于因病致贫问题的评估虽然也无法满足所有这些公理，但是可以为评估模型的设计提供思路指导，明确应该遵循的原则。

三　公共产品及外部性理论

现代社会中，环境污染、经济压力等都会影响居民罹患疾病的可能，这说明居民健康会受到外部因素的影响。庇古在其《福利经济学》中提出外部性概念，认为如果一种产品能够使交易双方之外的第三方受益或受损，那么该产品就具有了外部性。而不通过交易就能从中受益的产品就是公共产品。也就是说公共产品是外部性的极端情况。萨缪尔森在其《公共支出的纯理论中》定义了公共物品消费的非竞争性和非排他性，并论证了公共产品供给的最优数量条件是：所有人的边际收益替代率之和等于总体边际收益。但是基于追求个人利益最大化假设构建的消费者效用函数代入该条件后，推导出公共产品供给结果是社会上只有一个人的时候可以实现公共产品的最优供给，当超过一个人时就会出现公共产品供给不足，并且人口越多，公共产品供给缺口越大。究其原因是由于任何人都可以从公共产品中无代价受益，这意味着提供公共产品或服务将无利可图，这就会造成公共产品供给不足，于是发生市场失灵。而许多公共产品又是人们必不可少的，比如国防安全、公共卫生等。这就要求政府承担起公共产品供给的责任。

就居民的总体因病致贫风险而言，居民罹患疾病的外部性是公共卫生与医疗健康服务，正如前面所论述的，现代社会条件下居民的因病致贫相当一部分因素来自外部，而居民康复的效果也会使社会受益，这就使居民医疗保健服务具有准公共产品的属性，从而政府负有居民因病致贫减除的责任。这一点也可以从相关研究中得到印证。比如戴文标就认为国民健康问题是市场经济中几个突出的公共经济问题之一，并认为"享受健康和充分的医疗服务是每个国民应有的权利。劳动者之间收入差异的存在，并不因此产生健康和医疗服务应该有什么不同"[1]。他还对政府负有的维护国民健康和提供医疗服务帮助的责任进行了论述，包括对医院的补贴、低收入者的卫生保健补贴、社区医疗保健场所建设以及医疗保险基金管理等。而匡小平通过数理分析论证了个人接受强制公共服务的收益大于接受强制的总成本时，个人自愿接受强制性的公共品供给。当一种份额结构使双方所自愿进行的贡献刚好能提供双方共同需要的公共品数量，即是最优公共品供给数量，也就是实现了林达尔均衡。[2] 该结论的现实意义是，政府通过强制税收所得公共资金投放到公民医疗卫生服务方面的数量应该达到一定的程度，否则难以实现最佳的效果。这一结论提示我们，当居民面临较为突出的因病致贫问题时，公共财政也应该加大对居民医疗需求的补贴和救助。

四 相关概念

除了因病致贫核心概念的界定，讨论因病致贫问题还要涉及一些相

---

[1] 戴文标：《公共经济学》，浙江大学出版社2012年版，第33页。
[2] 匡小平：《公共经济学》，复旦大学出版社2014年版，第29页。

关概念。风险脆弱性评估方法是灾害学、环境科学等常用的评估方法，而因病致贫问题通常是社会科学关注的问题，当把因病致贫视作风险时，就使两个领域的方法和问题产生了交叉，因此涉及的概念也会较多。归纳起来，应用风险脆弱性方法对因病致贫问题进行评估，必然会涉及以下几个概念：脆弱性、贫困、贫困脆弱性、居民等。这几个概念之间是"工具—目标—对象"的关系。具体而言，居民是研究对象，对居民进行脆弱性评价是目标，而贫困和贫困脆弱性是实现目标过程中要使用的方法工具。为了在后文的研究中顺利应用这些概念，对这些概念综述如下。

（一）脆弱性

"脆弱性"（vulnerability）源自拉丁语，拉丁语中 vulnus 意思是"一个伤口"，vulnerare 是"要受伤"。显然"vulnerare"更接近脆弱性的意思，"脆弱的"（vulnerable）从后期拉丁 vulnerabilis 发展而来，罗马人用这个词描述一个士兵在战场上受伤倒下。也就是说，他已经受伤并有再次被攻击的风险。如今，脆弱性的基本意思是易被伤害的（to be wounded），描述的是身体和/或心理上受到伤害的可能性。词根"脆弱"是动词"受伤"，可见这个词语更强调危险或威胁，而不是一般的不确定性。在方法论上，脆弱性通常被理解为弹性（resilience）的对应物，即借助弹性的概念评价面临风险冲击的承受能力。脆弱性正越来越多地被放在相互联系的社会生态系统中展开研究。可见，脆弱性概念的本义是易损性，或某主体遭受伤害的可能性。基于脆弱性概念的研究对象可以是个体的人，可以是总体的区域居民，也可以是区域经济体，甚至是一国的生态环境。进入 21 世纪以来，国内外越来越多的学者认识到对风险和脆弱性的考察才是认识贫困的关键。世界银行认为"贫困"除了指以收入为主要度量的各种福利水平较低以外，还应包括各种外部不利冲击导致的贫困脆弱性。[①] 由此可见，脆弱性概念提出早期最常见的应用是关于风险和灾害研究领域，随后饥荒、贫困等社会问题也开始应用脆弱性概念。脆弱性概念把人与其所处的社会力量和制度以及文化价值支撑体系联系到一起。"脆弱性的概念通过关注一个特定的社会情境中关系的整体性来

---

① 孙梦洁、韩华为：《灾害、风险冲击对农户贫困脆弱性影响的研究综述》，《生产力研究》2013 年第 4 期。

表达灾害的多维度,也就是说灾害的产生是有条件的,这个条件就是主体即与环境的力量相结合,才产生灾难。"①

就我国居民的因病致贫风险而言,每个人都有遭受疾病冲击的可能,并由此形成医疗支出,当医疗支出足够大时,就会使居民陷入贫困。因此可以肯定每个人都有其因病致贫脆弱性,只是由于每个居民在社会生活中的经济社会条件不同,因而其脆弱性水平也不同。

(二)贫困和贫困脆弱性

贫困作为一个在经济学、公共管理、社会学等领域被广泛研究的问题,历来是政策和学术关注的焦点。对贫困概念进行界定的经典研究也很多,就人们对贫困概念理解的发展脉络而言,唐丽霞、左停对贫困概念的演化作了很好的概括,他们认为贫困概念的内涵在不断发展和演变,逐步从一种简单的"相对较少的收入"和"生活必需品的缺乏"的经济贫困向多维度和多元化的"权利和机会的被剥夺"的人类贫困、再到"发展的自由缺乏"的转变。随着概念的变化,分析方法也在变化,社会排斥、脆弱性和可持续生计分析框架被广泛应用于贫困分析,对贫困问题的分析从收入的单一视角逐步发展为涵盖支出、社会关系、资源禀赋等多维分析的多元视角。人们对贫困问题理解的这些变化其实是迎合经济社会的变化,是社会救助问题对现代社会发展、文明进步的积极适应。

对于贫困脆弱性概念,不同的学者有不同的定义。其中最早正式提出贫困脆弱性概念的是世界银行 2000/2001 年度《世界发展报告》,认为它是"对冲击的复原性的测度——冲击造成未来福利下降的可能性"。本书将沿用此定义并作进一步的分析。从系统论的角度看,脆弱性是指系统(或系统组分)对来自系统内部扰动或外部冲击的敏感性,其结果是系统因外部冲击或内部扰动而导致系统结构、功能容易受到损害的一种属性。结合因病致贫问题来看,疾病是造成居民贫困的众多原因之一,讨论因病致贫问题,其实是在贫困脆弱性这一概念下,侧重讨论导致贫困的疾病原因的一种研究,因此可以认为因病致贫脆弱性是贫困脆弱性概念下的一种贫困情况。并且这种贫困情况分析具有强调致贫原因——

---

① 唐丽霞、李小云、左停:《社会排斥、脆弱性和可持续生计:贫困的三种分析框架及比较》,《贵州社会科学》2010 年第 12 期。

疾病的特点。

（三）居民、家庭

人们罹患各类疾病时，一方面，作为居民（公民）拥有获取充足疾病医疗保健服务的权利；另一方面，当疾病严重从而导致医疗开支特别高时还要考虑家庭成员共同应对疾病风险的情况。因此有必要明确一下居民（公民）及家庭的概念。

法律意义上的居民是指在一个主权国家境内长期或永久居住，并受居住国法律保护和管辖的自然人（包括本国人、外国人、双重国籍人和多重国籍人）、法人和法人团体。公民指具有某一国国籍，并根据该国法律规定享有权利和承担义务的人。对比这两个概念，可以看出居民的含义更广一些，从组成上讲，公民只能是自然人，而居民可以是自然人，也可以是法人。家庭是由婚姻、血缘关系或收养关系形成的亲属间的社会生活组织单位。家庭是社会组织中的基本单位，也是一种人类社会最根本性的制度。家庭具有人类自身生产、物质生产和消费、社会教育、赡养老人、供人休息娱乐等功能。对于任何人而言，人生而有来处，其必然隶属某一个家庭。极少数人或许会因为某些特殊的原因没有家庭，但在现有救助制度或邻里关系中也会有人关切其生活，可以认为是一种特殊的家庭关系。三个概念中，公民概念强调了主体的权利和义务，而居民概念只说该主体在当地停留的时间足够长；家庭则是人们应对疾病风险时最有效的合作单位。

就本研究对象的称谓而言，公民是一个比较合适的选择，但是从日常使用的习惯上来说，居民的概念应用更广泛，因此本书的研究对象虽然是享有接受公共救助权利的我国公民，但是大多数相关研究都使用了居民的概念，因此以居民概念来代替并不会引起歧义，本书也沿用居民的概念，这个更常用的概念包括了获取救助的权利和居民与其家庭成员的合作互济。

第二节　核心概念界定

一　因病致贫脆弱性的界定

界定核心概念是研究的起点。在明确因病致贫脆弱性这一核心概念之前，首先要回顾脆弱性的概念。脆弱性概念的最基本含义是指系统遭受冲击时导致的损害可能性。一些学者认为脆弱性是系统与其所在环境相互作用的一种属性，认为系统对外界干扰的暴露、系统的敏感性、系统的适应能力是脆弱性的关键构成要素。也有些学者认为脆弱性包含内部、外部两个方面，内部方面是指系统对外部扰动或冲击的应对能力，外部方面是指系统对外部扰动或冲击的暴露。后者既考虑了系统内部条件对系统脆弱性的影响，也包含系统与外界环境的相互作用特征，较为全面，也是本书要参考的概念。

基于脆弱性概念，将其结合因病致贫这一实际问题，可以将因病致贫脆弱性定义为：居民受外部自然、经济、社会负面冲击的影响，形成罹患各种疾病的可能性，不同的疾病发生时都会形成医疗支出需求，由患病概率乘以医疗支出需求得到期望损失就构成了居民的因病致贫风险冲击力；另外，居民的收入储蓄、医疗保险以及医疗救助等所有能够动员起来应对医疗需求的资金就构成因病致贫风险抵抗力；风险冲击力和抵抗力在居民所处社会环境的共同作用下表现出的综合结果就是居民的因病致贫脆弱性。

需要说明的是本书界定的因病致贫脆弱性与一般的贫困脆弱性概念的区别。从概念范畴上看，贫困脆弱性的概念范围更广，它涵盖了所有原因造成的居民贫困可能性。而因病致贫脆弱性则单指疾病风险造成的居民贫困概率。这也促使现有贫困脆弱性研究往往侧重于讨论贫困结果，对贫困原因的开放性不作强调。而本书提出的因病致贫脆弱性则要从讨论疾病这一贫困成因开始，然后讨论由疾病引起的支出增加可能在多大程度上会导致居民陷入贫困。由此可见，经典的贫困脆弱性概念并不适合因病致贫问题的分析。为使研究目标服务于政策应用，在因病致贫事件构成的各个环节中，从疾病发生、医疗、支出剧增、收不抵支、陷入贫困的事件链中，本书从风险角度强调的是疾病发生问题，即一个地区的居民在多大概率上会遭遇疾病风险，以及当他们患病时引起的支出增加，在地区平均水平上对其收入、储蓄的冲击力如何，这种突发医疗支出冲击力与居民收入储蓄、保险救助等抵抗力在风险脆弱性评估框架下以指数的形式呈现出什么样的水平。总之，因病致贫脆弱性与贫困脆弱性研究有着概念上、视角上和方法上的差异。

二　因病致贫问题的性质

因病致贫问题的社会属性日益突出，政府负有兜底责任。当居民遭受疾病风险时，从疾病发生到医疗支出超出承受范围陷入困境，这个过程中居民从患病到医疗、康复，其个人是直接的病痛承受者和康复的直接受益者，但同时受影响的还包括其家人，家人会因亲情承受心理上的冲击和经济上的损失，以及看到亲人康复的欣慰。因此，在相当长的历史时期内，承担因病致贫冲击都是个人或家庭的责任。然而，现代社会中，个人因病致贫则具有更广泛的社会联系，从疾病发生的风险诱因，到患者康复的社会效益，居民的因病致贫已经全面社会化了。众所周知，现代的工业生产具有广泛的负向外部性，比如大气污染几乎笼罩过所有经历过工业化的国家，全球气候变暖更是会影响每一个人。而一个从疾病中康复的人不但自己重回正常生活，还能通过工作和纳税等方式支持家庭、回馈社会。可见，居民的患病可能来源于社会的负外部性因素，而医疗行为具有正的外部效应。根据公共经济学的理论，对于负外部性后果，政府应该治理或救助，而对于正外部性的行为，政府应该鼓励或补贴。

我国经历了40年的改革开放，也是走向工业化的40年，虽然取得了巨大的经济成就，但是代价也不小，多地持续的雾霾天气，河流、湖泊等水体污染使我们的生活环境恶化；过快的工业化使企业安全生产事故频发；高强度的工作、快节奏的生活使民众压力过大，猝死现象频发，亚健康问题日益普遍。就个人而言，身处这样的环境中，其健康与否已经不是其自身能够控制的了，虽然无法度量人们身处的物理环境、工作生活环境会在多大程度上影响一个人的健康，但通过已经发生的一些极端案例，比如说淮河流域的癌症村、高猝死率职业等现象，可以认为我国居民遭遇的因病致贫与其所处的社会环境有很大关系。这样一来，应对因病致贫冲击就不单单是个人或家庭的责任，还需要承担公共职能的政府负一定的责任。其具体表现形式就是，当一个家庭遭受因病致贫冲击时，有权利从政府那里获得帮助，尤其是当家庭自身已经竭尽全力却依然无法承受全面风险时，更应该获得政府责任上及道义上的双重救助。

三 因病致贫问题的结构

疾病发生有必然性也有随机性，其影响是多方面的。俗话说人吃五谷杂粮哪有不生病的，可以说每个人都时刻面临着疾病的威胁。尤其是当我国居民处在经济高速发展带来的负外部性作用下，在社会结构剧烈变化的环境下，来自外部和内部的压力会使我国居民更容易遭受疾病的冲击。因病致贫是居民面临的诸多风险中的一种，正如前文所述，医疗费用不停地快速上涨，使疾病成为当前我国居民面临的最主要的致贫风险。疾病给居民造成的冲击是多方面的，除了陷入贫困之外，还有心理伤害、情感伤害，甚至会对家庭成员成长和发展造成长期影响，比如重病家庭里孩子的成长通常会受到影响等，这些影响的后果非常复杂，有待于深入研究。但最直接的后果是贫困，即经济上的入不敷出。

从贫困这一后果讨论因病致贫问题，结合本书的风险分析视角，可以将因病致贫问题的构成分为两个方面：一方面是居民遭遇疾病冲击的可能性及冲击力度，另一方面是居民能够动员起来应对这些风险的经济资源。这种"风险暴露—康复力"的分析框架在灾害学的脆弱性分析中最为常用，是一种成熟的脆弱性分析方法，也是本书借鉴的主要对象。风险角度的脆弱性概念，被应用于气象、地理、环境、健康、经济等诸多领域。典型如气候领域，政府间气候变化专门委员会（IPCC）将脆弱性定义为和暴露度共同作用构成的气候风险。脆弱性及主体暴露包括人群、环境条件、资源占有等多种影响因素，应综合考虑这些因素影响条件下主体可能受到的不利影响。比如美国、加拿大、澳大利亚等国家都已采用脆弱性评估方法对本国进行国家水平、区域水平或城市水平的人群极端气候健康脆弱性评价。因为研究主体具有多样性，可以是个体的人、总体的区域居民，也可能是区域经济体，甚至是一国的生态环境。伤害或灾害的类型也是多种多样的，可能是来自自然环境的地质灾害、气象灾害，也可能是来自人类活动的工业生产、生活排放，甚至是人类总体经济行为的股票价格、社会分配制度等。当脆弱性应用于以上主体和风险类型的分析时，就被赋予了具体的脆弱性含义。不同领域的风险脆弱性概念目前虽然没有形成统一的定义，但是其基本内涵都是研究对象受到不利影响的倾向和趋势，以及对象具有的资源及行动能力等构成的抵抗力或康复力。

由以上分析可见，从风险角度理解的因病致贫问题与脆弱性分析方法在结构上恰好是吻合的。就我国居民的因病致贫脆弱性而言，完全可以应用脆弱性分析框架进行评估：将居民视为风险冲击的承受对象，通过分析其所处环境的整体风险因子发生概率来评价其暴露性，通过分析环境整体的风险应对条件来评价其抵抗力，然后结合二者来评估各省现有条件下的因病致贫风险脆弱性状况。因此可以将因病致贫脆弱性概念界定为：现有经济社会环境、公共卫生状况、医疗条件等外部条件决定的居民患病医疗情况，以及居民自身收入、消费、医疗投保等内部条件决定的居民疾病抵抗力情况，二者综合作用下居民陷入收不抵支的经济困境状况的可能性。

第三节　因病致贫相关主体分析

根据 Garrick 的情景化系统风险评估方法的步骤，[1] 我们对因病致贫脆弱性评估可分三个步骤进行，分别是因病致贫相关主体及其关系描述、因病致贫风险情景分类，以及因病致贫脆弱性指数评估。当然，情景分析的理论和方法会贯穿整个研究，在此首先应用情景分析的第一个步骤，即分析因病致贫的相关主体及对这些主体间的关系进行描述。而第二步风险情景分类则会在下一章的模型构建中应用。第三步的评估及对结果的解释会在后边的章节中体现。厘清因病致贫问题的相关主体，是清楚认识问题的必要条件。借助情景分析的第一个步骤可以帮助我们有条理地认识各个主体之间的关系，为后面的情景分类打下基础。

从系统的角度看，可以将各地的社会经济生活看作一个由居民、政府、企业等主体构成的系统。而因病致贫脆弱性评估就是基于风险因素对多环节多主体产生影响的机理，讨论疾病对居民的影响过程。此时居民家庭生活就可以看作其中的一个子系统，居民个人工作—获得收入—纳税—满足生活需求—追求个人发展等一系列日常行为就是这个子系统

---

[1] Wolfgang Kröger、Enrico Zio：《脆弱系统》，林元晟译，国防工业出版社2014年版，第67页。

的正常运行状态。如果地区内某个家庭罹患了疾病，就会使他的行为发生变化，首先他个人的工作要停止，从系统的角度看就是家庭子系统遭受到了风险冲击。这种冲击首先会影响到患者个人的收入，其次该冲击会经由各子系统间的级联关系影响到患者工作的企业以及他对政府的纳税，即所谓级联失效。当然我们关注的是疾病对家庭本身的冲击，在此我们假设他的工作可以由其他人兼顾完成，从而弥补对企业和政府的影响。单就患者个人的家庭而言，其遭受到的冲击在家庭系统内也会引发一系列连锁性后果，轻则蒙受损失，重则导致整个家庭陷入贫困，即因病致贫。由此可见，从系统论的角度看待居民罹患疾病，即为因病致贫冲击导致的经济社会系统中家庭子系统损失或瘫痪，为了避免这种冲击带来的损失，系统就应该评估自身面临该冲击的脆弱性，并据此进行预防、抵抗和修复。那么就可以应用系统论中的风险脆弱性评估方法对此进行分析。

首先，明确因病致贫问题涉及的主体包括居民、医院、政府加医保机构、市场。其中经营医疗保险的基金事实上受到政府的严密管制和调控，此处将其视为政府的衍生机构，与政府同归一类。市场之所以被纳入讨论，是因为居民的疾病风险成因在很大程度上来源于生产行为造成的负外部性，而居民遭受这些负外部性危害的时候很难取证和索赔，这样一来向生产者和居民收税的政府就要对这些负外部性的后果负责。一方面控制生产的负外部性，另一方面对受害者也就是居民进行补贴和救助。现实中，如果补贴和救助不足，就会出现广泛的因病致贫问题。而医院与居民的关系是单纯的医疗服务交易关系，即医院根据为居民提供的医疗服务数量和难度收取医疗费用。当然，医患交易也有自己的独特性，比如是典型的卖方市场，存在强烈的信息不对称等，这不是本书讨论的主题。居民与政府和医保机构的关系也很清晰，居民纳税给政府，因此享有获得健康安全保障的权利；居民缴费给保险机构，因此享有获得医疗赔付的权利。此外，政府除了负有与居民纳税对等的公共卫生安全维护责任外，还负有保障居民基本生存和基本健康的责任，无论是从道义上还是法律意义上都要求如此。四个主体之间的具体关系可以用图3—1表示。

其次，识别风险因子。对于因病致贫问题而言，风险因子是已经明

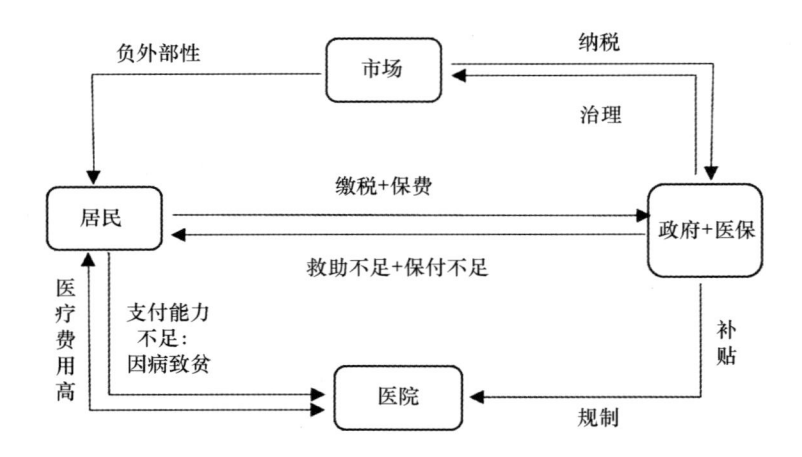

```
                    负外部性          市场          纳税
          ┌─────────────────────┐  ┌───┐  ┌─────────────────┐
          │                     └──┤   ├──┘                 │
          │                        └───┘       治理          │
          │                                                  ↓
          │                    缴税+保费                  ┌──────┐
          │           ┌───┐ ←──────────────────────────  │政府  │
          │           │居 │                               │+医保 │
          │           │民 │ ──────────────────────────→  │      │
          │           └───┘     救助不足+保付不足         └──────┘
     医疗│    支付能力                                       │
     费用│    不足：                                         │补贴
     高  │    因病致贫                                       │
          │           ┌───┐                                  │
          └─────────→│医院│ ←──────────────────────────────┘
                     └───┘           规制
```

图 3—1 居民与政府等主体之间的关系

确了的，即疾病是引起居民支出增加，并导致居民收不抵支从而陷入困境的风险因子。相对于其他类型的脆弱性评估而言，因病致贫脆弱性不需要再去分析或实证风险因子的来源，但是还需要对风险因子的状况作进一步的分析，以便更清晰地描绘风险情景。所谓因病致贫脆弱性，前文已经将其界定为，现有经济社会环境、公共卫生状况、医疗条件等外部条件决定的居民患病医疗情况，以及居民自身收入、消费、医疗投保等内部条件决定的居民疾病抵抗力情况，在二者综合作用下我国城乡居民陷入收不抵支经济困境状况的综合评价。由该定义可见，从疾病风险到居民陷入经济困境，中间必然经历医疗服务过程，而这个过程中医疗费用的高低正是影响居民是否会陷入贫困的关键环节。因此，因病致贫问题的最终形成在于居民是否贫困，而非疾病本身。识别因病致贫的风险因子，需要把握好风险因子界定的关键是医疗费用这一经济指标，而非疾病类型这一生理指标。这意味着进行因病致贫脆弱性评估，问题的形成并不是从疾病直接到贫困的关系，而是"疾病—医疗及收费—贫困"的链式关系。这种从生理风险到经济风险的转化关系可以用图 3—2 表示。

由图 3—2 可见，疾病由生理现象到治疗时发生的医疗技术服务，居民筹资付费才能得到医疗服务，该问题就转化为经济现象；当居民无力

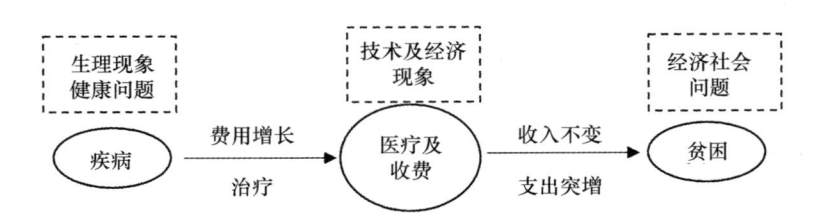

图3—2 疾病致贫的链式关系

筹集医疗费时问题再一次发生转化，由经济现象变为经济问题，并因该问题具有广泛的后续影响，其同时也是社会问题。在问题的转化过程中，虽然最终的贫困后果最吸引社会关注，但决定问题转化的关键环节却是医疗及付费的中间环节，这一环节也是本书界定因病致贫风险因子的环节。

最后，根据医疗过程划分风险情景。将疾病的发生看作一种风险冲击，对于省市区域整体而言，居民受疾病冲击是必然的。疾病的类型不同、严重程度不同，所需经历的治疗方式、方法也不同，那么相应的医疗费用也会有很大差异，正是这些不同水平的医疗费用支出需求，对居民陷入困境的影响也不同。为了较为清晰地描述一地居民面临的不同疾病冲击情景，可以借助树状图来展示疾病发生、治疗方式、相应的支出损失水平等，具体如图3—3所示：

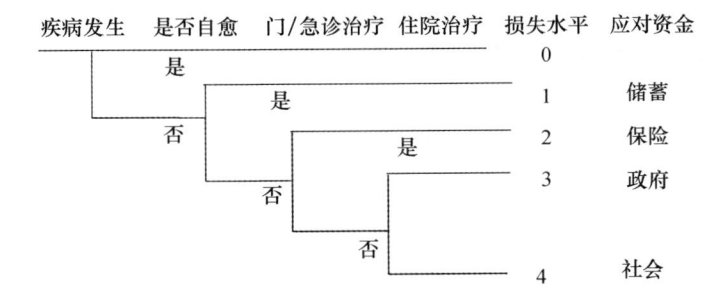

图3—3 居民就医及损失流程

图3—3中，第一行的治疗方式主要有两种：门/急诊治疗、住院治疗。不同情况的疾病所需的治理方式不同，其所需花费的医疗费用会有

很大差异,对家庭而言,即疾病冲击造成的损失水平不同,图中用 0 至 4 的五个档次来表示疾病冲击损失的严重程度。

按照医疗方式,疾病的治疗可大概分三种类型:门诊医疗、住院医疗、康复训练。三种治疗类型所需的医疗支出也不同。通常是门诊医疗所需支出最少,康复训练次之,住院医疗支出最高。患者经历三种医疗的次序也是有先后的,具体而言,患者可能经历的治疗方式组合可归纳为几种,如表 3—2 所示。

表 3—2　　　　　　　　按医疗方式划分的疾病风险

序号	医疗方式			医疗费用	致贫风险
1	门诊医疗			低	低
2	门诊医疗		康复训练	高	高
3	门诊医疗	住院医疗	康复训练	很高	很高
4		住院医疗		高	高
5		住院医疗	康复训练	很高	很高

结合前文分析,我国现行医疗保险制度及各项救助政策环境下,门诊医疗费用一般是完全靠居民自己承担的,因此应对资源只能来自居民自身的收入。

面对不同严重程度的疾病损失冲击,家庭会采用不同的应对策略,这些应对策略所需动用的资金来源也不同。家庭有可能动员的资金来源包括家庭储蓄、医疗保险金(图中简称保险)、政府救助金(图中简称政府)、社会救助(图中简称社会)等几个方面,根据现有医疗保险、政府救助的支付条件设定,大多数情况下,门诊类疾病不在医疗保险的保障范围内,因此家庭只能自己出钱支付医疗费;当需要住院治疗时,会触发现有医疗保险的起付条件,保险金替代率一般在 50%—60%,剩余部分还是需要家庭自己承担;如果住院治疗所需周期过长或者医疗费用很高,导致医疗费用报销超出了医疗保险支付上限,则家庭需要承担剩余的费用,这种情况下的医疗费用往往是极高的,非一般家庭所能承担,这时家庭可以申请政府的医疗救助,虽然这种临时救助金的额度不会太高,但政府会保证医疗保险金缴纳的减免,从而保证医疗保险的持续保障。如果到了这一地步依然面临较大的医疗费用缺口，就只能依靠社会力量了，通过求助于慈善机构或者借助媒体的传播，获取社会力量的救助。需要说明的是，图3—3中"应对资金"列的几种资金来源中，从上往下的不同损失水平对应的资金来源并非是单一的，而是累积的。比如最上面的储蓄资金来源并不仅仅应用于损失水平"1"的门诊支出，而是会对其下的损失水平"2""3""4"的住院支出都有应用，直到耗尽为止。

总之，根据风险及情景评估理论，在无法消除风险源的情况下，深化对风险的认识，能为避免或减轻风险事件的不良后果提供参考。通过对因病致贫问题相关主体的分析，对因病致贫问题"疾病—医疗及收费—贫困"链式关系的解读，将因病致贫问题区分为门诊医疗、住院医疗、重大疾病医疗三种应对方式的归纳，将以上分析综合起来，就可以为因病致贫问题提供一个清晰的分析框架，这为后文的模型建立、情景分类以及评估结果阐述奠定了基础。

第 四 章

因病致贫脆弱性评估模型

构建因病致贫脆弱性评估模型,需要基于合理的风险理论框架。因此本章首先讨论了主要参考的压力—释放模型(PAR)以及可持续发展模型两种经典风险研究框架。其次,由于因病致贫问题复杂多样,必须结合情景分析方法将其分为三大类情景:日常医疗风险情景、住院医疗风险情景以及重大疾病风险情景,这为后文章节的脆弱性评估模型分解、脆弱性指数特征分析、脆弱性指数影响因素分析提供了基础。最后,根据前文对脆弱性评估方法的归纳,提出本书的因病致贫脆弱性评估模型,并结合不同的因病致贫情景对模型的具体应用进行分解。

第一节 因病致贫脆弱性分析框架

因病致贫脆弱性分析框架其实有两个,一个是指导脆弱性模型构建的理论框架,另一个是阐述脆弱性评估实现、评估结果分析和影响因素分析的分类框架。前者是参考的压力—释放模型(PAR)以及可持续发展模型构建的本书脆弱性分析框架;后者是参考风险情景分析方法对因病致贫现象的三种情景分类。

一 因病致贫脆弱性评估模型构建的理论框架

结合上文的综述,脆弱性评估方法被广泛地应用于灾害风险评估、经济风险评估以及贫困风险评估等多个学科和研究领域,脆弱性的定义也是根据评估对象的特征来界定的,因此它也可以用于居民疾病风险致贫问题的评估。风险脆弱性因病致贫问题从发生到造成后果，经历了多个环节，问题性质也不断转变，因此，评估因病致贫的脆弱性需要综合参考多个脆弱性评估框架。前面对诸多脆弱性评估的综述，已经归纳出了脆弱性评估的基本结构。就因病致贫问题而言，本书主要参考经典的压力—释放模型（PAR）以及可持续发展模型两种框架的思想建立因病致贫风险脆弱性分析框架。这两种经典评估框架的具体内容在综述中已经介绍。当然，借鉴两种框架时，并非是对它们的生搬硬套，而是主要参考它们的总体思路。每种框架都有其优缺点，压力—释放模型（PAR）和可持续发展模型也不例外，前者侧重风险因素的根源分析，后者侧重风险承受者因掌握的资本多寡而不同的抵抗力。本书因病致贫脆弱性评估框架希望沿袭以上两种框架对脆弱性评估的长处，实现它们的优势互补，从而构建出更全面的脆弱性评估框架。同时还会结合因病致贫问题，拓展框架的分析深度，以更好地契合因病致贫问题所涵盖的"疾病—支出—贫困"问题链。

根据压力—释放模型（PAR）的思想，脆弱性形成的根本原因是由经济、人口和政治过程等确定的资源在不同人群之间的分配。这种前赋的资源配置，结合由动态压力表示的各类风险冲击，就决定了风险对象的基本脆弱性程度；而由不安全条件概括的经济条件、制度缺陷、社会关系则会进一步加剧脆弱性。压力—释放模型（PAR）的观点非常符合因病致贫问题的初始风险冲击因素的分析。因为就一个地区而言，人们遭遇的疾病冲击风险大小不但与个人相关，也与当地的经济发展水平、人口结构状况以及医疗权利分配有密切的关系。这一点从很多疾病具有明显的区域性特征就可以得到印证。尤其是现代化程度日益提高的今天，来自社会的外部因素已经是影响人的主要因素。压力—释放模型（PAR）框架力求向上追溯脆弱性形成的根本原因，抛开风险冲击的表层原因，深入探寻经济方面的资源配置、人口分布、政治过程的权利安排等这些基本社会制度对脆弱性的影响，这一点较为符合因病致贫多环节、多概念的问题发展过程对脆弱性评估的要求。

疾病发生以后，遭受风险冲击的家庭可能渡过难关，也可能导致整个家庭陷入贫困境地。不同家庭具有的不同的风险承受能力是脆弱性评估的重要内容。根据英国国际发展署（DFID）提出的风险脆弱性的可持续生计评估框架，该框架强调生计资本赋予风险对象的风险冲击应对能力，认为正是风险对象在应对风险时所能动用的社会资本、自然资本、人力资本、物质资本和金融资本等各类生计决定了其风险承受力的高低。就因病致贫问题而言，遭遇因病致贫风险冲击的家庭在采取应对措施时，目前社会经济条件下，所能选择的手段无非是动用自己的收入、动用家庭成员的收入、医疗保险赔付、变卖财产、变卖不动产、更大范围亲戚朋友的资助、借贷、政府救助、社会救助等。这些医疗支出资源动员手段其实完全可以用可持续生计框架中的五大类生计资本来概括，因此因病致贫风险脆弱性评估可以参考可持续生计框架。

　　本书拟借鉴的压力—释放模型（PAR）和可持续生计两种评估框架，它们都在某一个侧面相当适合因病致贫问题分析。但是这种借鉴并非全面地照搬。就压力—释放模型（PAR）而言，主要借鉴其对风险根源部分的分析。虽然它强调了三个概念：风险根源、动态压力以及不安全条件，但是这三个概念本质上都是对风险发生原因的分析，也就是说三者的最终指向是一致的。动态压力在因病致贫问题中适合分析疾病发生的技术性原因，这显然不在本书的研究范围之内，只是将其视为外生变量，本书只考虑疾病发生的一种后果。而不安全条件概念所包含的经济条件、社会关系等变量其实已经在风险根源中得到体现。可持续升级框架关注的概念有两个，一个是生计，另一个是可持续，对可持续生计框架的借鉴主要是其对生计资本评估的部分。但是可持续概念更适合对灾后恢复过程的分析和评估，这与因病致贫问题所强调的因病致贫发生时的应对过程评估不在同一个环节，它更适合长期贫困家庭的脱困问题研究。

　　总而言之，本书脆弱性分析框架基于对多种风险脆弱性分析框架内在逻辑的归纳，沿袭了这些框架共有的逻辑主线。各个脆弱性分析框架虽然提出了诸多描述脆弱性构成的概念，比如风险、扰动、压力、冲击、损害、敏感、易损性、减缓、适应力、应对能力、抵抗力、响应、调整、承受力等，但是这些概念实质上表达的都是两个相反方向的力量：比如风险、扰动、压力、冲击、损害、敏感、易损性都可以归纳为是对风险冲击的描述，而减缓、适应力、应对能力、抵抗力、响应、调整、承受力都属于风险抵抗力的范畴。这两个相反方向力量的对比抗衡决定了风险主体脆弱性的高低。这样一来，众多风险脆弱性评估框架就可以提炼出共有的逻辑主线：它们都是围绕风险冲击力与风险抵抗力这两个方面来展开风险脆弱性评估。只是有的框架侧重风险成因的追根溯源，有的重点讨论风险应对的资源水平，有的着重考虑事件演变的各个环节，也有的特别强调人为干预的主动性的影响，更有的全面度量人、环境、制度等多重因素耦合结果对脆弱性的影响。总之无论何种角度、考虑多少环节，最终落实到脆弱性评估时，其提出的因素对脆弱性的影响总是有正向、负向之分。这些因素可以根据其作用的方向，被归类为风险冲击类或风险抵抗力类，也就是本书要沿袭的脆弱性评估的两条逻辑主线。

根据前文情景分析部分对因病致贫问题结构进行的分析，本书的因病致贫脆弱性评估框架由基于情景分析的风险冲击力分析和基于居民应对策略的风险抵抗力分析两方面构成。即将风险脆弱性的两个逻辑主线结合压力—释放模型（PAR）框架和可持续生计评估框架，就构成了本研究的风险脆弱性评估框架。方法与对象之间的关系如图4—1所示。

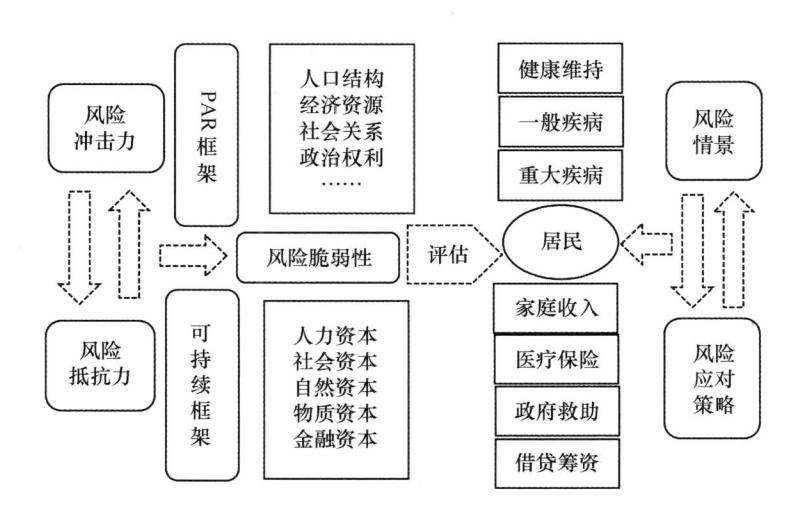

图4—1 因病致贫脆弱性评估框架

图 4—1 中风险脆弱性评估框架可以以"评估"箭头为界分为两部分，左侧部分是风险脆弱性评估框架的结构，该部分又可以分三个部分，第一部分是以圆角粗方框表示的脆弱性逻辑主线概念框架，包括风险冲击力、风险抵抗力和风险脆弱性构成，它们之间的虚线箭头表示前二者的交互作用决定了风险脆弱性的水平。第二部分是由圆角细方框表示的经典脆弱性评估框架。第三部分是由粗线方框表示的风险脆弱性评估指标体系。这些指标的设置借鉴了第二部分的经典脆弱性评估框架，第二、三部分的相邻位置表示了经典理论与脆弱性指标之间的原理—指标关系。右侧部分是因病致贫冲击及居民的应对行为。该部分又分为两个部分，第一部分是由圆角粗方框表示的风险情景及风险应对策略理论，第二部分是由方角方框表示的居民遭遇冲击的风险情景分类及风险应对具体策略。这两部分之间的相邻位置关系表示了各个理论与因病致贫实际应用性分析之间的对应关系。左、右两侧通过风险评估过程连接在一起，最终实现基于风险脆弱性理论构建评估框架对因病致贫全过程的评估。

从具体操作的角度看，脆弱性评估可以有不同的层次：可以基于微观调查数据对家庭因病致贫脆弱性进行评估，也可以基于宏观数据进行国家水平或区域水平的居民因病致贫风险脆弱性评估。两个层次的评估意义不同：基于微观调查数据的因病致贫风险脆弱性评估反映的是疾病冲击风险与家庭自身人口、财产、生活习惯、教育以及社会关系等各类资源的关系，评估结果可以为家庭的生活、工作等决策提供参考。而基于宏观数据的国家或区域居民因病致贫风险脆弱性评估反映的是国家或区域的人口特征、社会特征、医疗资源、经济状况、风俗习惯及公共服务等宏观条件制约下居民的因病致贫概率，评估结果主要服务于政府的管理，可以为政府的医疗保障政策、公共卫生政策、医疗救助政策等提供参考。

本书研究尝试从风险角度讨论居民遭遇疾病冲击的后果。因病致贫的具体度量指标是脆弱性指标，用因病致贫脆弱性来概括我国城乡居民面临的因病致贫风险，这种风险分析视角可以很好地概括居民遭遇疾病冲击时的突发性特征。

二 因病致贫情景分类框架

似乎是印证"不幸的家庭各有各的不幸"的谚语,因病致贫问题通常呈现高度多样性,同样是因病致贫问题,在不同的家庭可能会有截然不同的呈现方式。这也是因病致贫问题缺乏整体性研究的一个原因。但是当我们从风险视角观察因病致贫问题时会发现,借助风险情景分析方法为解决多样性呈现问题提供了可能。

前文研究方法部分阐述了情景分析法的基本步骤,结合居民患病、就医的实践,可以将复杂多样的因病致贫状况进行情景分类,从而为描述问题提供可行的办法。当然,由于要进行脆弱性评估,情景分析法也要实现与脆弱性分析的有机结合,才能更好地描述因病致贫问题。

脆弱性分析框架与风险情景分析法的结合点应用于居民应对疾病的策略分析。不同的疾病冲击类型导致居民陷入贫困的概率不尽相同,因此只要梳理居民面临的疾病风险冲击情形,并将其与致贫风险联系起来,就可以更清晰地讨论居民的多种因病致贫风险情景,也就得到了居民的多种风险情景与脆弱性状况的对应关系,具体如表4—1所示:

表4—1　　　　　　因病致贫的多种风险脆弱性类型

风险类型	治疗过程	应对资金来源	损失水平	致贫风险
日常医疗风险脆弱性	自愈	居民	0	Ⅰ
	门/急诊治疗	居民	1	Ⅱ
住院医疗风险脆弱性	住院治疗	居民、医保	2	Ⅲ
重大疾病风险脆弱性	长期住院	居民、医保、政府	3	Ⅳ
	重大疾病	居民、医保、政府、社会	4	Ⅴ

注:长期住院指住院时间超出平均住院时间10天(据《2016中国卫生和计划生育统计年鉴》),重大疾病指卫计委列出的30种重大疾病。

表4—1中,对应不同的医疗过程,可以将医疗方式区分为门诊医疗、住院医疗、重大疾病医疗(重大疾病的界定请见下文详细阐释)三个级别,这三个级别医疗方式所需的费用支出通常也不同,一般而言医

疗费用是逐级递增的，在居民收入一定的条件下，三级医疗方式的致贫风险也是递增的。由此界定因病致贫的三种风险情景：门诊医疗致贫风险、住院医疗致贫风险和重大疾病医疗致贫风险（后文简称为门诊风险、住院风险和大病风险）。应对资金来源是随着损失水平的不断提高而变化的：从一开始的全部由居民自己承担，到后来依次加入保险、政府和社会资助。这正说明了随着疾病造成损失水平的提高，个人已经无力承受风险冲击，必须依靠其他力量的帮助才行。当居民承受的损失水平超出其承受能力时，就是陷入贫困。此时，该居民其他家庭成员虽然可能还有收入，这个收入可能还在官方贫困线以上，但该家庭无疑已经陷入困境，真实的贫困已经发生。因此，表4—1中随着损失水平的提高，虽然应对资金来源更加多样，但疾病冲击的致贫风险却是在增加的，相应地，处于该状况的居民家庭贫困脆弱性也更高。归纳以上分析，因病致贫风险可区分为以下三种情景：

情景 A. 门诊医疗致贫风险。它是指因门诊医疗及日常保健对居民造成的支出负担，简称门诊风险。

据此进一步界定门诊医疗支出致贫脆弱性，它是指在一定时期内特定的医疗保险和政府救助环境下，假设居民收入不变、其他消费稳定，此时居民因日常门诊医疗支出健康维持所需开支而陷入收不抵支困境的状况。简称门诊致贫脆弱性。

情景 B. 住院医疗致贫风险。它是指因住院医疗给居民带来的支出负担，简称住院风险。

据此进一步界定住院医疗支出致贫脆弱性，它是指在一定时期内特定的医疗保险和政府救助环境下，假设居民收入不变、其他消费稳定，此时居民因住院医疗支出而陷入收不抵支困境的状况。简称住院致贫脆弱性。

情景 C. 重大疾病医疗致贫风险。它是指因重大疾病医疗给居民带来的支出负担，简称大病风险。

据此进一步界定重大疾病医疗支出致贫脆弱性，它是指在一定时期内特定的医疗保险和政府救助环境下，假设居民收入不变、其他消费稳定，此时居民因大病医疗支出而陷入收不抵支困境的状况。简称大病致贫脆弱性。现实中,重大疾病是一个笼统的说法,目前并没有广泛认同的统一定义。建立重大因病致贫损失指数模型需要对重大疾病做出界定。本书认为该词修饰部分"重大"应该是指治疗难度,全词的意思是说该疾病的治疗难度比一般疾病难度更高、用时更长,因此治疗费用更高,对患者的负面影响更大。根据资料,"重大疾病"一词首先由商业保险界提出,重大疾病保险于1983年在南非出现,是由外科医生马里优斯·巴纳德(Dr. Marius Barnard)最先提出。之后,重大疾病险在世界范围内被保险界广泛引用,1995年,重大疾病保险被引入中国市场。[①] 我国保险监督、卫生管理以及民政部门也在各种公文中广泛使用"重大疾病"这一词语,但其具体内涵往往是由文件或保险协议临时界定。本书要评估的是各省市重大疾病的医疗费用及经济损失,因此参考官方发布的历年《中国卫生与计划生育统计年鉴》中所列出的30种重大疾病名单,并结合出现在统计年鉴中的"中国主要年份调查地区居民慢性病患病率统计"所列疾病名称作为评估依据。通过对照两个名单发现二者所列疾病大部分是一致的。两个名单列表分别提供了疾病的发生率、疾病的治疗费用等数据,因此将二者合并就可以获得风险评估所需的数据。名单合并的依据是医学对人体七大系统的分类方法,再根据统计数据的实际情况把发生率最高的肿瘤类疾病以及损伤这一外源性疾病单列出来,于是将以上两个疾病名单合并归纳为9类重大疾病:肿瘤疾病、内分泌代谢和营养疾病、血液和造血器官疾病、循环系统疾病、呼吸系统疾病、消化系统疾病、泌尿生殖系统疾病、骨骼结缔组织疾病、损伤类疾病。

居民遭遇以上A、B、C任何一种风险情景时,都需要为医疗费用筹资。如前文分析,现实中居民的筹资来源有居民自己、医保、政府、社会等四个渠道,各渠道的资金形式包括个人收入或储蓄、亲友资助或挪用、医疗保险报销、政府救助、社会慈善救助、民间借贷等。其实这些筹资方式中有一些本质上是一样的,可以合并起来。比如亲友借贷资助其实是居民收入或储蓄的一种,因为有借有还;慈善救助是社会救助的

---

① 中国保险监督管理委员会:《我国人身保险业第一套重大疾病经验发生率表发布》,http://bxjg.circ.gov.cn//web/site0/tab5207/info3891930.htm, 2013年11月3日。

一种，并且其覆盖面有限。这样一来，多种筹资渠道可以概括为三种：

a. 居民收入或储蓄。包括个人收入、家庭成员互助以及亲友资助挪用。

b. 医疗保险。根据居民身份、职业可能是新农村合作医疗保险、城镇职工医疗保险或城镇居民医疗保险。

c. 社会救助。包括政府医疗救助和慈善救助。

居民可能遭遇的三种风险情景与居民的应对方案之间的关系如图4—2所示：

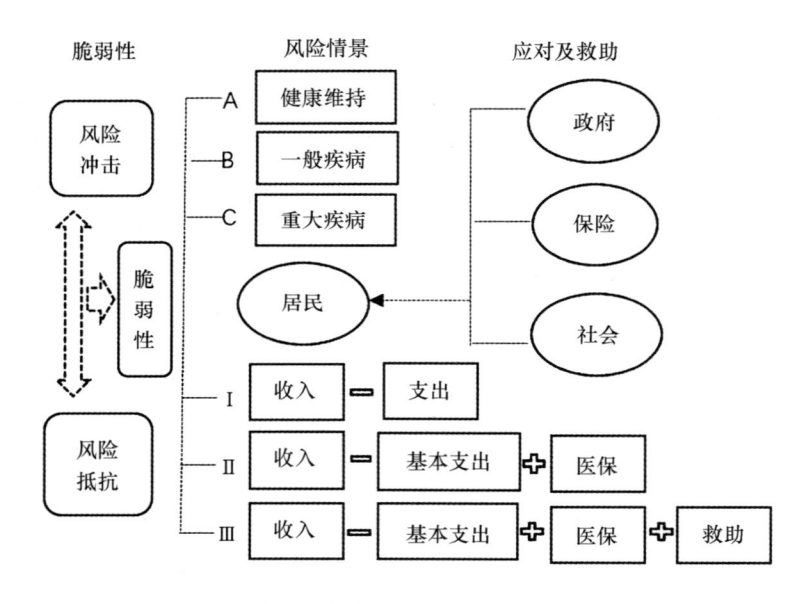

图4—2 疾病风险情景及应对策略

根据经济学的假设，居民作为追求利益最大或损失最小的经济人，其选择筹资顺序会遵循成本最小化原则。以上几种筹资渠道按照该原则的排序是首选政府救助，因为其成本几乎为零；其次是慈善救助，其成本是面子，而无实质经济成本；再次是医疗保险，其成本为少量的资金；然后是个人收入或储蓄，其成本是全部支付；最后是借贷，其成本为全部支付加高额利息。但是，受保险制度、救助条件的制约，加之居民并非完全是经济理性的，因此居民并不能完全按照成本最小化顺序筹资，一般的筹资顺序通常为：个人收入或储蓄（a）、医保（b）、社会救助（c）。将 a、b、c 三种渠道组合起来形成 Ⅰ、Ⅱ、Ⅲ 三种应对方案：

方案Ⅰ = a，日常保健和门诊医疗费用居民完全自己承担。

方案Ⅱ = a + b，住院医疗费用居民自费一部分，医疗保险报销一部分。

方案Ⅲ = a + b + c，重大疾病医疗费用居民自费一部分，医疗保险报销一部分。由于总费用数额很高，居民无力承担自费部分陷入困境时，政府救助或慈善救助补充。

图 4—2 中，A、B、C 三种风险情景与 Ⅰ、Ⅱ、Ⅲ 三种应对方案一一对应。在我国目前各项制度条件下，A 风险情景下，居民只能选择 Ⅰ 筹资渠道。B 风险情景下，居民会选择 Ⅱ 筹资渠道。C 风险情景下，居民会选择 Ⅲ 筹资渠道。基于脆弱性理论，A、B、C 风险情景反映了因病致贫问题中的风险冲击力因子；Ⅰ、Ⅱ、Ⅲ 应对方案反映了因病致贫问题的抵抗力因子；二者结合起来就是对因病致贫总体脆弱性的综合反映，这也为因病致贫脆弱性评估提供了基本结构。

不同损失水平对应的资金来源只是提示了该阶段可以动员的主要资源类型。比如住院疾病和重大疾病的划分，二者有一定程度的重复，但是这种重复也是有限的，因为一方面，重大疾病的形成往往是长期累积的结果，在其发展的初期一般通过住院治疗可以达到康复的结果。这种情况的医疗支出情况可以通过本书的住院医疗的致贫脆弱性评估其风险。如果一般住院治疗没有得到治愈，而是发展为慢性病或重大疾病，在医疗卫生统计年鉴上就属于重大疾病及慢性病的统计范畴，这类疾病的治疗要么因为周期很长导致医疗费用很高，要么因为医疗难度高导致医疗费用很高，总之，这两种情况都超出了一般住院医疗在一个平均住院期内（2015 年全国平均住院日为 10 日）达到基本治愈效果的范畴，因此需要单列。但是与风险脆弱性评估并不冲突。某种疾病发生后，其治疗过程可能会首先从门诊治疗开始，到一般住院治疗，再到作为重大疾病治疗，这个过程中，如果是非重大的疾病，应该在前两个阶段就得到了治愈。因此重大疾病与前两种疾病并不冲突。

居民患 30 种重大疾病如果早期就治愈了，也不会被误评估。首先，如果重大疾病未确诊的初期治疗作为日常疾病被治愈，此时将其归入日常门诊或住院风险评估也是合适的；有时重大疾病并没有太多初期治疗阶段，就医被确诊以后直接进入了重大疾病的治疗程序，其支出也直接按照重大疾病治疗统计。其次，从住院疾病和重大疾病对家庭支出的影响来看，二者是有区别的：无论住院疾病是否为重大疾病，如果在平均住院日内康复了，其支出由住院因病致贫度量是合适的；如果超出了平均住院日期，对患者的影响特别大，一般被列为重大疾病的范畴，此时可以用重大疾病支出衡量。

第二节　因病致贫脆弱性指数测算模型

脆弱性分析框架为脆弱性评估模型的建立提供了思路指导。前文研究方法中归纳了多种风险脆弱性评估模型所具有的共同结构，核心概念界定中分析了因病致贫问题的性质和构成。将以上两者结合，发现用脆弱性分析框架讨论因病致贫问题有性质上的一致性，用脆弱性评估模型度量因病致贫程度具有结构上的契合性。这些都为因病致贫脆弱性评估模型的建立提供了基础。

一　因病致贫脆弱性指数基本模型

本书构建脆弱性评估模型时参考了脆弱性评估模型和贫困计量的经典方法。参考脆弱性评估方法的依据是因病致贫可以看作居民的一种风险，参考贫困计量方法则是因为因病致贫的最终后果是居民陷入贫困。前文研究方法的阐述中分别对脆弱性评估方法、贫困计量方法进行了归纳，并指出两种方法各自在多种应用中所具有的共同结构。还进一步阐述了二者结构在因病致贫问题上的应用价值。正是基于以上对脆弱性评估的多种方法、贫困计量的多种方法的归纳，为构建因病致贫脆弱性评估模型提供了依据。参考前者是为了能够评估区域居民的风险水平，参考后者是为了使评估聚焦在贫困问题上。总之，以前述脆弱性评估框架为依据，结合前文对多种脆弱性评估模型和贫困计量模型的归纳，具体参考 PAR 模型[①]、可持续发展模型及 FGT 贫困指数度量模型[②]，构建本书的因病致贫风险脆弱性指数模型为：

$$IV = \frac{p+q}{N}\left[\frac{RI-RE}{RE}\right]^{\alpha} \qquad (4—1)$$

其中，IV 为因病致贫脆弱性指数，RI 为当地居民面临的某类疾病支出风险，RE 为居民可以动员用来应对疾病支出的资源。权数为各类疾病的就诊率或发生率。P 为居民门诊人数，q 为住院人数，当居民只有门诊医疗发生时，q = 0。当居民住院时，认为他既经历过门诊医疗也经历过住院医疗，因此对该居民而言有两级医疗支出 p + q。指数 α > 0，为脆弱系数，取值越大，脆弱性指数越敏感。当 RI − RE < 0 时，IV 为负值，表明居民抵抗力足以应对风险冲击，但不能说绝对无脆弱性，只能说脆弱性水平很低，即低脆弱。当 2RE > RI > RE 时，由于居民一般都处于家庭单位中，而家庭内成员具有强烈的互济性，因此以个人为单位的 IV 值如果不是家庭成员同时患病的话，0 < IV < 1 为较低脆弱，1 < IV < 3 是中等脆弱，因为按照我国家庭平均人口数 3.6 的规模，再考虑到老幼等纯消费人口的因素，因此把 3 < IV < 5 界定为较高脆弱，而把 IV > 5 界定为高脆弱。

二 基于因病致贫情景的模型分解

脆弱性评估需要对影响因素进行计量。根据前文的分析，因病致贫的发生会有多种情景，总体因病致贫指数模型提供了评估的基本方法，

[①] PAR 模型并非具有固定的公式，但有着类似的结构。此处参考李鹤、张平宇使用的方法，因其提出较早，具有结构简明、应用广泛的特征。具体公式为 $V_i = \frac{S_i}{R_i} = \frac{W_i \sqrt{I_i^{ov} I_i^w}}{F_{i1}+F_{i2}+\cdots+F_{in}}$，具体见李鹤、张平宇《东北地区矿业城市经济系统脆弱性分析》，《煤炭学报》2008 年第 1 期。

[②] FGT 指数与 Sen 指数及 SST 指数其实在结构上类似，都是由贫困强度、贫困广度两部分构成，三者的争议点主要在贫困广度上（综述部分已论述），贫困强度是一个比较稳定的核心，也是本书参考的部分，具体公式为 $F_\alpha = \frac{1}{n}\sum_{i=1}^{q}\left[\frac{z-y_i}{z}\right]^{\alpha}, \alpha \geq 0$，文献见陆康强《加法可分性贫困指数的比较研究》，《统计研究》2009 年第 7 期。

但是在不同的具体风险情景下,风险冲击力、抵抗力的构成也会不同,因此考虑不同风险情景,对风险冲击因素和抵抗力因素进行分解,形成能够适用不同风险情景的评估模型,才能更准确地反映居民的实际贫困风险状况。这个过程同时也是对基本模型的分解:因病致贫脆弱性指数分解分两部分进行,一部分是对疾病风险冲击的分解,另一部分是对居民应对能力的分析。

(一)疾病风险冲击分解

所谓因病致贫,问题的落脚点在于贫困,必然要求将疾病风险转化为致贫风险,对冲击力的分解也要求将其转化为医疗费用的方式进行度量。疾病对居民生活的冲击既可以根据疾病类型划分种类,又可以根据疾病冲击造成后果的严重程度划分层次。对于以救助为研究主题的视角而言,显然以后果为依据划分疾病冲击的类型更有意义。当然,疾病冲击的鉴别过程并非一次完成的,从居民发现疾病症状,到就医过程经历初诊、检查、判断、医疗、观察、复查等流程才能逐步确认疾病种类、严重程度等细节,这个过程在现有医院的诊疗系统实践中要历经一系列步骤才能完成,医生要求患者所需要经历的诊疗流程是根据病情的严重程度来定的,于是可以反过来根据患者在医疗机构所经历的流程情况来判断患者疾病的严重程度。据此我们将居民遭遇的疾病冲击区分为门诊疾病、一般住院疾病、重大疾病三类。这三种类型的疾病冲击既表示疾病冲击的严重程度,也是居民遭遇疾病冲击的风险类型。

随之而来的问题是如何对居民遭遇的疾病冲击进行门诊疾病、一般住院疾病、重大疾病的合理划分。为了更清晰地描绘医疗过程,可以采用事件树的方法梳理这三种疾病冲击类型的关系和界限,具体如图4—3所示。从疾病发生到通过门诊或者急诊治疗以后达到了痊愈的目的,那么这种疾病情景就划分为门诊疾病的范围。如果经历了这个步骤无法治愈,就需要住院治疗了,于是进入另外一种风险情景——住院疾病的阶段。需要住院治疗的疾病一般是比较复杂或严重的,乐观的结果是经过一定时间的治疗,顺利康复出院;而糟糕的情况则可能需要长期住院或护理治疗。不同的医疗情景对家庭的冲击也有很大的差异,因此有必要对住院医疗做进一步的区分。在这里可以选择卫生统计年鉴给出的2015

年全国住院病人平均住院天数 10 天为参考值，对于住院 10 天以内的病人认定为遭遇住院疾病冲击，住院超过 10 天的病人则认为他遭遇的是重大疾病冲击。当然，为了便于救助，也可以按照卫计委列出的 30 种重大疾病来认定重大疾病，但是这样一来就有一个问题，那就是有可能一些人患了 30 种重大疾病中的病症，但是由于各种原因他没有连续住院 10 天，这就容易造成遗漏。折中的做法是在理论探讨因病致贫冲击类型时可以按照 10 天的全国平均时间来区分，实施救助政策时按照卫计委列出的 30 种重大疾病来区分，这样就实现了对二者的兼顾。非常巧合的是，在用树状图描绘出各种因病致贫冲击发展过程后，得到的总体形象很像一个躺倒的病人，因此可以形象地将此图称作"人形图"。这个"人形图"的头肩部位所展示的是门诊疾病冲击的类型，其躯干部位展示的是住院疾病冲击的类型，而最后的那条长腿则表示居民遭受重大疾病冲击的类型。

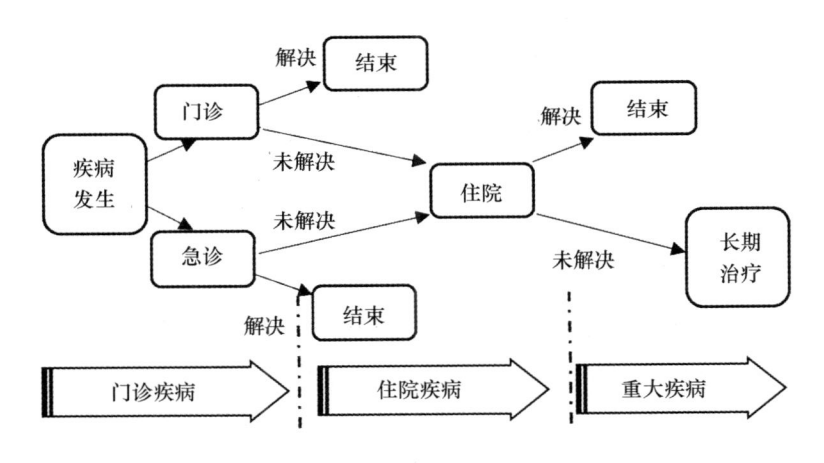

图 4—3 居民疾病风险情景树状图

根据以上分析，结合实际生活中居民的医疗过程，将因病致贫风险冲击因素分为三类：门诊医疗支出风险、住院医疗支出风险、重大疾病医疗支出风险。

A. 门诊医疗支出风险评估

门诊医疗支出的致贫作用可以从两个角度来考虑：一方面，从该支出的需求属性来看，日常医疗保健需求与吃饭穿衣类似，都是维持人们生理存在的基本需求，因此是人的最基本需求的一部分，由此发生的门诊医疗支出也是必要支出，具有很高的刚性。另一方面，从居民应对该项支出所能动员的资源来看，根据我国现有的医疗保险政策，门诊医疗费用一般是不予报销的。居民更不可能从政府救助、社会慈善等渠道获得门诊救助资金。因此，门诊医疗支出必须靠居民自己承担。这样一来，面临门诊医疗这种高刚性的支出，如果费用较高，同时该居民收入或储蓄水平较低，也有可能因此形成较高的贫困脆弱性。

门诊医疗支出数据可以参考我国卫生与计划生育年鉴中对我国居民门诊医疗费用的统计。该统计数据中有居民年均门诊次数以及次均门诊费用。根据经济学的风险理论，对风险损失的计算通常采用风险期望评估法，也就是用期望损失乘以事件发生的概率来计算。具体而言，居民的门诊医疗支出致贫风险冲击为：

$$OPE = APT \times et - I + E \qquad (4-2)$$

式中，OPE 为门诊医疗支出，I 为居民收入，E 为居民支出，APT 为各省居民门诊病人次均医药费用，et 为各省居民平均就诊次数。

B. 住院医疗支出风险评估

根据人的社会属性，会依据血缘或法定关系与其他人构成社会关系，一般情况下每个人都属于某个家庭或社区、村民组等，当他罹患疾病需要住院时，受影响的不仅是他自己，还会影响到关系密切的其他人。某人罹患疾病并需要住院时，意味着他暂时无法工作，甚至无法自理日常起居，这必然要求其密切关系人自己或者指派、购买服务来照顾病人就医。从经济学的角度看，这些都构成了影响患病者及关系密切者收入的机会成本。对于这种由疾病冲击造成的收入减少以及间接费用增加，与医疗费用一起构成了综合住院医疗损失。这个损失显然是导致住院居民陷入贫困的主要因素。与前文类似，住院综合损失也可以用期望损失来衡量，也就是住院疾病的风险冲击力评估模型，具体计算方法为：

$$EHL_t = hp_{t-1} \times AMC_{t-1} + AHD_{t-1} \times 1.5 DW_{t-1}, \ (AHD \equiv De) \qquad (4-3)$$

式子的意义是，居民 t 期的住院医疗损失可以通过估算当地居民住院医疗平均成本的期望值和因住院造成的本人及关系密切者的收入损失机会成本求得。式中，EHL 是住院医疗损失期望值，hp 为居民遭遇住院疾病的概率，可以用当地居民的平均住院率来衡量；AMC 为住院医疗平均成本，可以用当地医院的平均住院支出衡量；AHD 为平均住院日期，由于各地平均住院日期缺少数据，在此用住院医疗的全国平均日期来代替，因此有 AHD≡De，De 为住院医疗的全国平均天数。DW 为日工资水平，用当地居民的平均工资水平除以年工作日 250 天得到。t 为时期，用 t-1 期的数据来测算 t 期期望是常见的估计方法。需要说明的是患者及关系密切者的机会成本计算，虽然每个人所在企业或单位对生病员工有不同的规定，有的人会因生病而失业，有的人则会因生病享受一定水平的福利，在此我们取折中的情景，即假设患者只会损失住院日的全部日工资，失业等后续的影响暂不考虑。除此之外，住院病人一般都会有家人或其他关系密切的人员照顾，即便是鳏寡孤独者也会有公司或社区甚至是志愿者提供照料，因照料患者形成的人力损失按 0.5 计算，即假设他们每天抽出一半的时间用于照料患者还是比较符合实际的。这个 0.5 的系数加上患者自身全天损失的系数 1，就形成了收入损失估算系数 1.5。

C. 重大疾病医疗支出风险评估

重大疾病医疗的致贫风险脆弱性评估在角度上不同于前文的日常医疗和一般住院医疗风险性评估：前二者是从治疗手段的角度评估脆弱性，而重大疾病医疗的致贫脆弱性评估是从疾病类别的角度来评估的。之所以用分类的方式来评估重大疾病的致贫脆弱性，原因有三点：其一是任何一种重大疾病所造成的支出金额都是相当大的，其致贫风险冲击力也很强，因此单一疾病类别的致贫风险脆弱性评估是必要的。其二是统计数据中对于各类重大疾病发生率以及医疗费用的统计也是分类进行的。这样一来就有了分类评估的基础。其三是重大疾病之所以重大，如果某人同时遭遇多种类型重大疾病冲击很可能导致其寿命很短，现实中某一居民同时遭受全部种类重大疾病的情况很少见。通常是遭遇某一种重大疾病冲击就足以使居民家庭陷入困境。如果一定要评估居民同时遭受 9 种重大疾病冲击下的风险脆弱性，只要将 9 种类型重大疾病的脆弱性指数相加即可。相应地，评估 9 种重大疾病中的某几种疾病的累积脆弱性，只需要将这几种疾病的脆弱性指数相加即可。

相对于日常医疗、住院医疗的致贫脆弱性评估，重大疾病的致贫脆弱性评估更加烦琐和困难。这既体现在数据来源方面，也体现在数据处理及评估过程方面。某区域因当地生存条件、生活习惯以及经济水平等因素的共同作用，我们假设该区域的居民具有相同的概率遭遇某类重大疾病的冲击。换言之，对于居住于某区域的居民而言，他们遭受某类重大疾病冲击的风险与其他成员相同。

相对于日常门诊及住院疾病，重大疾病发生的概率更小，但是致贫冲击力肯定更大。如何衡量这种高冲击、小概率的风险呢？可以分两种极端状况：首先，考虑区域居民极少的情况，即如果该区域的居民只有一个人时，可以根据该人的生活环境、饮食起居习惯以及收入消费状况等来评估他罹患某类重大疾病的概率，或者不可能患某类重大疾病的概率。其次，另外一个极端是该区域居民人口很多，有几千万甚至上亿人，这时情况就发生了变化，各类重大疾病几乎都一定会发生，只是具体发生在哪些居民身上无法确定。在这两种极端情况中，显然第二种情况更符合省域人口的实际。从救助政策的角度来看，基于权利公平的角度来看谁患病并不重要，只要看医院的诊断证明就行了，重要的是域内居民有多大可能罹患重大疾病，需要多少救助资金和救助服务，这就要求对重大疾病的致贫脆弱性进行评估。

当区域人口很多时，重大疾病种类虽多，但几乎都一定会发生，对于社会救助政策而言，所有居民陷入困境时都有获得救助的同等权利。因此，救助政策关注的重点不是谁会遭遇哪类因病致贫冲击，而是应该关注有多少人可能会遭受因病致贫冲击，以及由此需要的救助资源是多少。基于此可以建立区域居民遭受重大疾病冲击的风险冲击力评估模型：

$$\text{ESDL}_t = \sum_{i=1}^{9} \text{PSD}_i^{t-1} \times \text{AC}_i + \sum_{i=1}^{9} W_{t-1} \times \text{AHD}_{t-1}, \ (\text{AHD} \equiv D_e) \quad (4\text{—}4)$$

以上模型的含义是居民面临的 9 类重大疾病的风险损失期望值之和。具体而言，等式左侧 ESDL 是重大疾病的综合期望损失；等式右侧第一项为 9 类重大疾病的上年发生率与各类疾病的平均医疗费用之积，它是对各类疾病给居民造成的期望损失的评估。PSD_i 是第 i 类重大疾病的发生概率，AC_i 是第 i 类疾病的治疗成本，W_t 为当地日工资，其计算方法与式4—3相同；AHD 是平均治疗天数；由于用上一年的疾病发生率、治理费用等数据预测本年风险损失，因此等式后各项时间标为 t−1。虽然不排除居民同时罹患多种疾病，或者各类疾病之间互为因果，然而实际上一位居民同时遭受9类重大疾病的冲击的情况还是很少，重大疾病之所以重大，是指它对身体造成的损害重大，当患者罹患其中一两种疾病时就很可能危及生命了，因此一般而言，单独评估9类疾病各自的风险冲击就够了。即便居民同时罹患多种疾病，医院也只能每个阶段针对其中一种疾病进行治疗。这样一来，实际评估中可以对9类疾病分别进行评估，实在要考虑多种重大疾病同时发生的情况，只需要将多种疾病风险系数相加即可。

（二）居民应对策略分解

除了对风险冲击力的度量，根据因病致贫脆弱性分析框架，还要对居民抵抗力进行评估。为此，要对居民应对疾病风险的手段和资源进行评估。结合因病致贫发生、发展的具体过程，梳理出各种风险情景下居民的不同应对策略，然后分别进行评估。因病致贫风险被划分为门诊医疗、住院疾病以及重大疾病三个层级，每个层级的风险致贫后果不同。一般而言，疾病冲击越强烈，居民就会采取尽量多的手段、动员尽量多的资源来应对，而较低的因病致贫冲击，居民只需要采用单一手段、动员少量资源就能处理好。

结合我国医疗保险、社会救助政策的实际情况，居民可以动员的医疗资源渠道有以下几种：家庭自身的收入或储蓄、医疗保险、政府救助、亲友拆借、民间借贷、社会慈善救助等。这些资源渠道的资金获取的难易程度不同，使用资金的成本也有很大差异。居民面对多个渠道如何做出选择？这可以依据经济学的理性人假设来分析。理性人假设就是经济学研究的基本假设，该假设包括两部分，一部分是经济人假设，另一部分是完全信息假设。所谓经济人假设就是认为居民是完全理性的经济人，总是追求自身利益最大化，同时居民完全了解各种渠道的成本与收益。

根据这个假设，在医疗行为中，居民的收益即医疗效果，这个变量是固定的，因为医疗效果是由医院、医生、医疗技术水平等综合医疗条件决定的，居民无法控制，因此可以认为医疗效果是既定的，是研究的外生变量。而医疗资源的动员是要靠居民去争取的，也是居民在一定程度上可以选择和控制的。我国居民有自身收入、储蓄、医保报销、政府救助补贴等多种医疗资源渠道及其组合，面临这些选择，居民根据追求自身利益最大化的假设，会尽量先选择自身之外的其他医疗费用来源渠道，只有在没有外部资源可供利用时，才会选择自己承担医疗费用。从而达到自己承担医疗费用最少的目的。完全信息假设的本来意思是指在市场经济中，参与交易的买者和卖者能够完全了解对方供给或需求的变化，从而及时调整自己的购买或出售策略，从而保证市场交易能够实现出清。在本书的医疗行为中，完全信息假设相对简单，在医院和患者关系中，将医院行为界定为外生变量，不加考虑。只假设作为患者的居民具有完全信息，具体而言是指居民具有充分的认知能力，因此能够理解医保、政府救助的所有申报条件和程序要求，并且有流畅的渠道获取和更新各类救助资源获取条件的信息。总之，居民会掌握关于医疗资源动员渠道的全部信息，因此不会出现错过医疗保险报销，或者不去申请政府医疗救助的情况。

基于居民理性的假设，他们总能盘算出自己承担医疗费用最少的支付方案。这显然也有利于减少他们陷入因病致贫的风险。具体分析如表4—2所示。

表4—2　　　　　　　　医疗资源获取渠道特点分析

医疗资源渠道	获取条件	获取难度	成本类型	使用成本	优选次序	可选次序
收入储蓄	无	小	机会成本	中	3	1
医疗保险	参保、申报	小	参保费用	低	1	2
政府救助	申请	中	了解政策	低	2	3
亲友拆借	人际关系	中	人情、利息	中	4	4
社会慈善	寻找、申请	高	名誉、自尊	低	5	5
民间借贷	申请	中	高额利息	高	6	6

根据表4—2的分析，居民会综合分析各资金渠道的使用成本和获取难度，决定渠道的选择次序。

结合风险情景分析，因病致贫风险分为门诊医疗、住院疾病以及重大疾病三个层级，相应地，居民应对三个层次风险的策略也有三种方案，分别是：

方案Ⅰ = a，日常保健和门诊医疗费用居民完全自己承担。

方案Ⅱ = a + b，住院医疗费用居民自费一部分，医疗保险报销一部分。

方案Ⅲ = a + b + c，重大疾病费用居民自费一部分，医疗保险报销一部分。由于总费用数额很高，居民无力承担自费部分陷入困境时，政府救助或慈善救助补充。

如表4—2最左侧列所示，一般情况下，居民选择资金渠道的次序是收入储蓄、医疗保险、政府救助、亲友拆借、社会慈善以及民间借贷。根据前文的理性人假设排序，可以建立居民应对因病致贫冲击的抵抗力资源计算模型：

$$Y_m = e_1 MS + e_2 IP + e_3 GH + e_4 RL + e_5 SM + e_6 FD + \varepsilon \quad (4—5)$$

六个资金来源渠道的性质、保障力度也有很大差异，前三项收入储蓄、医疗保险、政府救助是居民应对因病致贫的支柱型渠道，它们能够提供的医疗资金也是最多的。而次序靠后的亲友拆借、社会慈善、民间借贷则只能作为医疗资金的补充渠道，因为这些资金的获取难度、使用成本都是比较高的，并且也不是所有患者都能得到同等资助机会。因此，居民遭受疾病冲击后，如果医疗费用较少，通常最前面的一两个资金渠道就解决了问题，居民虽然遭受一定的损失，但一般不会陷入贫困境地。如果医疗费用较高，比如前三项资金渠道还无法满足医疗支出时，这个家庭就有很大的概率陷入贫困境地。这意味着，真正起到防范因病致贫形成的抵抗力因素主要来自前面的三项。后三项亲友拆借、慈善资助以及民间借贷有很高的随机性，会因患者的身份、地域、社会关系等呈现巨大的差异，更为关键的是，相关因素的变量缺乏有意义的数据支持，因此是难以量化的。加上这三个因素对于预防因病致贫形成的功能是补充性，有时甚至会促使贫困形成，比如民间借贷的高利息会加剧患者的经济负担，各筹资渠道的防贫功能见表4—3。

表4—3　　　　居民筹集医疗资源渠道及致贫功能

医疗资源渠道	来源主体	获取关系	使用成本	取得概率	防贫功能
收入储蓄	家庭成员	成员互助	中	高	弱
医疗保险	保险公司	商业合同	低	高	强
政府救助	当地政府	纳税—服务	低	高	强
亲友拆借	其他居民	人情+合同	中	中	弱
社会慈善	慈善组织	单方给予	低	低	中
民间借贷	金融公司	金融合同	高	中	弱

于是，上面的抵抗力指数模型可以简化为：

$$Y_{me} = e_1 MS + e_2 IP + e_3 GH \tag{4—6}$$

医疗保险、政府救助这两个医疗资金渠道的获取关系稳定、使用成本很低，并且获得的医疗资助金额也比较高，有很强的防贫困能力。居民的收入和储蓄虽然因为被医疗费直接扣除后导致防贫功能较弱，但是它是居民抵抗因病致贫冲击的基本资金，因此必须作为风险抵抗力的主要因素。而亲友拆借、民间借贷只是把资金压力向后延期了，未来还要承担利息负担，尤其是民间借贷利息很高，因此很可能成为加剧未来贫困的因素。社会慈善资助虽然使用成本较低，有较好的反贫困功能，但是从区域总体看，其资助的范围太小；从居民角度来看，获得资助的概率很低，因此其总体反贫困功能有限。这样一来，结合我国居民能够获取的医疗资金渠道的实际情况来看，真正能够发挥防范因病致贫功能的因素主要是指数模型中的前三项：居民收入储蓄、医疗保险、社会救助。

式（4—6）等号右侧 MS 为储蓄、IP 为医保、GH 为政府救助。MS 储蓄其实也包括收入，用储蓄来表示储蓄和收入的原因在于，首先，储蓄来源于收入，如果将收入和储蓄并列，二者间相关性太强。其次，疾病的发生往往是家庭无法预测的，因此无法提前缩减日常开支用于风险抵抗，而收入如果扣除了日常开销，就可以认为是储蓄的一部分。最后，一般家庭靠当期收入应对重大因病致贫的能力有限，靠长期累积的储蓄来应对因病致贫是通常做法。此外，指数模型中抵抗力的权重，可以用熵值法计算，并结合专家打分法进行调整，这样可以兼顾实践的先验判断，由此避免人为的主观性，在二者间取得一个均衡。

（三）居民因病致贫风险脆弱性综合指数评估模型

根据前文对风险脆弱性评估框架的综述，多种风险脆弱性分析的逻辑主线通常是围绕风险冲击因素和风险抵抗因素展开的。同样，对风险脆弱性评估也是通过对风险冲击力、风险抵抗力的量化评价再将二者综合起来度量研究对象的总体风险脆弱性。因病致贫问题的形成过程比一般的风险问题有更多的环节，为此，风险脆弱性评估指数模型结合了情景分析法，以实现对多种风险冲击可能的分析和评估。将前文分解的因病致贫风险冲击力计量与抵抗力计量结合起来，因病致贫风险综合脆弱性评估指数模型就可以构建如下：

$$V_{ui} = \frac{p+q}{N} \cdot \left[\frac{OPE_t + EHL + ESDL_c - e_1 MS + e_2 IP + e_3 GH}{e_1 MS + e_2 IP + e_3 GH} \right]^\alpha \quad (4-7)$$

$$\begin{cases} \dfrac{OPE_t}{e_1 MS} \mid MPL_t > 0, \ EHL_t = 0, \ ESDL_c = 0 \\[2mm] \dfrac{MPL_t + EHL_t}{e_1 MS + e_2 IP} \mid MPL_t > 0, \ EHL_t > 0, \ ESDL_c = 0 \quad (4-8) \\[2mm] \dfrac{MPL_t + EHL_t + ESDL_t}{e_1 MS + e_2 IP + e_3 GH} \mid MPL_t > 0, \ EHL_t > 0, \ ESDL_c > 0 \end{cases}$$

式4—8是对式4—1的具体体现，也是对式4—2至式4—7的综合。模型第一行是因病致贫风险脆弱性综合评估公式，它概括的是区域居民面临的总体因病致贫冲击力、抵抗力对比形成的综合脆弱性。以下各行是三种风险情境下相应的风险冲击、抵抗策略组合。综合脆弱性评估模型变量取值不同，所对应的结果不同。其中的 p、q 和 N 的含义是对风险发生人口的度量，经过分解，这些值的具体含义是不同风险条件下该层次的疾病发生率，可以用居民就诊人次数来度量，已经计入各层级疾病风险的期望损失评估里，具体见前文风险分解部分。

第 五 章

各省市居民因病致贫脆弱性评估

第一节 数据来源

根据脆弱性指数评估模型，因病致贫脆弱性评估所需数据包括风险冲击力因素、抵抗力因素、强度系数等。围绕因病致贫脆弱性的定义，贫困依然是问题的落脚点，因此数据采集都尽量是用货币衡量的指标，比如，对各类疾病情景的区分不是按照医学上的疾病类型，而是按照医疗手段区分为门诊疾病、住院疾病等，这样就便于应用相关统计数据，也符合贫困评估的要求。本书选择的数据为截面数据，之所以这样选择有几个理由：首先，指数评估决定了应用截面数据更合理。风险脆弱性评估是对一时一地风险状况的度量，具有时效性的风险度量才有意义。因病致贫脆弱性评估将疾病视为所有居民都会面临的风险，可以认为是风险脆弱性评估的一种，因此选择截面数据更合理。其次，结合现实来看，居民面临的疾病风险、应对风险的筹资能力可能每年都会有变化，因此根据当年数据评估居民的因病致贫脆弱性才能更好地体现时效性，更具政策参考价值。最后，对脆弱性评估结果分析时，截面数据便于横向比较，可以对比分析同一时间不同群体间的因病致贫脆弱性差异。比如当前我国城乡二元社会结构下的差异、不同区域经济发展水平导致的差异等。这些差异往往是政策制定实施的前提。

根据数据获取条件，本书应用的数据来源于2016年《中国统计年鉴》、《中国卫生和计划生育统计年鉴》、国家统计局季报、月报数据，国家民政部网站数据，还包括国家卫生与健康委员会季报、月报数据，国家生态环境部数据中心数据,以及部分省市统计年鉴数据。具体数据的性质、定义及其描述性统计如表5—1所示。

表5—1　　　　　　　　因病致贫脆弱性指数构成因素

性质	定义	因素	Mean	Std. Dev.	Max	Min	Skewness
强度系数	因病致贫风险因素	人均医疗保健支出(元)	1071.39	397.1360	2223.9	197.60	0.2566
		门诊病人次均医药费(元)	225.55	54.6913	440.9	123.00	1.9241
		住院病人人均医药费(元)	8534.45	3211.197	20149.2	5387.70	2.2129
		9类重大住院医药费用	11629.80	4645.505	21287.6	7538.20	1.0947
	贫困抵抗力因素*	居民当年储蓄	6056.20	3006.681	15083.61	2201.36	1.7121
		医保资助=人均筹资×使用率	1764.99	913.8598	4623.82	916.79	1.8988
		人均民政医疗救助(元)	1290.68	749.6274	3217.272	241.28	0.7352
范围系数		居民门急诊平均就诊次数	9.79e+07	7.70e+07	3.54e+08	5486127	1.5008
		年均住院率(%)	14.79	2.9899	21.7	8.90	0.2566
		第i类重大疾病发生率(‰)	61.37	113.489	357.1	1.30	2.2714
		省市人口(万)	4422.19	2817.232	10849	324.00	0.6175
其他	机会成本核算	日工资(元)	183.26	44.3492	338.97	145.54	2.3170
		平均住院日(天)	10.00	10.00	10.00	10.00	—

注:*储蓄、医保的城乡差异很大,表中以城市为例,实际计算时分城乡各自计算。

第二节　数据处理

各项脆弱性指标都是根据脆弱性的含义来选择的,因此脆弱性评估对原始数据的分布并没有特殊的要求,不要求数据必须服从高斯分布。

事实上，很多社会科学的贫困脆弱性评估过程甚至不要求对数据进行标准化的缩小和映射，比如解垩[1]应用 CHNS 微观数据的贫困脆弱性评估，何平、高杰、张锐[2]应用统计年鉴的宏观数据进行的家庭脆弱性评估；自然科学的风险脆弱性评估也是如此，比如王岩、方创琳[3]应用中观数据对城市脆弱性的评估，李鹤、张平宇[4]对脆弱性评估方法的解读。可见脆弱性指数评估并不要求指数局限于某个区间，比如［0，1］，而是可以是任意值，只要数据的实际意义符合脆弱性分析框架的意义，各数据的量纲统一即可。可以说脆弱性指数评估对数据的要求并不苛刻。

就本书所采用的数据而言，基于因病致贫脆弱性作为贫困问题的性质，所采集的风险冲击力、抵抗力强度指标和机会成本指标都是以货币单位度量的，已经统一了量纲，具备了进行脆弱性评估的基本条件。由于数据来源的多样性，所需数据的统计口径并不一致，单位也是多种多样的，这些都需要结合评估方法的需要进行单位转换，使各种来源的数据能够统一口径、统一单位应用于评估中。比如收入储蓄的换算、医保资金的筹集及赔付，以及它们的人均水平的计算等，需要将不同来源的资料对比分析，才能找到合适的数据，然后进行换算处理。总之，数据选择、梳理、比对、换算等处理工作花费了大量的时间和精力，最终整理出脆弱性模型所需的数据。

所采集的数据（表5—1）根据脆弱性评估模型划分为三类，分别是计量风险强度因素的数据、计量风险范围的数据以及其他数据。比如风险强度部分的数据，参考经济学中风险损失的期望评估法，采集了《中国卫生和计划生育统计年鉴》中各省市医疗机构门诊、住院等各层次医

---

[1] 解垩：《代际间向上流动的私人转移支付与贫困脆弱性》，《经济管理》2015 年第 3 期。

[2] 何平、高杰、张锐：《家庭欲望、脆弱性与收入—消费关系研究》，《经济研究》2010 年第 10 期。

[3] 王岩、方创琳：《大庆市城市脆弱性综合评价与动态演变研究》，《地理科学》2014 年第 5 期。

[4] 李鹤、张平宇：《全球变化背景下脆弱性研究进展与应用展望》，《地理科学进展》2011 年第 7 期。

疗费用数据，结合《中国统计年鉴》中各省市居民收入、支出等经济数据，还要参考国家卫生与健康委员会季报、月报数据中披露的居民就诊次数或概率数据，将以上数据综合起来才能备齐居民风险强度评估所需数据。而居民应对能力的评估除了要参考以上两个年鉴的数据以外，还要参考人力资源及社会保障部网站公布的医疗保险数据，同时查阅民政部、年鉴中的医疗保险数据，以及民政部网站公布的各省市医疗救助支出数据、救助概率数据。经济角度的因病致贫脆弱性评估中还要考虑表中其他项中的机会成本核算，这些数据主要来自《中国统计年鉴》中各省市平均工资水平数据，《中国卫生和计划生育统计年鉴》中居民住院日数据等。

　　数据处理过程首先是将不同统计数据中的基本计量单位进行统一。比如货币计量单位在不同的统计数据来源中，有以亿元为单位计量的、有以万元为单位计量的、还有以元为单位计量的，在计算过程中统一为万元。关于人口的原始数据也是有以万人为单位、有以人次统计的数据，对此也要先统一为万人。

　　除了统一计量单位这些基本处理，还有一些数据需要进行归并、分类处理才能应用。比如重大疾病评估中对疾病类型的划分，由于疾病种类非常多，想对患病情况做一个总体评估需要对种类繁多的疾病进行归纳和整理。根据现有的统计资料，国家卫生服务调查提供了2013年30种疾病的15岁以上居民患病率，《中国卫生和计划生育统计年鉴》提供了中国2015年30种疾病平均住院医药费用统计。根据疾病风险损失的评估方法，损失期望的计算需要疾病发生率和疾病的医疗费用。但是前述两个数据来源的疾病分类并不完全一致，因此要对它们进行归纳。依据医学上对人体功能八种系统的划分，结合两种数据来源中疾病类型的统计数据，本书将我国居民的重大疾病类型归纳为：肿瘤疾病、内分泌代谢和营养疾病、血液和造血器官疾病、循环系统疾病、呼吸系统疾病、消化系统疾病、泌尿生殖系统疾病、骨骼结缔组织疾病、损伤类疾病九大类型。这样一来两种来源的数据分类就实现了标准统一，可以进行进一步的计算和评估，具体见表5—2。

表 5—2　　　　　　　　疾病类型归纳合并及发生率

九类重大疾病	疾病发生率、费用额共有的疾病类别	发生率（‰）	疾病占比（%）
肿瘤疾病	胃恶性肿瘤、肺恶性肿瘤、食管恶性肿瘤、子宫肌瘤、良性肿瘤	4	0.71
内分泌代谢和营养疾病	甲状腺功能亢进、结节性甲状腺肿、糖尿病	74.2	6.75
血液和造血器官疾病	再生障碍性贫血、急性白血病	2.1	0.29
循环系统疾病	急性心肌梗死、充血性心力衰竭、慢性肺源性心脏病、脑出血、脑梗死、冠状动脉搭桥、心脏病、高血压、脑血管病	357.1	81.87
呼吸系统疾病	浸润性肺结核、细菌性肺炎、急性上呼吸道感染、肺炎、老慢支	22.8	1.85
消化系统疾病	急性上消化道出血、急性阑尾炎、急性胆囊炎、腹股沟疝、病毒性肝炎、急性胃炎、肝硬化、胆囊疾病	43.2	3.62
泌尿生殖系统疾病	原发性肾病综合征、前列腺增生	10.3	1.05
骨骼结缔组织疾病	腰椎间盘突出症、类风湿关节炎	37.3	3.56
损伤类疾病	颅内损伤	1.3	0.17

数据来源：根据《2016 中国卫生和计划生育统计年鉴》、国家卫生服务调查 2013 年数据整理。

少数疾病只有发生率数据没有医疗费用数据，或者只有医疗费用数据没有发生率数据，无法用表 5—2 中九大类型概括，就只好舍弃，这些疾病包括精神类疾病、眼及附属器疾病、耳和乳突疾病、皮肤及皮下组织疾病、围生期疾病以及先天异常等。虽然有所遗漏，但是本书归纳的九种类型疾病已经包含了大多数疾病类型，应该能反映冲击居民的大部分疾病风险类型。

此外，在居民就医机会成本核算时，除了医疗费用以外，还要考虑患者自己及照料者的误工损失。这就需要考虑当地的人均工资水平，并将其折算到日工资以便更精确地核算机会成本水平。对工作日天数得核算是用全年天数减去我国法定节假日总天数得到，本书核算的工作日天数是 251 天；再用当地总工资水平除以工作日天数得到人均日工资水平。需要说明的是机会成本损失仅在城市居民的疾病风险损失中计算，农村居民的没有核算，原因是农村生产方式决定了居民的时间安排相对自主，可以在最大可能上减少机会成本损失，而城市居民的工资收入则与时间有紧密的联系，通常难以通过简单的时间调节来减少损失。住院疾病的平均时间长度是参考《2016 中国卫生和计划生育统计年鉴》中的居民平均住院时间，即 10 天为机会成本核算时的参考值。

第三节 各省市居民因病致贫脆弱性指数评估结果

一 各省市城乡居民因病致贫脆弱性指数评估结果

将相关数据经过单位统一、归并分类以及必要的初步核算处理以后，就可以代入综合模型 4—8 进行居民因病致贫脆弱性评估了。当然，由于居民所面临的疾病风险的复杂性，具体的评估过程要结合前文风险情景分析的不同疾病风险场景，并在具体计算时适用脆弱性评估模型中相应的分解公式。具体而言，就是区分居民在日常医疗情景、住院疾病情景、重大疾病情景三个层次的因病致贫风险场景，将相关数据代入对应的脆弱性评估模型 4—2、4—3、4—4，并结合模型 4—5 进行脆弱性评估。

由于多项数据都是分城乡分别统计的，因此评估出的脆弱性指数也是分城市、农村两类。这也恰好体现了我国城乡居民在收入消费、生活条件和环境等方面的差异。最终计算出的我国城乡居民各类疾病致贫脆弱性指数值如表 5—3 所示：

表 5—3　　各省市城乡居民各类疾病致贫脆弱性指数

	日常医疗		住院疾病		重疾1 肿瘤		重疾2 循环	
	城镇	农村	城镇	农村	城镇	农村	城镇	农村
总计	-0.87	-0.40	-0.02	2.14	0.71	5.25	1.13	7.08
北京	-0.73	-0.07	0.22	2.39	0.04	1.77	0.28	2.58
天津	-0.72	-0.40	0.83	1.62	0.95	1.83	1.41	2.66
河北	-0.86	-0.41	-0.06	2.00	0.79	5.58	1.25	7.50
山西	-0.92	-0.61	-0.07	2.32	0.67	5.80	1.09	7.79
内蒙古	-0.90	5.28	0.06	12.78	0.87	26.88	1.33	35.02
辽宁	-0.89	-0.66	0.00	1.38	0.71	3.55	1.15	4.88
吉林	-0.87	-0.64	0.35	1.86	1.37	4.60	1.98	6.23
黑龙江	-0.90	-0.73	0.23	1.65	1.19	4.26	1.75	5.80
上海	-0.79	-0.52	0.01	0.74	0.03	0.78	0.26	1.30
江苏	-0.87	-0.52	-0.08	1.59	0.36	3.24	0.70	4.48
浙江	-0.86	-0.57	-0.19	0.91	0.16	1.97	0.45	2.84
安徽	-0.91	-0.53	-0.13	2.01	0.76	6.29	1.21	8.43
福建	-0.88	-0.37	-0.06	2.62	0.65	6.29	1.07	8.42
江西	-0.90	-0.63	-0.14	1.26	0.75	4.34	1.19	5.90
山东	-0.88	-0.66	-0.12	0.85	0.51	2.55	0.89	3.59
河南	-0.89	-0.68	-0.05	1.02	0.94	3.85	1.44	5.26
湖北	-0.86	-0.37	0.00	2.19	0.85	5.71	1.32	7.67
湖南	-0.90	-0.26	-0.11	2.96	0.79	8.36	1.25	11.09
广东	-0.83	-0.31	0.28	2.59	0.92	4.93	1.39	6.66
广西	-0.91	-0.52	-0.18	2.15	0.64	6.25	1.06	8.37
海南	-0.86	-0.58	0.22	1.89	1.04	4.36	1.56	5.93
重庆	-0.83	-0.18	0.21	2.60	1.28	6.94	1.85	9.26
四川	-0.83	0.21	0.08	4.00	1.14	10.61	1.68	14.00
贵州	-0.89	0.15	-0.11	3.85	1.15	13.85	1.69	18.18
云南	-0.90	-0.39	-0.22	2.18	0.80	7.96	1.27	10.57
西藏	-0.94	-0.80	-0.26	0.78	0.68	4.31	1.10	5.87
陕西	-0.88	0.24	-0.04	4.24	0.99	12.08	1.49	15.90
甘肃	-0.87	6.69	-0.01	9.32	1.40	30.21	2.01	39.33
青海	-0.87	2.11	0.39	40.69	1.48	82.93	2.10	106.87
宁夏	-0.89	-0.01	0.43	5.64	1.66	13.51	2.33	17.74
新疆	-0.87	-0.47	-0.04	1.84	1.05	6.41	1.57	8.57

需要说明的是，评估出的各省市城市和农村居民日常医疗、住院医疗以及重大疾病的致贫脆弱性指数，这些指数的含义是省域总体意义上的平均水平，而非省内居民都具有相同的因病致贫脆弱性水平。这意味着以上评估结果仅表明各省在平均水平上居民的总体脆弱性水平，并不是该省单个居民的脆弱性水平。准确地说是该省平均疾病风险冲击情况下、平均收入储蓄以及平均医疗保障及医疗条件下，该省居民具有的总体因病致贫水平。一省指数小于零并不意味着该省所有居民都不脆弱，而只是在平均水平上总体不脆弱。反之，一省某情景下指数值大于零也不是说该省所有居民都脆弱，而是指在平均水平上该省居民总体是脆弱的。

本书评估出的全部的各省市居民因病致贫脆弱性评估指数结果包括：（日常医疗+住院医疗+九种重大疾病）×2（城市+农村）=22个指标的评估值。但是受篇幅所限，结合重大疾病指数的具体情况，只列出（日常医疗+住院疾病+肿瘤疾病+循环系统疾病）×2（城市+农村）=8个指标的评估值。原因在于九种重大疾病的脆弱性指标虽然病种不同，但是反映的风险性质是相通的，因此，只选择其中的两种重大疾病的脆弱性指数为例在表5—3中列出，这并不影响对问题的讨论。当然，在后文的统计描述、差异分析、相关分析中，都是包括了九种重大疾病脆弱性指数在内（31个省份+全国平均）×（日常医疗+住院医疗+九种重大疾病）×2（城市+农村）=704个因病致贫脆弱性指数全部数据的。

二　各省市城乡居民因病致贫脆弱性指数的描述统计

为了更清晰地揭示这些数据的特点，需要对其进行描述性统计分析。分析使用的软件是Stata15，由于使用的版本仅支持英文变量名，因此要将22个各类疾病脆弱性指标中文名称转化为英文代号，如表5—4所示。后文的统计描述以及此后的差异分析、相关分析结果中也使用这些英文代号，其实际意义均与此表中的中文指标一致。

表5—4　　　　　　　　　疾病类型及统计分析对应简称

疾病类型	城市居民九类重大疾病简称	农村居民九类重大疾病简称
肿瘤疾病	vctu	vrtu
内分泌代谢和营养疾病	vcfm	vrfm
血液和造血器官疾病	vcblo	vrblo
循环系统疾病	vccs	vrcs
呼吸系统疾病	vchx	vrhx
消化系统疾病	vcxh	vrxh
泌尿生殖系统疾病	vcmn	vrmn
骨骼结缔组织疾病	vcgg	vrgg
损伤类疾病	vcss	vrss
日常医疗	vc1	vr1
住院医疗	vc2	vr2

我国城市和农村居民各类疾病致贫风险脆弱性指数的描述性统计结果如表5—5所示。表中结果包括了城市居民、农村居民各11个指标，共22个指标的脆弱性指数值的均值、标准差、最大值、最小值、偏度系数、峰度系数等。由表5—5可见，从反映各指标总体水平的均值 vc1<0、vchx<0，说明总体来看，在平均水平上，日常医疗、呼吸系统疾病导致的各省市城市居民脆弱性水平最低。而 vrcs=12.68，为最大值，表明循环系统疾病对农村居民的致贫脆弱性水平最高。二者也有一致性，即总体而言，无论城市还是农村，风险情景A的居民脆弱性指数低于风险情景B，而风险情景C中有些疾病的脆弱性指数值最高。这表明，部分重大疾病造成的城乡居民贫困脆弱性水平最高，住院疾病次之，日常医疗导致的脆弱性水平最低。这一结果与前文第四章第一节中脆弱性分层的推理相一致。从标准差来看，各省市城市居民脆弱性指数的标准差在0.048—0.486，说明全国31个省市的各项因病致贫脆弱性指数值的分布离散程度较小，具有较为统一的特征；而农村居民各项指标值的标准差则在1.644—19.095，说明31个省市的农村居民因病致贫脆弱性指数值的分布离散程度很高，会有少数省份的脆弱性指数值出现异常高的现象。但总体而言，无论是城市还是农村，住院疾病脆弱性指数值的标准差高于

表 5—5　　居民各类因病致贫风险脆弱性指数的描述性统计结果

	Variables	Mean	Std. Dev.	Min	Max	Skew.	Kurt.
情景 A：日常风险	vc1	-0.866	0.048	-0.938	-0.716	1.68	5.971
	vr1	0.074	1.644	-0.804	6.687	3.194	12.16
情景 B：住院风险	vc2	0.044	0.231	-0.259	0.83	1.46	5.387
	vr2	3.939	7.144	0.737	40.687	4.51	23.407
情景 B：重大疾病风险	vctu	0.854	0.384	0.027	1.664	-0.215	3.071
	vrtu	9.602	14.85	0.779	82.933	4.044	20.004
	vcfm	0.077	0.216	-0.362	0.558	-0.054	2.982
	vrfm	4.47	7.775	-0.087	43.036	4.09	20.352
	vcblo	0.515	0.31	-0.143	1.182	-0.167	3.039
	vrblo	7.362	11.763	0.401	65.525	4.057	20.104
	vccs	1.32	0.486	0.26	2.328	-0.258	3.102
	vrcs	12.68	19.095	1.298	106.866	4.032	19.919
	vchx	-0.012	0.196	-0.406	0.432	-0.018	2.969
	vrhx	3.885	6.968	-0.186	38.488	4.101	20.436
	vcxh	0.011	0.201	-0.395	0.464	-0.028	2.973
	vrxh	4.035	7.175	-0.161	39.655	4.098	20.412
	vcmn	0.175	0.237	-0.313	0.698	-0.087	2.997
	vrmn	5.12	8.671	0.022	48.09	4.08	20.276
	vcgg	0.116	0.224	-0.342	0.614	-0.068	2.988
	vrgg	4.731	8.135	-0.043	45.071	4.086	20.319
	vcss	0.404	0.287	-0.342	0.614	-0.068	2.988
	vrss	6.634	10.759	0.278	59.863	4.063	20.149

日常医疗的标准差，部分重大疾病指数值的标准差最高，同样呈现出从风险情景 A 到风险情景 B，到风险情景 C 的部分病种，其离散程度逐渐扩大的特点。这说明疾病程度越严重，医疗方式越复杂，所导致的脆弱性指数值的离散程度越高。此外从偏度系数来看，总体上城市和农村各项脆弱性指数值的偏度系数都不等于 0，表明都是有偏分布，但城市指数的偏度系数小于农村，表明城市指数的偏离程度小于农村；风险情景 A 和情景 B，城市指数的偏度系数均大于零，表明是右偏，也就是多数城市

的指数落在中点左侧，即大多数省份城市的指数值偏小；农村居民的偏度系数也大于零，并且大于城市系数，表明有更多省份的脆弱性指数偏小。但风险情景 C 情况下，所有的城市指数偏度系数都小于零，表明是左偏，这意味着更多省份的指数值偏大。而此时的农村偏度系数则大于零，表明依然是右偏，这样就显示出了与城市系数的不同。最后，结合峰度系数来看，风险情景 A 到风险情景 B，城市指数的峰度系数减小，农村上升，表明城市指数值略有分散，农村指数值更加集中；风险情景 C 中，各类疾病的城市指数值峰度系数明显小于农村，表明农村指数高度集中，但是，如果同时结合偏度系数来看，农村指数的高度集中并非在均值附近，而是明显右偏。相对而言，城市指数的峰度系数接近 3，结合绝对值都小于零的偏度系数来看，其指数的分布更加接近正态。

总之，通过对城市、农村居民各种风险情景下的脆弱性指数值的描述性统计分析，可以看出，在平均水平上我国各省市居民的因病致贫脆弱性指数分布最显著的特征是城乡差异。这一特点值得进一步分析，以便形成更具有政策参考价值的结果。

三　不同因病致贫情景下的居民脆弱性等级

由表 5—5 中数据可见，各省市城乡居民在不同疾病风险情景下的脆弱性指数分布在 [-0.91，106.87] 的区间，指数值跨度很大。这说明在平均水平上，不同省域、不同群体（城乡居民）、不同疾病情景下，因病致贫脆弱性指数呈现出很大差异。为了方便分析和对比，有必要划分出不同的脆弱性级别。级别划分一方面要参考脆弱性指数模型的现实意义，另一方面要结合多数脆弱性指数值的大小特征。在脆弱性评估中，常见的级别划分方法有三级划分、五级划分和七级划分，即三级划分为低、中、高，五级划分为低、较低、中等、较高、高，七级划分为极低、低、较低、中等、较高、高、极高。由于本书评估出来的脆弱性指数值跨度很大，本来用七级划分更合适，但是考虑到居民在不同脆弱性等级层次下采取的应对措施是有限的，当脆弱性等级较高时，居民已经陷入困境，更高的等级划分也就没有太大意义。因此考虑五级划分方法：即将脆弱性指数值小于 0 认定为低脆弱，0—1 为较低脆弱，1—3 为中等脆弱，3—5 为较高脆弱，5 以上为高度脆弱，具体如表 5—6 所示。

表 5—6　　　　　　　　　脆弱性水平划分标准

脆弱性指数	Vx < 0	0 < Vx < 1	1 < Vx < 3	3 < Vx < 5	Vx > 5
脆弱等级	低脆弱	较低脆弱	中等脆弱	较高脆弱	高度脆弱
简写方式	低	较低	中	较高	高

此处对于脆弱性级别的定义也做出说明。因为在自然灾害类的风险评估中，一般认为在任何情况下风险总是无法完全消除的，因此不能说完全不脆弱，脆弱性总是存在的。而本书所讨论的因病致贫的脆弱性则是指疾病引发支出导致居民无法承担，从而陷入贫困的问题。基于统计数据评估的结果反映的是该省市居民的平均脆弱性水平，这其实是假设居民恰好处于该省的平均收入水平，此时如果医疗支出很低时，它当然不会导致居民陷入贫困。这一点与自然灾害的发生导致的后果不同。另外，之所以选择 0、1、3、5 作为区分不脆弱、低脆弱、中脆弱、高脆弱、极脆弱五个等级的界限，本书是从以下方面考虑的。首先，根据国内外贫困线标准的计算方式，一般都是以居民当期收入为标准的，很少考虑居民储蓄及其他资源，因此本书同时参考当年储蓄收入评估因病致贫脆弱性是更全面地考虑了居民的应对能力。其次，就我国的实践而言，居民遭受较为严重的疾病风险冲击时，居民能够动员的通常不止自己的当年储蓄，还会得到家庭其他成员的互助，根据我国平均家庭户规模 3.1 人/户[①]的情况，可以理解为居民能够获得家庭互助的资金极限是家庭全部成员的当年收入，因此才有了取 3 为中高脆弱的分界值。最后，当疾病风险冲击足够强烈时，假设患者不但得到家庭成员的互助，还动用了家庭储蓄，这样一来就可以将风险指数再调高一倍，即取 6 为极高脆弱性分界值；但是考虑到居民收入递增的特点，上年储蓄应该少于当年收入，再加上家庭抚养比（2015 年 37%）以及家庭刚性需求支出的冲抵，应该调低分界值，因此将家庭的医疗资金极限动员能力设定为 5 比较合适。按照上述

[①] 《2016 中国统计年鉴》，中国统计出版社 2016 年版，第 2—10 页。

的五级标准，分别界定不同风险情景下我国城乡居民的风险脆弱性等级，可以得到我国城乡居民脆弱性等级，如表5—7所示。

表5—7 各省市城乡居民脆弱性水平等级

	情景A：日常医疗		情景B：住院疾病		情景C：1 肿瘤		情景C：2 循环	
	城镇	农村	城镇	农村	城镇	农村	城镇	农村
总计	低	低	低	中	低	极	中	极
北京	低	低	较低	中	较低	中	较低	中
天津	低	低	较低	中	较低	中	中	中
河北	低	低	低	中	较低	高	中	高
山西	低	低	低	中	较低	高	中	高
内蒙古	低	高	较低	高	较低	高	中	高
辽宁	低	低	较低	中	较低	较高	中	较高
吉林	低	低	较低	中	中	较高	中	高
黑龙江	低	低	较低	中	中	较高	中	高
上海	低	低	较低	较低	较低	较低	较低	中
江苏	低	低	低	中	较低	较低	较低	较高
浙江	低	低	低	中	较低	中	较低	中
安徽	低	低	低	中	较低	高	中	高
福建	低	低	低	中	较低	高	中	高
江西	低	低	低	中	较低	较高	中	高
山东	低	低	低	较低	较低	中	较低	较高
河南	低	低	低	中	较低	较高	中	高
湖北	低	低	低	中	较低	高	中	高
湖南	低	低	低	中	较低	高	中	高
广东	低	低	较低	中	较低	较高	中	高
广西	低	低	低	中	较低	高	中	高
海南	低	低	较低	中	中	较高	中	高
重庆	低	低	较低	中	中	高	中	高
四川	低	较低	较低	较高	中	高	中	高
贵州	低	较低	低	较高	中	高	中	高
云南	低	低	低	中	较低	高	中	高

续表

	情景A：日常医疗		情景B：住院疾病		情景C：1 肿瘤		情景C：2 循环	
	城镇	农村	城镇	农村	城镇	农村	城镇	农村
西藏	低	低	低	较低	较低	较高	中	高
陕西	低	较低	低	较高	较低	高	中	高
甘肃	低	高	低	较高	中	高	中	高
青海	低	高	较低	高	中	高	中	高
宁夏	低	低	较低	高	中	高	中	高
新疆	低	低	低	较	中	高	中	高

对居民的风险脆弱性进行分层以后，可以更加直观地看出不同风险情景下城乡居民的因病致贫脆弱性水平。由表5—7可见，情景A到情景B，城乡居民的风险脆弱性等级在上升，而情景C中的肿瘤疾病、循环系统疾病导致的脆弱性等级水平更高。此外还可以看出，城市居民A、B、C情景下的脆弱性层级与农村居民的相应脆弱性层级也有明显差异，这印证了前文的描述性统计结果，即城乡差异是各省市居民因病致贫脆弱性指数值的突出特点。

第 六 章

各省市居民因病致贫脆弱性的城乡差异

根据上一章的评估结果容易看出,在平均水平上三类疾病风险情景下各省市居民因病致贫脆弱性指数分布呈现出明显的城乡差异。这可以从各省市城乡居民脆弱性水平等级表(表5—7)直观地看出,也可以通过居民各类因病致贫风险脆弱性指数的描述性统计结果(表5—5)中看出。具体而言,各省市脆弱性指数的城乡差异可以分两种:其一是水平差异。这一点已经在前文的描述性统计结果的均值、最大值、最小值的分析中得到体现。总体而言是农村脆弱性水平较高,城市脆弱性水平低。其二是分布差异。具体体现是城市指数分布的离散程度较小,农村指数分布的离散程度更高;城市指数分布更加接近正态,农村指数分布呈明显偏态。这一点也在前文的描述统计结果中的标准差、偏度系数、峰度系数分析中进行了论述。总之,各省市居民因病致贫脆弱性指标的城乡差异特点如此鲜明,值得深入分析,进一步揭示城乡差异的具体内容,挖掘其政策参考价值。

2016年国务院出台了《国务院关于整合城乡居民基本医疗保险制度的意见》,提出了"均衡城乡保障待遇,逐步统一保障范围和支付标准,为参保人员提供公平的基本医疗保障"的目标,明确了城乡基本医疗保障的统一范围是"城乡居民医保制度覆盖范围包括现有城镇居民医保和新农合所有应参保(合)人员,即覆盖除职工基本医疗保险应参保人员以外的其他所有城乡居民"。这一文件指明了我国基本医疗保险未来发展的方向必然是走向城乡统一。但是,城乡统一并不是一蹴而就的,毕竟,城乡之间的差异是客观存在的事实。要实现真正的城乡统一,就需要首先对城乡差异的现状有清晰的认识,唯有认清现实,才能以现实为基础考虑可行的统一方案，唯有尊重现实，才能使统一方案切实可行，为全面实现城乡居民的基本医疗保险统一奠定坚实的基础。

结合我国的政策实践，从医保起付条件到政府救助，都是要求满足一定条件的，比如医保赔付的条件通常以住院医疗为前提，而居民的门诊支出得到的补偿非常有限。这个条件其实对应了本书的不同风险情景，也可以说我国的医疗救助也是分风险情景进行的。在要求实现城乡医保统一的大背景下，结合不同医疗情景分步骤推进统一或许是更可行的方案。厘清不同风险情景下居民因病致贫脆弱性指数的城乡差异，可以为分步推进医保的城乡统一提供具体的参考依据。

第一节 日常医疗脆弱性指数的城乡差异

根据前文的风险情景及居民应对策略分析，日常医疗的致贫风险脆弱性包括任何只进行了门诊或急诊医疗的疾病，以及居民自助的医疗保健开支。按照现有医疗保险及政府救助政策，这部分日常医疗支出不能获得医保赔付及政府救助的，只能由居民自己承担。因此日常医疗支出需求也可能导致一些家庭陷入困境。将评估结果中城乡居民的日常医疗致贫脆弱性指数值单列出来，能够更清楚地对比二者之间的差异，具体见表6—1。表中 V_{C1} 为城市居民日常医疗支出的致贫脆弱性指数，V_{R1} 为

表6—1　　　　　各省市日常医疗的致贫脆弱性指数

省 份	V_{C1}	V_{R1}	省 份	V_{C1}	V_{R1}	省 份	V_{C1}	V_{R1}
全 国	-0.8664	-0.4044	浙 江	-0.8567	-0.5702	重 庆	-0.8294	-0.1837
北 京	-0.7272	-0.0700	安 徽	-0.9098	-0.5260	四 川	-0.8261	0.2085
天 津	-0.7162	-0.4030	福 建	-0.8817	-0.3700	贵 州	-0.8883	0.1539
河 北	-0.8607	-0.4117	江 西	-0.9005	-0.6336	云 南	-0.9005	-0.3871
山 西	-0.9214	-0.6128	山 东	-0.8774	-0.6574	西 藏	-0.9381	-0.8039
内蒙古	-0.9002	5.2840	河 南	-0.8856	-0.6751	陕 西	-0.8773	0.2381
辽 宁	-0.8852	-0.6551	湖 北	-0.8560	-0.3748	甘 肃	-0.8705	6.6867
吉 林	-0.8681	-0.6407	湖 南	-0.8971	-0.2621	青 海	-0.8685	—
黑龙江	-0.8970	-0.7314	广 东	-0.8273	-0.3052	宁 夏	-0.8874	-0.0076
上 海	-0.7895	-0.5220	广 西	-0.9099	-0.5173	新 疆	-0.8670	-0.4716
江 苏	-0.8680	-0.5224	海 南	-0.8610	-0.5846			

注：V_{C1}、V_{R1} 分别为城市、农村居民日常医疗保健支出的致贫脆弱性指数。

农村居民日常医疗支出的致贫脆弱性指数。根据脆弱性评估模型的意义，V_1 值越大，风险脆弱性水平越高。结合表中数据总体来看，城市居民的日常医疗风险致贫脆弱性指数要远低于农村居民。

首先，从分省数据来看，31 个省市城市居民的指数均值为 -0.8664，农村居民的指数均值为 -0.4044，农村居民指数均值明显大于城市居民指数均值，这就体现出了明显的城乡差异。以上差异似乎表明农村居民的日常医疗致贫风险脆弱性要高于城市居民，但是，结合脆弱性指数值的现实意义来理解，脆弱性指数值小于零意味着不脆弱，这样一来，即便农村居民日常医疗脆弱性指数值远大于城市居民，但是其值还是小于零，表明农村居民也不存在脆弱性。至此可以认为，在全国平均水平上，由于城市和农村的致贫风险脆弱性指数都小于零，意味着城乡居民总体而言并不会因为门诊医疗陷入贫困。这也与全国平均水平①的指数（城市 -0.8664，农村 -0.4044）相符。当然，这是就全国平均水平的角度而言是如此，并不意味着单个居民不会因日常医疗陷入贫困。

其次，结合描述性统计结果（表 6—2），农村居民指数的标准差远大于城市指数的标准差，这说明农村居民的脆弱性指数分布的离散程度更高。进一步结合偏态系数、峰度系数来看，城市指数的偏态系数为负值，呈左偏态；农村指数的偏态系数为正值，呈右偏态。再对比二者偏态系数绝对值的差异，农村指数的偏态系数绝对值更大，说明右偏更严重，在均值右侧有长尾。这表明，虽然总体数据显示农村居民在日常医疗风险情景下并不脆弱，但是右侧长尾的存在说明有些省市脆弱性指数值偏高，这些省市的情况值得详细分析。结合表 6—1 的指数值，内蒙古、四川、贵州、陕西、甘肃 5 个省区的农村指数值大于零，表明该 5 省区的农村居民在平均水平以下，日常医疗也有一定的致贫风险。其中又以甘肃、内蒙古两省区农村指数值分别高达 6.6867 和 5.2840，表明这两个省区农村居民在平均状态以下，即便是日常医疗支出也可能使部分居民陷入无

---

① 全国平均水平的脆弱性指数与描述性统计的全国 31 省份脆弱性指数均值不同，前者是根据各情景下疾病冲击、居民应对资源的全国平均水平评估出的脆弱性指数，后者是 31 个省市脆弱性指数的平均值，是对评估出的指数值的描述性统计结果。后文中两个概念的区别与此相同。

力支付的困境。

内蒙古、甘肃两省区农村指数异常的高,有必要深入挖掘两省区异常值的形成原因。通过回溯两省区用于评估日常医疗风险的相关数据,发现在风险冲击因素、范围系数等方面两省区的数并无异常,但是在风险抵抗力资金方面,两省区农村居民的平均可动员资金水平明显偏低,比如,甘肃省农村居民储蓄平均值为106.42元,内蒙古自治区农村储蓄平均值为138.50元,远低于其他省份,也明显低于全国的平均值2264.31元。由此可见,正是内蒙古、甘肃两省区农村居民的平均储蓄水平过低,导致了这两省区农村居民的日常医疗致贫脆弱性指数异常偏高,这意味着在省域平均水平上两省区农村居民面临着较高的日常医疗致贫风险。

表6—2　　各省市日常医疗的致贫脆弱性指数描述性统计结果

Variable	Obs	Mean	Std. Dev.	Min	Max	Skewness
V_{C1}	32	-0.866	0.048	-0.938	-0.716	1.679845
V_{R1}	32	-0.058	1.645	-2.109	6.687	3.295767

城乡居民的脆弱性指数描述性统计结果也显示,城市居民的日常医疗脆弱性在全国范围内都是低脆弱水平,而农村居民的日常医疗脆弱性大部分省份是低脆弱水平,但是西北部省份则具有较高脆弱、高脆弱等级上,应该是医疗救助政策重点关注的区域。

第二节　住院医疗致贫脆弱性的城乡差异

住院医疗的致贫脆弱性包括任何经历了住院医疗过程的疾病。按照实际生活中医疗过程的顺序,一般是先经过门诊或急诊医疗才能转为住院医疗。更多的医疗服务环节意味着居民需要支付更高昂的医疗费用。虽然说根据前文的风险情景及居民应对策略分析,居民在住院医疗风险情景下多了医疗保险的应对渠道,但是医疗保险都是非完全赔付,即保险不可能赔付全部住院医疗费用,居民必然要承担一部分住院费用,再加上保险完全不赔付的门诊环节医疗费，因此综合来看，住院医疗的支出金额应该更高，其致贫风险冲击力也更大。将评估结果中城乡居民的住院医疗致贫脆弱性指数值单列出来，能够更清楚地对比二者之间的差异，具体见表6—3。V_{C2}为城市居民住院医疗支出的致贫脆弱性指数，V_{R2}为农村居民住院医疗支出的致贫脆弱性指数。根据表6—3中的评估结果，总体而言住院医疗的脆弱性指数的城乡差异明显，从全国平均水平的脆弱性指数来看，城市居民指数为－0.0199的负值，可以认为无因病致贫风险；但是农村居民的全国平均水平脆弱性指数为2.1372，具有中度脆弱性。再结合描述性统计结果（表6—4）来看，城市指数平均值为0.044，接近于0，脆弱性水平非常低；而农村指数的描述性统计结果显示，其指数的均值为3.939，按照脆弱性级别等级区分标准达到较高脆弱性的水平。至此，无论是对住院医疗脆弱性指数的直观观察，还是结合描述性统计结果，都表明城乡居民住院风险脆弱性存在明显差异，城市居民住院医疗脆弱性水平很低，而农村居民的住院医疗脆弱性水平相当高。

表6—3　　各省市住院医疗支出的致贫风险脆弱性指数

省份	V_{C2}	V_{R2}	省份	V_{C2}	V_{R2}	省份	V_{C2}	V_{R2}
全国	－0.0199	2.1372	浙江	－0.1902	0.9067	重庆	0.2066	2.6048
北京	0.2206	2.3921	安徽	－0.1263	2.0150	四川	0.0821	3.9968
天津	0.8299	1.6192	福建	－0.0630	2.6184	贵州	－0.1088	3.8549
河北	－0.0643	2.0027	江西	－0.1384	1.2561	云南	－0.2195	2.1804
山西	－0.0679	2.3208	山东	－0.1194	0.8534	西藏	－0.2593	0.7764
内蒙古	0.0605	12.7838	河南	－0.0543	1.0219	陕西	－0.0423	4.2425
辽宁	0.0021	1.3764	湖北	－0.0010	2.1863	甘肃	－0.0133	9.3191
吉林	0.3515	1.8553	湖南	－0.1110	2.9650	青海	0.3852	40.6865
黑龙江	0.2262	1.6468	广东	0.2802	2.5903	宁夏	0.4324	5.6394
上海	0.0080	0.7366	广西	－0.1796	2.1480	新疆	－0.0360	1.8402
江苏	－0.0841	1.5921	海南	0.2165	1.8924			

注：V_{C2}、V_{R2}分别为城市、农村居民日常医疗保健支出的致贫脆弱性指数。

城乡差异也体现在 31 个省市的脆弱性指数上。城市居民住院疾病的致贫风险脆弱性结果中，有 18 个省市的指标为负值，表明在平均水平上，面临住院疾病风险的冲击，这些省市的城市居民总体脆弱性水平极低，其现实意义是收入在全省平均水平以及高于平均水平的居民基本不会陷入贫困。当然这并不意味着该省所有城市居民都不贫困。其他 13 个省市的城市居民的脆弱性指数在 0—1，表明在总体水平上这些省市的居民具有贫困脆弱性。然而农村居民全国平均及 31 个省市的住院医疗脆弱性指数均大于 0，具有中等因病致贫脆弱性水平。具体而言，只有上海、江苏、山东、西藏 4 省市的指标数位于 0—1，具有低脆弱性；剩余的 27 个省市的指数都大于 1，具有中等脆弱性。

结合描述性统计结果（表 6—4），农村指数的标准差、最大最小值跨度都远大于城市，表明农村居民的脆弱性指数离散程度更高。从偏度系数来看，农村为 4.51，城市为 1.46，表明二者都呈正偏态分布，但农村指数的左偏程度更高，在右侧有长尾。观察表 6—3 中各省市指数值可以发现，青海、内蒙古、甘肃、宁夏 4 省区指标都在 5.00 以上，陕西、四川、贵州 3 省的指数在 3.00 以上；这些都印证了偏态系数右侧长尾的存在。

表 6—4　　各省市住院医疗支出脆弱性指数描述性统计结果

Variables	Obs	Mean	Std. Dev.	Min	Max	Skew.	Kurt.
V_{C2}	32	0.044	0.231	−0.259	0.83	1.46	5.387
V_{R2}	32	3.939	7.144	0.737	40.687	4.51	23.407

值得注意的是城市脆弱性指数中北京、天津、广东、上海 4 省市指数也为正值，回溯观察这些省市的数据发现，4 省市的住院医疗费用和日均工资水平都高于其他省份，是导致其城市居民脆弱性指数偏高的主要原因。相对而言，其他 18 个省份不算太高的医疗费用及日工资反而使它们的脆弱性指数较低。结合地理分布来看，东北、华北及西部个别省份为较低脆弱。对比之下，农村居民住院医疗脆弱性指数值表明大部分省份处于中等脆弱水平，西北部省份则处于较高脆弱、高脆弱等级上。脆

弱性水平最低的反而是新疆、山东，通过回溯相关数据特征发现，西藏自治区较高的农村居民储蓄以及较低的住院医疗支出是其脆弱指数偏小的主要原因。这或许与两省区农村居民储蓄、就医习惯有关，也可能与当地医疗保险、救助政策等因素有关，值得进一步研究。

第三节 九类重大疾病脆弱性的城乡差异

前文评估结果表格限于篇幅，对于九类重大疾病只列出了肿瘤疾病、循环系统疾病的脆弱性指数，但是也可以从中一窥两种重大疾病指数的城乡差异。为了更详细分析九类重大疾病脆弱性指数的城乡差异具体状况，下面对全部九类重大疾病的脆弱性指数逐一进行分析。

一 肿瘤疾病致贫脆弱性的城乡差异

根据前文的重大疾病归类标准，肿瘤疾病包括胃恶性肿瘤、肺恶性肿瘤、食管恶性肿瘤、子宫肌瘤、良性肿瘤等。将肿瘤疾病的脆弱性指数单列出来，我国总体平均及31城市、农村的脆弱性结果见表6—5。表中V_{C31}为城市居民肿瘤疾病的致贫脆弱性指数，V_{R31}为农村居民肿瘤疾病的致贫脆弱性指数。从指数可以看出，全国总体的平均数据表现出了显著的城乡差异，城市指数0.7065，农村指数5.2513，二者相差悬殊。说明农村居民因肿瘤疾病陷入困境的风险脆弱性是城市居民的7倍以上。观察各省市数据，城市居民的脆弱性指数均为正值，说明城市居民的确可能因肿瘤疾病的医疗支出陷入贫困。总体而言，多数省市的脆弱性指数值在1—2，按照前文的脆弱性等级划分方法，属于中等风险水平。而农村居民的脆弱性指数要明显高于城市居民，脆弱指数最高的青海达到了82.933，这虽然是个异常值，但指数值在10以上的省区有7个之多，这说明部分省区的农村居民在肿瘤疾病方面具有很高的脆弱性。结合表6—6描述性统计结果也表现出了同样的差异，城市指数均值为0.854，属低脆弱水平；农村均值为9.602，属极脆弱水平。两方面的数据都表明：肿瘤疾病方面农村居民的脆弱性水平远高于城市居民，存在巨大的城乡差异。

表 6—5　　　　　各省市肿瘤疾病致贫风险脆弱性指数

省份	V_{C31}	V_{R31}	省份	V_{C31}	V_{R31}	省份	V_{C31}	V_{R31}
全国	0.7065	5.2513	浙江	0.1613	1.9697	重庆	1.2756	6.9379
北京	0.0429	1.7736	安徽	0.7640	6.2949	四川	1.1365	10.609
天津	0.9482	1.8296	福建	0.6542	6.2935	贵州	1.1487	13.845
河北	0.7878	5.5810	江西	0.7468	4.3435	云南	0.8035	7.9576
山西	0.6665	5.8002	山东	0.5059	2.5549	西藏	0.6844	4.3145
内蒙古	0.8678	26.875	河南	0.9417	3.8457	陕西	0.9866	12.078
辽宁	0.7117	3.5498	湖北	0.8454	5.7103	甘肃	1.3985	30.211
吉林	1.3695	4.5955	湖南	0.7948	8.3586	青海	1.4779	82.933
黑龙江	1.1854	4.2629	广东	0.9197	4.9257	宁夏	1.6644	13.505
上海	0.0269	0.7787	广西	0.6393	6.2490	新疆	1.0528	6.4053
江苏	0.3644	3.2450	海南	1.0365	4.3615			

注：V_{C31}、V_{R31} 分别为城市、农村居民肿瘤医疗支出的致贫脆弱性指数。

就指数分布来看，城市居民指数的标准差为 0.384，农村居民指数标准差为 14.85，城市最小最大值波动范围在 0.027—1.664，农村波动范围在 0.779—82.933，这些都表明农村指数的离散程度远高于城市。再结合偏态系数和峰度系数来看，城市偏态系数为 -0.215，轻微右偏，接近对称分布；而农村的偏态系数为 4.044，显著左偏，表明右侧有长尾；具体观察表 6—5 中数据，内蒙古、四川、贵州、陕西、甘肃、青海、宁夏等省区的指数值分布在 10.609—82.933，其值非常高，其中内蒙古为 26.875、甘肃为 30.211、青海为 82.933，是脆弱性指数值最大的三个省区，这印证了农村指数的偏态系数偏大的结果。

表 6—6　　　　　肿瘤疾病风险脆弱性指数描述性统计结果

Variables	Obs	Mean	Std. Dev.	Min	Max	Skew.	Kurt.
V_{C31}	32	0.854	0.384	0.027	1.664	-0.215	3.071
V_{R31}	32	9.602	14.85	0.779	82.933	4.044	20.004

总之，以上分析表明在肿瘤疾病的脆弱性上，城市居民的脆弱性分

布均匀，而农村居民脆弱性分布离散；尤其是农村居民脆弱性指数呈左偏态分布，部分省区脆弱性指数非常高，存在显著的区域差异。

二 内分泌代谢和营养疾病脆弱性的城乡差异

根据前文的重大疾病归类标准，内分泌代谢和营养疾病包括甲状腺功能亢进、结节性甲状腺肿以及糖尿病。基于脆弱性分解模型，根据内分泌疾病发生率及医疗费用等相关数据，评估出我国居民总体平均及31省市居民的指数值。将城市、农村居民内分泌代谢和营养疾病致贫脆弱性指数单独列出如表6—7所示。V_{C32}为城市居民内分泌代谢和营养疾病的致贫脆弱性指数，V_{R32}为农村居民内分泌代谢和营养疾病的致贫脆弱性指数。由表6—7中指数值可见，全国平均水平上的脆弱性指数城市为-0.0035，表明城市居民只要其收入储蓄达到平均水平，基本不会因为内分泌代谢和营养疾病陷入困境；当然，收入低于平均水平的居民依然有因病致贫风险。农村指数值为2.2072，表明总体而言农村居民具有中等水平的风险。参考表6—8的描述性统计结果，各省市脆弱指数的均值城市居民为0.065，农村居民为3.225，与全国平均值的结果类似，都表明总体而言，城市居民仅具有轻微脆弱性，而农村居民具有中等脆弱性，城乡差异较为明显。

表6—7　内分泌代谢和营养疾病医疗的致贫风险脆弱性指数

省份	V_{C32}	V_{R32}	省份	V_{C32}	V_{R32}	省份	V_{C32}	V_{R32}
全国	-0.0035	2.2072	浙江	-0.3168	0.5236	重庆	0.3220	3.0726
北京	-0.3452	0.4230	安徽	0.0251	2.7427	四川	0.2351	4.9561
天津	0.1732	0.4517	福建	-0.0389	2.7420	贵州	0.2388	6.6167
河北	0.0247	2.3764	江西	0.0008	1.7415	云南	0.0311	3.5957
山西	-0.0324	2.4888	山东	-0.1303	0.8238	西藏	-0.0059	1.7266
内蒙古	0.0901	13.302	河南	0.1094	1.4861	陕西	0.1504	5.7098
辽宁	-0.0116	1.3343	湖北	0.0606	2.4427	甘肃	0.3715	15.012
吉林	0.3573	1.8708	湖南	0.0295	3.8015	青海	0.4460	43.036
黑龙江	0.2458	1.7001	广东	0.1296	2.0402	宁夏	0.5581	6.4419
上海	-0.3618	-0.0874	广西	-0.0656	2.7191	新疆	0.1928	2.7993
江苏	-0.1965	1.1779	海南	0.1695	1.7507			

注：V_{C32}、V_{R32}分别为城市、农村居民内分泌代谢和营养疾病医疗的致贫脆弱性指数。

就描述性统计结果中的标准差而言，城市居民内分泌代谢和营养疾病指数的标准差为 0.208，农村居民的标准差为 3.358，城市居民指数分布更集中，农村居民指数分布更为离散。结合偏态系数、峰度系数来看，城市居民指数的偏态系数为 -0.077，呈负偏态，农村居民指数的偏态系数为 2.325，呈正偏态，但是农村居民指数的偏移程度远高于城市居民（见表 6—8），表明部分省区农村居民风险脆弱水平偏高。具体观察表 6—7 中城乡居民的指数值，甘肃、青海、内蒙古三省区脆弱性指数值高达 15.012、43.036、13.302，远高于均值 3.225 的水平，这解释了农村指数的偏态系数正偏有右侧长尾的现象。

表 6—8　内分泌代谢和营养疾病脆弱性指数描述性统计结果

Variables	Obs	Mean	Std. Dev.	Min	Max	Skew.	Kurt.
Vcnfm	31	0.065	0.208	-0.362	0.558	-0.077	3.17
Vrnfm	31	3.225	3.358	-0.087	15.013	2.325	8.203

总体而言，我国城乡居民的内分泌代谢和营养疾病的致贫脆弱性指数值仅与住院医疗的脆弱性相当，相对于其他类型的重大疾病而言，比如肿瘤疾病，其致贫风险并不高。可以认为这类疾病的致贫风险经过住院医疗就可以得到化解。尽管如此，内分泌代谢和营养疾病脆弱性指数的城乡差异依然明显，有少数省区的农村居民指数很高。

三　血液和造血器官疾病脆弱性的城乡差异

根据前文的重大疾病归类标准，血液和造血器官疾病主要包括再生障碍性贫血、急性白血病等疾病，这类疾病发生率只占总体重大疾病的 0.29%，虽然占比很低，但是这类疾病的治疗难度较高，因此居民的该病种风险脆弱性水平也不低。将评估结果中血液和造血器官疾病的城乡脆弱性指数单独列出如表 6—9 所示。V_{C33} 为城市居民血液和造血器官疾病的致贫脆弱性指数，V_{R33} 为农村居民血液和造血器官疾病的致贫脆弱性指数。由表 6—9 中数据可知，全国总体平均水平的评估结果为：城市居民脆弱性指数为 0.3967，具有低脆弱性；农村指数为 3.9231，具有高脆弱性。结合表6—10描述性统计结果来看，城市指数均值为0.515，农村指数均值为3.267，所表现的特点与全国总体平均一致。以上都表明：整体而言农村居民脆弱性高，城市居民脆弱性低，城乡差异明显。

表6—9　　　　　　血液和造血器官疾病医疗致贫脆弱性指数

省份	V_{C33}	V_{R33}	省份	V_{C33}	V_{R33}	省份	V_{C33}	V_{R33}
全国	0.3967	3.9231	浙江	-0.0473	1.3387	重庆	0.8595	5.2514
北京	-0.1265	1.1843	安徽	0.4416	4.7450	四川	0.7432	8.1426
天津	0.6100	1.2284	福建	0.3518	4.7439	贵州	0.7517	10.692
河北	0.4548	4.1828	江西	0.4213	3.2082	云南	0.4665	6.0544
山西	0.3616	4.3553	山东	0.2283	1.7996	西藏	0.3832	3.1853
内蒙古	0.5285	20.9532	河南	0.5786	2.8162	陕西	0.6217	9.2994
辽宁	0.3961	2.5831	湖北	0.5030	4.2846	甘肃	0.9504	23.579
吉林	0.9279	3.4067	湖南	0.4609	6.3702	青海	1.0276	65.525
黑龙江	0.7754	3.1447	广东	0.5750	3.6667	宁夏	1.1817	10.423
上海	-0.1427	0.4008	广西	0.3317	4.7088	新疆	0.6775	4.8319
江苏	0.1197	2.3430	海南	0.6582	3.2224			

注：V_{C33}、V_{R33}分别为城市、农村居民血液和造血器官疾病医疗的致贫脆弱性指数。

表6—10　　　　血液和造血器官疾病脆弱性指数描述性统计结果

Variables	Obs	Mean	Std. Dev.	Min	Max	Skew.	Kurt.
vcblo	32	0.515	0.31	-0.143	1.182	-0.167	3.039
vrblo	32	3.267	13.539	0.4008	65.52	-4.101	22.469

根据表6—10描述性统计结果，城市居民指数的标准差为0.31，农村为13.539，说明农村指数的离散程度明显大于城市。结合表6—9中城市指数多数在1以下，最小最大值所跨区间城市在-0.1427和1.1817之间；农村多数在3以上，农村最大最小值在0.4008—65.525，也说明了这一点。从偏态系数来看，血液和造血器官疾病的脆弱性指数呈现出右偏状态，无论是城市还是农村都是如此，其偏态系数都小于零，呈现右偏状态，只是城市指数绝对值小于1，较为接近对称分布，而农村指数绝

对值大于4,呈现较高的右侧偏离形态,说明指数分布左侧有长尾,其实际意义是多数省份的指数集中在较高的脆弱性水平上,少数省份指数较低。这种分布特征又与前述两类重大疾病有区别,在救助政策制定和实施时值得注意加以区别。

由表6—10,总体而言城市居民的血液和造血器官疾病致贫脆弱性指数一般处于低风险状态,但农村居民的指数多数处在高风险甚至是极高风险水平上,这说明血液和造血器官疾病是威胁农村居民,使其陷入贫困的重要风险因素,相对于城市而言救助制度应该重点防范和化解农村的血液和造血器官疾病风险。

四 循环系统疾病致贫脆弱性的城乡差异

根据前文的重大疾病归类标准,本书界定的循环系统疾病包括急性心肌梗死、充血性心力衰竭、慢性肺源性心脏病、脑出血、脑梗死、冠状动脉搭桥、心脏病、高血压、脑血管病等,此类疾病发生率在所有重大疾病中占81.87%,是占比最高的疾病类型,也是对我国居民威胁最大、影响面最广的疾病类型。将城乡居民循环系统疾病脆弱性指数评估结果单独列出如表6—11所示。

表6—11　　　循环系统疾病医疗的致贫风险脆弱性指数

省份	V_{C34}	V_{R34}	省份	V_{C34}	V_{R34}	省份	V_{C34}	V_{R34}
全国	1.1324	7.0772	浙江	0.4480	2.8371	重庆	1.8476	9.2566
北京	0.2756	2.5837	安徽	1.2073	8.4258	四川	1.6771	14.000
天津	1.4131	2.6562	福建	1.0700	8.4239	贵州	1.6945	18.182
河北	1.2456	7.5033	江西	1.1942	5.9043	云南	1.2668	10.5741
山西	1.0858	7.7865	山东	0.8875	3.5933	西藏	1.0984	5.8668
内蒙古	1.3343	35.018	河南	1.4410	5.2612	陕西	1.4882	15.8982
辽宁	1.1455	4.8788	湖北	1.3161	7.6704	甘肃	2.0146	39.327
吉林	1.9767	6.2300	湖南	1.2540	11.092	青海	2.0969	106.86
黑龙江	1.7490	5.8001	广东	1.3937	6.6566	宁夏	2.3281	17.741
上海	0.2601	1.2983	广西	1.0621	8.3664	新疆	1.5686	8.5683
江苏	0.7009	4.4849	海南	1.5565	5.9276			

注:V_{C34}、V_{R34}分别为城市、农村居民循环系统疾病医疗的致贫脆弱性指数。

V_{C34} 为城市居民循环系统疾病致贫脆弱性指数，V_{R34} 为农村居民循环系统疾病致贫脆弱性指数。由表 6—11 可见，就全国总体水平而言，城市居民的脆弱性指数为 1.1324，属中等脆弱水平。各省市的具体指数值在 0—3，处于低脆弱到中等脆弱的水平，当然以中等脆弱居多。说明一旦患上循环系统疾病，城市居民有一定的风险陷入贫困，而农村居民的脆弱性指数为 7.0772，属极度脆弱水平。具体到各个省份，脆弱性指数值在 2—106.87，所属脆弱等级跨中等脆弱、高度脆弱、极度脆弱三个等级，并且多数（25 个省份）脆弱性指数值都在大于 5 的高度脆弱等级上。由此可见，农村居民因循环系统疾病导致的贫困脆弱性远高于城市居民。尤其是部分省份的农村居民脆弱性指数高达几十甚至上百，比如内蒙古为 35.018，甘肃为 39.327，青海为 106.86，湖南、四川、云南、贵州、陕西、宁夏等省区的指数也在 10.57—17.74，也是相当高，说明这些省区的农村居民是因循环系统疾病致贫的高度脆弱群体。表 6—12 的描述性统计结果也指向了类似的结果：城市居民的指数平均值为 1.32，农村居民的指数平均值高达 12.68，说明农村居民面临循环系统疾病的风险冲击极为脆弱。综合来看，我国城市、农村居民都有较高的循环系统疾病致贫脆弱性，但是城乡之间的差异也很明显，尤其是农村居民脆弱性水平极高，值得注意。

结合标准差及最大最小值来看，农村指数的离散值为 19.095，城市离散值为 0.486，呈现出农村居民指数高度离散，城市居民指数相对平衡。从偏态系数来看，城市指数呈右偏态，农村指数呈左偏态，且城市偏离程度很小，接近对称，而农村指数左偏程度较高，说明多数省份的农村指数集中在相对较小的区间，但有少数省份指数值很大，在右侧有长尾。这一点可以从青海、内蒙古、宁夏、湖南、四川、贵州、云南、陕西、甘肃等 9 个省区高达 10 以上的脆弱指数可以看出来。

表 6—12　　　　循环系统疾病脆弱性指数描述性统计结果

Variables	Obs	Mean	Std. Dev.	Min	Max	Skew.	Kurt.
vccs	32	1.32	0.486	0.26	2.328	−0.258	3.102
vrcs	32	12.68	19.095	1.298	106.866	4.032	19.919

总之，循环系统疾病高达 81.87% 的重大疾病发生率占比，可以认定此类疾病是导致我国城乡居民因病致贫的主要疾病类型。面临循环系统疾病的冲击，城市居民大多数省份都具有中等以上的脆弱性；而农村居民更为脆弱，大多数省份脆弱性都在高或极高的水平上。因此在公共卫生政策，以及医疗救助政策制定方面，都应该对循环系统疾病强化预防和救助力度。

五　呼吸系统疾病致贫脆弱性的城乡差异

根据前文的重大疾病归类标准，呼吸系统疾病包括浸润性肺结核、细菌性肺炎、急性上呼吸道感染、肺炎、老慢支等疾病，发生率占重大疾病的 1.85%。结合此类疾病的医疗费用数据及疾病发生率，评估出我国居民平均水平及各省市此类疾病的致贫脆弱性指数如表 6—13 所示。

表 6—13　　　　呼吸系统疾病医疗的致贫风险脆弱性指数

省 份	V_{C35}	V_{R35}	省 份	V_{C35}	V_{R35}	省 份	V_{C35}	V_{R35}
全国	-0.0845	1.8602	浙江	-0.3713	0.3588	重庆	0.2133	2.6320
北京	-0.3894	0.2690	安徽	-0.0592	2.3378	四川	0.1324	4.3118
天津	0.0848	0.2947	福建	-0.1179	2.3371	贵州	0.1351	5.7927
河北	-0.0623	2.0111	江西	-0.0842	1.4449	云南	-0.0569	3.0985
山西	-0.1121	2.1114	山东	-0.2028	0.6265	西藏	-0.0845	1.4316
内蒙古	0.0015	11.754	河南	0.0145	1.2172	陕西	0.0551	4.9839
辽宁	-0.0940	1.0818	湖北	-0.0288	2.0703	甘肃	0.2544	13.281
吉林	0.2419	1.5602	湖南	-0.0578	3.2820	青海	0.3284	38.488
黑龙江	0.1387	1.4080	广东	0.0395	1.7113	宁夏	0.4320	5.6368
上海	-0.4061	-0.1861	广西	-0.1459	2.3168	新疆	0.0948	2.3883
江苏	-0.2605	0.9423	海南	0.0707	1.4531			

注：V_{C35}、V_{R35} 分别为城市、农村居民呼吸系统疾病医疗的致贫脆弱性指数。

V_{C35} 为城市居民呼吸系统疾病致贫脆弱性指数，V_{R35} 为农村居民呼吸系统疾病致贫脆弱性指数。观察表6—13中数据，就全国平均水平来看，城市居民的脆弱性指数为负值，表明城市居民的平均脆弱性水平很低；农村居民指数为1.8602，具有中等脆弱水平；从表6—14的描述性统计结果来看，城市指数的均值为-0.012，农村指数均值为1.479，全国均值的评估指数与指数的全国均值给出的结果一致。以上城乡指数对比说明农村居民的脆弱性高于城市，城乡差异较为明显。

就指数的分布差异来看，城市居民指数的标准差为0.196，最小最大值跨区间为-0.406—0.432，脆弱水平没有或很低，脆弱性指数分布离差很小；然而，农村指数的标准差为7.866，最小最大值区间为-0.1861—13.281，脆弱性水平很高，指数分布的离散程度也很高。结合偏态系数及峰值系数来看，城市和农村偏态系数都小于0，指数分布都呈右偏态，只是城市偏态系数非常接近0，分布左右对称；而农村偏态系数为-4.101，呈现显著的右偏态；此外农村指数的峰值也很高，是城市的8倍左右，说明农村指数的分布呈现左侧长尾，右侧有高峰的曲线特征，说明多数省份的农村居民的平均脆弱性指数较高，少数省份农村指数偏低。通过具体观察可见，北京、天津、上海、浙江、山东、江苏6省市的指数都小于1，其中北京、天津、上海、浙江4省市的指数甚至小于0.5，解释了左侧长尾的存在。

表6—14　　　　呼吸系统疾病脆弱性指数描述性统计结果

Variables	Obs	Mean	Std. Dev.	Min	Max	Skew.	Kurt.
V_{C35}	32	-0.012	0.196	-0.406	0.432	-0.018	2.969
V_{R35}	32	1.479	7.866	-0.1861	13.281	-4.101	22.469

总之，呼吸系统疾病致贫脆弱性指数在总体上依然呈现了明显的城乡差异，但是无论城乡，总体脆弱性水平并不太高。但是有一点值得注意，那就是农村居民的指数呈现右偏状态，表明大多数省市的农村居民呼吸系统疾病致贫脆弱性指数是偏高的，左侧长尾表明少数省份指数很低，这与前面几种疾病类型不同。这种不同疾病类型间的区域性差异值得进一步探讨。

六 消化系统疾病致贫脆弱性的城乡差异

根据前文的重大疾病归类标准，消化系统疾病包括急性上消化道出血、急性阑尾炎、急性胆囊炎、腹股沟疝、病毒性肝炎、急性胃炎、肝硬化、胆囊疾病等，占我国重大疾病的 3.62%，是较为常见的疾病类型。将评估结果中城乡居民消化系统疾病脆弱性指数单独列出如表 6—15 所示。

表 6—15　消化系统疾病医疗的致贫风险脆弱性指数

省份	V_{C36}	V_{R36}	省份	V_{C36}	V_{R36}	省份	V_{C36}	V_{R36}
全国	-0.064	1.9493	浙江	-0.3573	0.4011	重庆	0.2412	2.7450
北京	-0.378	0.3085	安徽	-0.0375	2.4417	四川	0.1587	4.4771
天津	0.1075	0.3350	福建	-0.0976	2.4410	贵州	0.1617	6.0041
河北	-0.040	2.1049	江西	-0.0624	1.5210	云南	-0.034	3.2261
山西	-0.092	2.2083	山东	-0.1842	0.6772	西藏	-0.064	1.5073
内蒙古	0.0242	12.151	河南	0.0389	1.2862	陕西	0.0795	5.1701
辽宁	-0.073	1.1466	湖北	-0.0059	2.1659	甘肃	0.2845	13.725
吉林	0.2715	1.6399	湖南	-0.0354	3.4153	青海	0.3585	39.655
黑龙江	0.1662	1.4830	广东	0.0626	1.7957	宁夏	0.4644	5.8434
上海	-0.394	-0.1608	广西	-0.1253	2.4200	新疆	0.1199	2.4937
江苏	-0.244	1.0027	海南	0.0960	1.5295			

注：V_{C36}、V_{R36} 分别为城市、农村居民消化系统疾病医疗的致贫脆弱性指数。

V_{C36} 为城市居民消化系统疾病致贫脆弱性指数，V_{R36} 为农村居民消化系统疾病致贫脆弱性指数。全国平均水平的评估结果中城市居民的脆弱性指数为负值，并不脆弱，农村居民的指数 1.9493，为中等脆弱。结合表 6—16 中 31 省市的描述性统计结果来看，各省市城市居民指数的均值为 0.011，接近 0，脆弱性水平很低；而农村居民指数的均值为 4.035，脆弱水平相当高。农村各省市指数均值的结果与全国均值的指数有差异，这表明应该是有少数省份脆弱性极高，从而使各省市指数均值大于全国均值的指数。这个差异一方面反映了农村指数的省域差异，另一方面也表明农村居民的脆弱性水平还是远高于城市居民，城乡差异相当明显。

从 31 个省市指数的分布来看，依然呈现出农村指数的离散程度远高于城市的状态，如表 6—16 所示：农村标准差为 7.175，城市标准差为 0.201；农村峰值系数为 20.412，城市为 2.973。从分布形态来看，城市为 -0.028，城市指数分布接近正态。而农村指数的偏态系数为 4.098，农村指数呈左偏分布，有右侧长尾，说明大多数省份农村指数并不太高，但少数省份的指数很高；观察表 6—15 中各省指数的具体值，青海、甘肃、内蒙古 3 省区的脆弱性指数分别为 39.655、13.725、12.151，远高于 4.035 的全国均值，解释了以上指数的合理性。

表 6—16　　　　消化系统疾病脆弱性指数描述性统计结果

Variables	Obs	Mean	Std. Dev.	Min	Max	Skew.	Kurt.
vcxh	32	0.011	0.201	-0.395	0.464	-0.028	2.973
vrxh	32	4.035	7.175	-0.161	39.655	4.098	20.412

总之，城市居民消化系统疾病脆弱性整体处于低风险状态，但农村居民的指标多数处于高风险甚至是极高风险水平，城乡差异明显。指数分布方面，城市居民的指数分布接近正态；农村居民的指数分布则严重左偏，少数西部省份农村居民的脆弱性水平很高。

七　泌尿生殖系统疾病脆弱性的城乡差异

根据前文的重大疾病归类标准，泌尿生殖系统疾病包括原发性肾病综合征、前列腺增生等疾病。其发生率比例占全部重大疾病的 1.05%。虽然占比不是太高，但其致贫风险比一些占比更高的疾病更大。将评估结果中城乡居民泌尿生殖系统疾病指数值单独列出，具体如表 6—17 所示。

表 6—17　　泌尿生殖系统疾病医疗的致贫风险脆弱性指数

省份	V_{C37}	V_{R37}	省份	V_{C37}	V_{R37}	省份	V_{C37}	V_{R37}
全国	0.0864	2.5928	浙江	-0.256	0.7068	重庆	0.4428	3.5622
北京	-0.2960	0.5941	安徽	0.1187	3.1926	四川	0.3493	5.6722
天津	0.2713	0.6263	福建	0.0489	3.1918	贵州	0.3540	7.5324
河北	0.1214	2.7823	江西	0.0953	2.0711	云南	0.1289	4.1482
山西	0.0561	2.9083	山东	-0.049	1.0431	西藏	0.0816	2.0544
内蒙古	0.1886	15.021	河南	0.2148	1.7850	陕西	0.2563	6.5164
辽宁	0.0800	1.6149	湖北	0.1600	2.8566	甘肃	0.5016	16.938
吉林	0.4855	2.2159	湖南	0.1264	4.3787	青海	0.5767	48.089
黑龙江	0.3648	2.0247	广东	0.2297	2.4057	宁夏	0.6983	7.3365
上海	-0.3125	0.0223	广西	0.0237	3.1662	新疆	0.3017	3.2560
江苏	-0.1255	1.4397	海南	0.2793	2.0814			

注：V_{C37}、V_{R37}分别为城市、农村居民泌尿生殖系统疾病医疗的致贫脆弱性指数。

V_{C37}为城市居民泌尿生殖系统疾病致贫脆弱性指数，V_{R37}为农村居民泌尿生殖系统疾病致贫脆弱性指数。根据表6—17数据，就全国平均值指数来看，城市居民的脆弱性指数为0.0864，接近0，脆弱性水平很低；农村居民指数为2.5928，具有中等脆弱水平；结合表6—18对31个省市指数的描述性统计结果来看，城市指数的均值为0.175，农村指数均值为5.12，31省市指数均值比全国平均值指数更高。

从指数分布来看，城市居民指数的标准差为0.237，最小最大值跨区间为-0.313—0.698，指数分布的离差很小，脆弱水平为不脆弱或低脆弱；而农村指数的标准差为8.671，最小最大值区间为0.022—48.09，指数分布的离散程度很高，脆弱性水平也很高。结合偏态系数及峰值系数来看，城市偏态系数非常接近0，分布对称；而农村偏态系数为4.08，呈现显著的左偏态；此外农村指数的峰值也很高，是城市的8倍左右，说明农村指数的分布呈现右侧有长尾、左侧有高峰的曲线特征，说明多数省份的农村居民脆弱性指数较低，少数省份较高。观察表6—17中各省市具体指数可见，青海、内蒙古、甘肃三省区的脆弱性指数都在10以上，远高于5.12的均值水平，说明三省区农村居民具有极高的泌尿生殖系统疾病致贫脆弱性，也解释了偏态系数长尾的存在。

表6—18　　　　　泌尿生殖系统脆弱性指数描述性统计结果

Variables	Obs	Mean	Std. Dev.	Min	Max	Skew.	Kurt.
vcmn	32	0.175	0.237	-0.313	0.698	-0.087	2.997
vrmn	32	5.12	8.671	0.022	48.09	4.08	20.276

总之，城市居民泌尿生殖系统疾病致贫脆弱性整体较低，但农村居民的指标多数是位于高风险水平上，城乡差异明显。指数分布方面，城市居民的指数分布左右对称，接近正态；农村指数的分布则呈现明显左偏，青海、内蒙古、甘肃等西部省区农村居民的脆弱性水平很高。

八　骨骼结缔组织疾病脆弱性的城乡差异

根据前文的重大疾病归类标准，骨骼结缔组织疾病包括腰椎间盘突出症、类风湿关节炎等疾病。其发生率占全部重大疾病的3.56%。也是城乡居民较为常见的疾病类型。将脆弱性评估结果中全国和各省市骨骼结缔组织疾病脆弱性指数值单独列出，结果如表6—19所示。

表6—19　　　　　骨骼结缔组织疾病的致贫风险脆弱性指数

省份	V_{C38}	V_{R38}	省份	V_{C38}	V_{R38}	省份	V_{C38}	V_{R38}
全国	0.0327	2.3625	浙江	-0.292	0.5974	重庆	0.3706	3.2697
北京	-0.325	0.4919	安徽	0.0628	2.9239	四川	0.2811	5.2444
天津	0.2127	0.5220	福建	-0.004	2.9231	贵州	0.2852	6.9854
河北	0.0636	2.5398	江西	0.0389	1.8742	云南	0.0705	3.8182
山西	0.0033	2.6577	山东	-0.098	0.9121	西藏	0.0293	1.8586
内蒙古	0.1298	13.994	河南	0.1518	1.6065	陕西	0.1930	6.0345
辽宁	0.0253	1.4473	湖北	0.1007	2.6094	甘肃	0.4239	15.788
吉林	0.4089	2.0098	湖南	0.0685	4.0339	青海	0.4986	45.071
黑龙江	0.2937	1.8308	广东	0.1699	2.1873	宁夏	0.6145	6.8021
上海	-0.342	-0.043	广西	-0.029	2.8991	新疆	0.2366	2.9832
江苏	-0.167	1.2833	海南	0.2137	1.8839			

注：V_{C38}、V_{R38}分别为城市、农村居民骨骼结缔组织疾病医疗的致贫脆弱性指数。

V_{C38}为城市居民骨骼结缔组织疾病致贫脆弱性指数，V_{R38}为农村居民骨骼结缔组织疾病致贫脆弱性指数。从表6—19可以看出，就全国平均值指数而言，城市居民的脆弱性指数为0.0327，接近于0，具有极低的脆弱性；而农村居民的指数为2.3625，为中等脆弱。结合表6—20中31省市的描述性统计结果来看，31省市城市居民指数均值为0.116，具有很低的脆弱性；农村为4.731，具有高度脆弱性。农村指数31省市均值与全国平均值指数有差异，表明少数省份脆弱性极高，拉高了31省市均值，从而使其大于全国平均值指数。两表的数据都表明，城市居民脆弱性很低，农村居民脆弱性较高，城乡差异一目了然。

从各省市指数的分布来看，依然呈现出农村指数的离散程度远高于城市的状态：农村标准差为8.135，城市标准差为0.224；农村峰值系数为20.319，城市为2.988。结合偏态系数，城市为-0.068，而城市指数分布接近完全对称；农村指数的偏态系数为4.086，农村指数呈左偏分布，有右侧长尾，说明大多数省份农村指数并不太高，但少数省份的指数很高。观察各省市具体指数可见，依然是青海、内蒙古、甘肃三省区的脆弱性指数很高，分别为45.071、13.994、15.788，都在10以上，远高于4.731的均值水平，说明该三省区农村居民具有极高的骨骼结缔组织疾病致贫脆弱性，也解释了偏态系数长尾的存在。

表6—20　　　　骨骼结缔组织疾病脆弱性指数描述性统计结果

Variables	Obs	Mean	Std. Dev.	Min	Max	Skew.	Kurt.
vcgg	32	0.116	0.224	-0.342	0.614	-0.068	2.988
vrgg	32	4.731	8.135	-0.043	45.071	4.086	20.319

总之，城市居民骨骼结缔组织疾病致贫脆弱性整体较低，但农村居民的指数多数位于高风险水平上，城乡差异明显。指数分布方面，城市居民的指数分布左右对称，接近正态；农村指数的分布则呈现明显左偏，少数西部省份农村居民的脆弱性水平很高，具体而言，青海、内蒙古、甘肃三省区脆弱性指数值很高，四川、贵州、云南、陕西、宁夏等几个省区的指数值也较高。

九 损伤类疾病脆弱性的城乡差异

根据前文的重大疾病归类标准,损伤类疾病在本书中是指颅内损伤。虽然只包括这一种疾病类型,其发生率也只占全部重大疾病的 0.17%,由于此类疾病的治疗难度大、医疗费用高,因此其致贫脆弱性水平也不算低。将评估结果中的损伤类疾病的脆弱性指数单独列出,其结果如表 6—21 所示。

V_{C39} 为城市居民损伤类疾病致贫脆弱性指数,V_{R39} 为农村居民损伤类疾病致贫脆弱性指数。根据表 6—21 数据,全国平均值城市居民脆弱指数为 0.2959,属低脆弱水平;农村居民指数为 3.4911,具有中等脆弱水平;结合表 6—22 对 31 个省市指数的描述性统计结果来看,城市指数的均值为 0.404,农村指数均值为 6.634,31 省市指数均值比全国总体指数更高,表明少数省份脆弱性极高,拉高了 31 省市的指数均值。两表的数据都表明:在全国总体水平上,损伤类疾病脆弱性城乡差异明显,农村居民脆弱性水平较高,城市居民脆弱性水平很低。

表 6—21　　　　损伤类疾病医疗的致贫风险脆弱性指数

省份	V_{C39}	V_{R39}	省份	V_{C39}	V_{R39}	省份	V_{C39}	V_{R39}
全国	0.2959	3.4911	浙江	-0.115	1.1335	重庆	0.7242	4.7029
北京	-0.181	0.9926	安徽	0.3367	4.2409	四川	0.6153	7.3404
天津	0.5001	1.0329	福建	0.2534	4.2399	贵州	0.6226	9.6657
河北	0.3466	3.7280	江西	0.3154	2.8389	云南	0.3569	5.4354
山西	0.2624	3.8854	山东	0.1380	1.5539	西藏	0.2853	2.8181
内蒙古	0.4181	19.026	河南	0.4604	2.4813	陕西	0.5031	8.3957
辽宁	0.2935	2.2687	湖北	0.3916	3.8209	甘肃	0.8047	21.423
吉林	0.7842	3.0200	湖南	0.3523	5.7235	青海	0.8812	59.863
黑龙江	0.6421	2.7810	广东	0.4628	3.2572	宁夏	1.0247	9.4209
上海	-0.197	0.2779	广西	0.2317	4.2079	新疆	0.5555	4.3202
江苏	0.0401	2.0497	海南	0.5351	2.8519			

注:V_{C39}、V_{R39} 分别为城市、农村居民损伤类疾病医疗的致贫脆弱性指数。

从指数分布来看，城市指数的标准差为 0.287，最小最大值跨区间 -0.198—1.025，指数分布的离差很小，脆弱水平为不脆弱或低脆弱；而农村指数的标准差为 10.759，最小最大值区间为 0.278—59.863，指数分布的离散程度很高，脆弱性水平也很高。结合偏态系数及峰值系数来看，城市偏态系数为 -0.145，接近对称分布；而农村偏态系数为 4.063，呈现明显左偏态分布；此外农村指数的峰值也很高，是城市的 7 倍左右，说明农村指数的分布呈现右侧有长尾、左侧有高峰的曲线特征，说明多数省份的农村居民脆弱性指数较低，少数省份较高。观察各省市具体指数可见，依然是青海、内蒙古、甘肃三省区的脆弱性很高，指数值分别为 59.863、19.026、21.423，远高于 6.634 的均值水平，说明该三省区农村居民具有极高的损伤类疾病致贫脆弱性，也解释了偏态系数所体现的长尾。

表6—22 损伤类疾病脆弱性指数描述性统计结果

Variables	Obs	Mean	Std. Dev.	Min	Max	Skew.	Kurt.
vcss	32	0.404	0.287	-0.198	1.025	-0.145	3.027
vrss	32	6.634	10.759	0.278	59.863	4.063	20.149

总之，对比分析城乡居民损伤类疾病的脆弱性指数，可以看出城市居民的全国平均水平为低脆弱，农村居民为较高脆弱。并且农村居民的脆弱性分化明显，多数省份为中高脆弱水平，部分省区为极高脆弱。城乡差异很明显。此外，指数分布方面，城市居民的指数分布较为对称；农村指数的分布则呈现明显左偏，部分省份农村居民的脆弱性水平很高，这些省份除了四川、贵州、云南、陕西、甘肃、青海、宁夏、新疆等西部地区省区，还多了湖南这一中南部省份，值得注意。

第四节 本章小结

我国居民在经济发展、社会生活上存在城乡差异是基本事实。具体到居民医疗方面体现为公共卫生服务城乡差异、医疗服务城乡差异、医疗保险城乡差异以及医疗救助城乡差异等多个方面。根据本书评估的居民各种风险情景下的因病致贫脆弱性结果，各类指数的城乡居民差异再一次凸显了其存在性。可以说，本书评估出的因病致贫脆弱性指数城乡差异是前述公共卫生服务、医疗保险服务等多种城乡差异的综合后果，是既有经济、政策、社会服务等城乡差异的深化。

（一）日常医疗及住院疾病致贫脆弱性城乡差异总结

首先，所有省份城市居民、大多数省份农村居民的日常医疗脆弱性指数都小于零，这意味着全国大多数省市的城乡居民都不会因为门诊医疗陷入贫困。当然，前文已经说明，本书的脆弱性指数概括的是各省市的总体平均脆弱性状况，因此本书评估出的脆弱性指数小于零，并不意味着该省每个人都不脆弱。此外，内蒙古、青海两省区农村居民的日常医疗脆弱指数相当高，表明这两个省区农村居民在本省区平均状态之下，哪怕仅遭受门诊疾病的冲击，也很可能陷入贫困，或者说，该两省区农村部分居民可能因无力支付医疗费而放弃日常疾病的医疗。

其次，我国城市居民的总体住院疾病脆弱性指数为负值，表明在平均收入和医疗水平上，城市居民基本不会因一次住院医疗就陷入贫困。但是农村居民的总体住院疾病脆弱性指标落在中度脆弱性水平上。表明在平均状态下农村居民还是有较大可能性因一次住院疾病而陷入贫困。其中尤其以青海、内蒙古、甘肃、宁夏 4 省区为甚，其指数值都在 5.00 以上，说明这些省份在平均状态下的农村居民很可能因住院疾病陷入贫困。

最后，值得注意的是北京、天津、广东、上海 4 省市城市居民的脆弱性指数也为正值。回溯观察这些省市的相关原始数据发现，4 省市的住院医疗费用和日均工资水平都高于其他省份，是导致其城市居民脆弱性指标偏高的主要原因。这提示我们虽然有些地方经济发展较好、居民收入较高，但是医疗费用更高，两相对比之下，当地居民因病致贫脆弱性水平反而更高。

（二）重大疾病致贫脆弱性城乡差异总结

如前文所述，日常医疗及住院疾病是按医疗方式分类的评估，而重大疾病的脆弱性评估是疾病别分类的评估，二者在分类标准上截然不同，但二者都表现出了城乡差异的共同特征。总体来看，城市居民的九类重大疾病脆弱性指数落在低水平到中等水平区间，总体脆弱性水平不高。而农村居民的九类重大疾病脆弱性指数落在中等到高水平之间，部分省份的指数异常高。对比之下，体现出了非常明显的城乡差异。具体如下。

1. 就肿瘤疾病的脆弱性指数来看，全国平均水平上城市居民的指数为 0.7065，农村指数为 5.2513，农村居民指数是城市居民的 7 倍以上，城乡差异非常明显。

2. 对于内分泌代谢和营养疾病，全国平均水平上城市居民的指数为 -0.0035、农村指数为 2.2072，农村居民指数高于城市居民，城乡差异也很明显。

3. 就血液和造血器官疾病的脆弱性指数来看，城市居民的指数为 0.3967，农村居民指数为 3.9231，城市居民该项疾病脆弱性处于低水平状态，但农村居民位于高度脆弱性水平，城乡差异明显。

4. 循环系统疾病的发生率占所有重大疾病的 81.87%，是占比最高的疾病类型。从发生率上来看，是对我国居民威胁最大、影响面最广的疾病类型。评估出的该类疾病的脆弱性指数，城市居民为 1.1324，农村居民为 7.0772，从绝对值来看，城乡居民都是九类重大疾病中脆弱性指数值最大的，尤其是农村指数值极高。从城乡指数的对比来看，农村指数是城市的 6 倍以上。结合此类疾病占比最高的发生率，可以认定循环系统疾病是导致我国城乡居民因病致贫的主要疾病类型。这提示我们在医疗救助政策、公共卫生政策方面，都应该加强对循环系统类疾病的预防和救助。

5. 就呼吸系统疾病的全国平均水平来看，城市居民的脆弱性指数为 -0.0845，农村居民指数为 1.8602，农村居民指数处于中等脆弱水平；但总体而言，相对于其他类型的重大疾病，比如肿瘤疾病、循环系统疾病，城乡居民的呼吸系统疾病的脆弱性水平并不算很高。

6. 我国城市居民的消化系统疾病脆弱性指数为 -0.064，农村居民的指数为 1.9493，虽然总体脆弱性水平不高，但城乡之间的差异还是很明显。此外，该类疾病的发生率是九类疾病中次高的，说明其致贫脆弱性虽然不高，但是影响范围比较广泛。

7. 泌尿生殖系统疾病城市居民的脆弱性指数为0.0864，农村居民指数为2.5928，城市居民位于低脆弱性水平，而农村居民具有中等脆弱性水平，城乡居民之间脆弱性水平差异明显。

8. 根据对骨骼结缔组织疾病的评估结果，城市居民指数均值为0.0327，具有很低的脆弱性；农村居民指数均值为2.3625，脆弱性水平较高，城乡差异明显。

9. 就损伤类疾病而言，城市居民脆弱性指数的全国平均水平为0.2959，农村居民指数为3.4911，城乡差异显而易见。尤其值得注意的是，损伤类疾病在本书仅包括颅内损伤一种疾病，但是其脆弱性指数比很多包括多种疾病的类型还要高，这说明损伤类疾病具有高度的致贫冲击力。

纵观以上九种重大疾病的评估结果，容易发现农村居民的脆弱性指数往往是城市居民的几倍，由此可见因病致贫脆弱性指数最明显的特征就是城乡差异。此外，在具体分析各项城乡指数时还发现农村居民指数存在偏态分布，疾病类型与脆弱性指数之间有关联等特点。这些问题还有待进一步研究。

（三）城乡差异原因分析及研究启发

根据脆弱性评估模型，风险脆弱性指数主要由三个方面的因素构成：各类疾病风险冲击因素、居民应对资金筹集能力指数以及发生率人口比等范围指标。对于各类疾病风险冲击力因素而言，无论是日常医疗支出、住院疾病支出，还是各类重大疾病的医疗费用，都是不分城乡统一计算的。因此可以认为城市和农村居民都面临同样的各类疾病风险。但是二者应对疾病时的资金动员能力则明显不同，从居民人均收入、储蓄的城乡差异，到医疗保险的城乡差异，再到医疗救助的城乡差异，在风险冲击力因素相同的情况下，显然正是这些应对能力的差异造成了城乡居民因病致贫脆弱性指数的差异。

从城乡居民指数的分布来看，城市居民的指数分布较为对称，但农村居民指数呈现明显的偏态分布。经过回溯观察相关数据发现，部分省区农村居民的收入储蓄特别低，这导致其应对资金筹集能力明显小于其他省份，最终表现为脆弱性指数异常高。典型的如青海、甘肃、内蒙古三个省区，几乎在所有类型疾病的脆弱性评估中都表现出极高的脆弱性。这或许有单一年份居民收入偏低的偶然性，但也表明居民个人的收入储蓄在脆弱性指数评估中占有重要地位，我国居民应对各类疾病风险的主要力量还是来自居民个人的收入和储蓄。

总之，通过分析城乡差异得到以下研究启发。在分析居民脆弱性存在城乡差异的同时，也可以发现农村居民脆弱性指数分布呈现显著的偏态分布，部分省份的脆弱性指数在各类疾病上都表现得偏高，这表明农村居民的脆弱性同时存在区域性差异。从门诊疾病、住院疾病到九类重大疾病，脆弱性指数偏高的省份都是以青海、甘肃、内蒙古为代表的西部、北部省份。当然，个别重大疾病情景下，一些中部、东北部省的脆弱性指数也较高。观察各类疾病的脆弱性指数分布特征，发现这种分布特征与各省市的经济发展水平高度吻合：西部省区的农村居民遭受住院疾病冲击时具有高度脆弱性，其中又以西北部省份脆弱性最高，西南部省份次之，中部省份脆弱性居中，东部少数省份脆弱性最低。

从疾病类别角度看，内分泌代谢和营养疾病、消化系统疾病、呼吸系统疾病、泌尿生殖系统疾病、骨骼结缔组织疾病包括的疾病种类相当多，但这些疾病的症状表现比较和缓，治疗过程很长，相应地，医疗费用也在较长周期里得到分散，由于不存在突发医疗支出，因此其致贫冲击力较弱。相对而言，损伤类疾病、血液和造血器官疾病发生率占比不高，但是其病情发展快，对患者生命的威胁高，要求在短期所需医疗费用很高，导致这些类疾病的致贫脆弱性水平也相当高。由此可见，疾病的发展过程及疾病的医疗方式与居民的脆弱性有密切关系。当然，它们之间的关系具体如何还需要结合医疗卫生专业知识进行实证研究。

第七章

居民因病致贫脆弱性指数的影响因素分析

对城乡差异的分析揭示了我国居民因病致贫脆弱性指数的总体分布特征，也可以为医疗救助政策的实施提供参考。但是要从根本上抓好因病致贫的预防和减除，还需要对因病致贫问题形成的影响因素进行更深入的分析，这就是本章要探讨的问题。因病致贫问题的形成过程包括"疾病—支出—贫困"的链式关系，环节较多，由此涉及的因素也很多。基于外部性理论，只有寻找到因病致贫问题的非个人原因，才能为居民享受政府救助提供更好的理论依据。事实上，很容易凭经验理解现代社会居民罹患疾病的原因部分地来自自身之外，通过归纳前人研究，发现确实有不少外部因素影响居民健康的线索，这为发掘居民因病致贫脆弱性指数的影响因素提供了基础。也就是说外部因素、居民个人、政府服务等都可能会影响居民的因病致贫脆弱性。

第一节　影响因素选择依据

本书评估的居民因病致贫脆弱性指数是各省市总体层次上的结果。因此可以用省域层次的影响因素来做相关分析。从宏观或中观的层次看，影响居民因病致贫的因素有很多，基于外部性及政府责任的相关理论，选择可能影响居民脆弱性的因素，对这些因素与脆弱性指数的相关性进行分析，有助于发现这些因素与居民脆弱性的存在性、密切程度以及作用方向。这能为政府部门降低居民选择合适措施脆弱性提供参考。基于前文对因病致贫发生过程的分析，在事件"疾病—支出—贫困"的链条各环节，任何影响居民疾病的因素、影响居民支出能力的因素显然也是影响脆弱性指数的因素。对于这些相关性，学者已经形成了丰富的研究。归纳起来，现有研究主要有三个方面：各类污染的负外部性因素，政府救助及医疗保险等公共服务因素，居民收入和储蓄等个人因素。

首先，污染的负外部性是影响居民疾病的宏观因素，负外部性理论是政府对居民因病致贫现象进行救助的理论基础之一。在现代社会中，导致疾病发生的因素，除了居民自身的生理状态以外，还有诸多外界因素的影响。比如世界卫生组织的调查显示人类80%的疾病与水污染有关。世界上约有上10亿人因饮用被污染的水而患上多种疾病，每年全世界因水污染引发的传染病的人数超过500万。这都说明水污染严重影响居民健康。我国的情况也不例外，据2006年第二次全国农业普查数据，饮用水不安全户数比例为7.3%。全国有约5500万农村人口的饮用水处于不安全状态。《中国环境状况公报》也显示我国水污染形势依然严峻。全国主要河流中，水质达到良好水平的只有珠江和长江。[①] 刘昌明、曹英杰的研究也表明，"由饮水发生和传播的疾病达50多种，淮河、黄河、太湖的污染威胁当地群众的健康。一些地方出现癌症村、肝炎村等"。[②] 肖羽堂等认为我国水资源贫乏，水资源环境污染日益严重。虽然我国对环境污染的治理力度日益强化，但局势依然不容乐观。[③] 张晓的研究认为，我国河流、湖泊、水库、近海海域的污染呈现总体上升态势；水污染对公众健康的负面影响广泛存在，[④] 我国现有制度因素下水环境基础设施建设存在困境等问题。局部地区农村环境污染对于农村居民的健康影响已经上升至农村公共安全的层面，不能听之任之，需要公共政策进行干预。

---

① 沈琳：《我国水资源污染的现状、原因及对策》，《生态经济》2009年第4期。
② 刘昌明、曹英杰：《我国水污染状况及其对人类健康的影响与主要对策》，《科学对社会的影响》2009年第2期。
③ 肖羽堂等：《我国水资源污染与饮用水安全性研究》，《长江流域资源与环境》2001年第1期。
④ 张晓：《中国水污染趋势与治理制度》，《中国软科学》2014年第10期。

近年来以雾霾形式出现的粉尘及大气污染也是影响居民健康的重要因素。张晓等收集北京、上海和广州市大气污染资料及居民肺癌发病和死亡数据，对大气污染致肺癌的潜伏期作灰色定量分析，结果显示降尘及 PM2.5 与上海市居民的肺癌发病及死亡率相关显著；降尘与 NO_2 对广州市居民肺癌发病及死亡的影响最大。① 虽然北京、上海和广州市大气污染指标对居民肺癌发病及死亡的影响、致肺癌的潜伏期各不相同，但都呈现密切的关系。需有针对性地整治大气污染并提出相关肺癌防治措施。戴海夏等在流行病学调查和空气污染物监测的基础上，研究讨论了多种疾病患病率与空气污染之间的相关关系。结果表明"大气粗细颗粒物（PM10、PM2.5）对不同疾病的死亡终点影响均具有统计学显著性：呼吸系统疾病死亡的相对危险度最高，其次为心血管系统疾病"。② 从人群来看，65 岁及以上的老年人群死亡的相对危险度较全年龄组和 65 岁以下组更高；儿童呼吸系统患病率呈明显受颗粒物的综合作用的影响。还有针对北京市的研究表明，空气污染会引起心脑血管疾病急诊门诊率增加。

包括水污染、大气污染、固体废物等多种污染物构成总体环境污染是导致居民罹患疾病的重要原因。世界卫生组织（WHO）的研究也表明，我国居民疾病 21% 的诱因来自环境污染因素。特别是肺部疾患和癌症发病率的上升，在一定程度上是环境污染造成的。段小丽、魏复盛研究认为，当前我国面临的污染包括空气、水、重金属、有毒无机物等多种类型，这些污染充斥我们的生活的方方面面，形成了累积性的后果，是人们难以逃避的健康风险源。③

除了这些实质的污染物因素以外，工作、生活的压力也对居民的疾病产生影响。方淑芹等通过对 4 所地方高校的专职教师以及行政人员进行问卷调查，结果显示高校教师的职业压力得分高于行政人员，高血压、

---

① 张晓等《大气污染与居民肺癌发病及死亡灰色关联分析》，《中国公共卫生》2014 年第 2 期。

② 戴海夏等：《上海市 A 城区大气 PM10、PM2.5 污染与居民日死亡数的相关分析》，《卫生研究》2004 年第 3 期。

③ 段小丽、魏复盛：《我国环境化学污染物的健康影响现状和问题及科研发展方向》，《环境与健康杂志》2010 年第 12 期。

心律失常和冠心病发病率高于行政人员，并且随年龄增加发病率升高。认为职业压力对高校教师心血管疾病影响较大。① 柳红兰研究了个人应对心理压力的方式对心血管疾病的影响，问卷调查结果表明，个体对心理压力的应对方式直接影响心血管疾病的发病率。研究结论是：如果心理压力较大，再加上不会正确地处理压力，最终会导致心血管疾病发生率上升，因此实施心理干预非常重要。②

总之，个人因素以外的综合环境因素已经成为导致居民罹患疾病的重要原因。因此，对居民疾病风险的治理也部分地应该由个人问题转化为公共问题，这要求政府等公共部门采取必要的治理措施，尤其是近些年，越来越多的研究实证了此问题。这为政府介入提供了理论依据和现实依据。

其次，公共部门对于居民罹患疾病风险治理的主要手段是保险。我国已经建立了综合的城乡医疗保险体系，即以职工医疗保险、城镇居民医疗保险、新型农村合作医疗保险等为主干，以大病保险、医疗救助为补充的综合医疗保障体系。但是，在具体实施中，这些保险制度所发挥的作用依然有限。比如解垩基于 CHNS 数据的研究表明，医疗保险对减少居民贫困方面所起的作用非常微弱。③ 樊丽明、解垩基于调查数据的实证研究也表明，政府的转移支付对贫困脆弱性没有任何影响。④ 洪秋妹也是基于 CHNS 数据，研究了遭遇疾病风险的居民贫困发生率变化，并用倾向得分匹配法（PSM）分析了新农合对农村居民的反贫困效果。结果表明新型农村合作医疗制度能够缓解贫困，但作用仍然有限。⑤

最后，居民应对疾病风险冲击的主要方法是依靠自己的收入和积蓄。这也符合医疗受益对象主要是居民个人这一医疗服务的性质。但

---

① 方淑芹、王凯华、米术斌：《职业压力对高校教师心血管疾病的影响》，《家庭医药（医药论坛）》2010 年第 11 期。
② 柳红兰：《心理压力及应对方式对心血管疾病的影响研究》，《中外医疗》2011 年第 2 期。
③ 解垩：《医疗保险与城乡反贫困：1989—2006》，《财经研究》2008 年第 12 期。
④ 樊丽明、解垩：《公共转移支付减少了贫困脆弱性吗?》，《经济研究》2014 年第 8 期。
⑤ 洪秋妹：《新农合制度缓解因病致贫的作用效果》，《中外企业家》2014 年第 30 期。

是，也正是这种情况使居民的因病致贫脆弱性较高。比如汪辉平等对西部地区多省因病致贫户的问卷调查显示：因疾病丧失劳动力、居民承担的医疗费用过高、医疗保险报销比例低是因病致贫的主要原因。[①] 基于前人对环境影响医疗保险的分析，本书对居民脆弱性指数的研究也从负外部性污染、公共服务和医疗保险以及居民收入储蓄这三个方面来界定相关因素。

第二节　影响因素分析方法

一　影响因素选择

根据前文综述归纳的相关影响因素，本书从负外部性、居民收入和储蓄以及医疗保险和公共服务三个方面选择相关原因变量。各类负外部性对居民健康的危害主要来自污水、废气、固体废物等；居民收入和储蓄包括来自宏观数据的居民收入和储蓄等，当然还包括能够直接影响居民健康的医疗保健支出等；医疗保险和公共服务支出既包括宏观的人均GDP，也包括能反映当地公共服务水平的地方公共预算支出、公共服务支出，以及与居民医疗密切相关的人均医疗和计划生育支出和城镇医疗保险、农村医疗保险支出；还有民政救助支出。由于所应用的软件Stata15只支持英文变量名，将各影响因素的中文名称与英文简称标注如表7—1所示。

表7—1　　　　　居民脆弱性指数的影响因素及简称

负外部性因素	居民收入和储蓄	医疗保险和公共服务
污水排放处理企业数 eflu	城镇当年储蓄 csav	人均地方公共预算支出 ppbe
废气排放企业数 egas	农村当年储蓄 rsa	人均一般公共服务支出 ppse
危险废物企业数 hawa	城镇可支配收入 cdpi	人均社会保障和就业支出 pse

[①] 汪辉平、王增涛、马鹏程：《农村地区因病致贫情况分析与思考——基于西部9省市1214个因病致贫户的调查数据》，《经济学家》2016年第10期。

续表

负外部性因素	居民收入和储蓄	医疗保险和公共服务
重金属企业数 heavm	城镇消费支出 ccoe	人均医疗计划生育支出 phele
—	城镇医疗保健支出 cheale	人均 GDP cgdp
—	农村可支配收入 rdpi	城镇医保人均资助金额 cbjz
—	农村消费支出 rcoe	农合人均资助金额 rbjz
—	农村医疗保健支出 rheale	直接救助强度 zjjz

根据前人研究，以上因素都是影响居民健康或影响居民医疗消费能力的因素。因此可以推断它们也将影响居民因病致贫脆弱性指数。理论上不同类型的相关因素与居民因病致贫脆弱性指数的相关关系有正有负，比如负外部性因素应该是正向影响脆弱性，而医疗保险等应该负向影响脆弱性。当然，具体因素的影响方向还需要根据实证结果来判断。需要说明的是，在后文分析中表7—1中因素有一部分是分城市、农村分别统计的数据，在应用时自然也是分开应用，而对于没有分城市、农村的数据则默认为对二者都有影响，因此在两类居民的分析中都会应用。

二 数据来源

本书评估的居民因病致贫脆弱性指数是各省市总体层次上的结果，因此用省域层次的影响因素来做相关分析是必要的、合理的。居民脆弱性指数来自本书的评估结果，而各影响因素的数据来源则是多样的：负外部性因素的数据主要来自中华人民共和国生态环境部网站数据中心提供的数据；居民收入和储蓄以及医疗保险和公共服务数据则来自《中国统计年鉴》以及《卫生和计划生育统计年鉴》。

三 分析方法

居民脆弱性指数是对居民疾病风险冲击的评价指标，而负外部性、居民收入和储蓄、医疗保险、公共服务等是反映居民实际状况的客观数据，对于这两组数据的相关性分析应该选择合适的方法。根据前文评估出的居民脆弱性指数的城乡对比分析结果，城市居民的脆弱性指数分布接近正态，但农村居民的指数则呈现明显的偏态。数据的明显差异要求分析方法也必然不同：城市居民指数的计算可以应用主成分多元回归分析法；但农村居民指数的分布呈现严重偏态，并且在试算过程中通过尝试取对数、缩尾甚至是删除异常值等方法，发现计算结果依然不够理想，因此考虑放弃回归分析方法，转而选择分析精度略逊但对数据要求更宽松的 Spearman 相关分析法。两种方法的选择理由如下。

（一）主成分分析法

选择该方法的主要原因是相关因素间存在较高的共线性，用一般的回归分析并不合适。主成分分析由霍特林（Hotelling）于 1933 年提出。主成分分析能够把数据通过正交变换变成各个维度之间线性无关的数据，然后根据一定的标准剔除方差较小的那些维度上的数据，这就达到了将数据降维的目的。由此可见，主成分分析最突出的优点是对于可能存在共线性的数据也能够处理，这就使它比经典的多元回归分析有更广泛的适用性。由于将脆弱性指标视为因变量，前文选择的负外部性、公共服务以及居民个人因素三方面的指标作为自变量，相关影响因素显然有多个，应用经典的多重多元回归分析法可以直观地反映两组指标之间的因果关系。但是，结合以上三方面的因素可见，自变量内部肯定存在多重共线性，比如人均 GDP 与公共医疗支出、社会救助之间，比如居民可支配收入与医疗保健支出之间都可能存在共线性问题，但是这些变量又各自有其经济社会意义，如果为了回归方法而舍弃部分变量，必将影响对问题的分析和认识，选择主成分多元回归就可以解决这一两难选择。总之，主成分分析法主要针对存在多重共线性相关问题的分析，在自然科学、经济学研究领域有着成熟的应用，尤其是在评估区域总体状况的研究中应用较多，适合评估城市居民脆弱性的影响因素分析。

（二）Spearman 相关分析法

对于农村居民的脆弱性指数相关因素，经过试算多种回归分析方法，发现结果都不太理想，因此只能退而求其次，选择 Spearman 相关分析。因为该方法对两组数据的要求最宽泛。Spearman 相关分析方法由英国心理学家、统计学家斯皮尔曼根据积差相关的概念推导而来,因此也有人把它看作积差相关的特殊形式。Spearman 相关系数经常被称作 "非参数"。这里有两层含义:首先,当自变量和因变量的关系是由任意单调函数描述的,则它们是完全 Spearman 相关的。其次,Spearman 分析不需要先验知识便可以准确获取两组变量的概率分布。这意味着不论两个变量的分布形态如何都可以应用 Spearman 分析方法。因此该方法的适用范围更广泛。它的缺点是相对于积差相关分析,等级相关的精确度会低一些。Spearman 相关对于非正态分布、称名数据、等距数据或能转化的数据都能应用,且无大样本限定,其值介于 -1 与 1 之间。如果当自变量增加时,因变量趋向于增加,Spearman 相关系数则为正。如果当自变量增加时,因变量趋向于减少,Spearman 相关系数则为负。Spearman 相关系数为零表明自变量与因变量无关。

第三节 城镇居民因病致贫脆弱性指数影响因素分析

将评估出的居民脆弱性指数作为一组变量,将影响居民患病及医疗的各因素作为另一组变量,根据主成分分析法的分析步骤,应用主成分分析法分析城镇居民脆弱性指数相关影响因素。

一 分析步骤

第一步,数据处理。由于负外部性因素、居民收入储蓄因素、公共服务因素等三个方面的因素对脆弱性的指标影响有正向的也有负向的,根据因子分析的原理对于逆向因素指标要做正向化处理,否则会导致分析结果出现差异,从而导致失去决策参考意义。[①] 根据脆弱性评估框架及评估模型,居民收入储蓄因素、公共服务因素两方面的因素对于脆弱性指数而言均为逆向因素。为了验证这个关系,首先做相关分析,分析结

---

① 刘新华:《因子分析中数据正向化处理的必要性及其软件实现》,《重庆工学院学报》(自然科学版) 2009 年第 9 期。

果进一步证实了以上结论（由于相关分析结果表格较大，为了简洁表达将之放在附录表1—1中）。因此在做主成分分析之前先对影响因素做正向化处理。参考刘新华提出的正向化方法，采用取倒数的方法对原始数据进行处理，具体结果如表7—2所示。

表7—2　　　　　　　　逆向因素的正向处理结果

Variable	Obs	Mean	Std. Dev.	Min	Max
csav	32	-9198.412	2624.942	-16200	-5341.7
cdpi	32	-29900	7446.689	-53000	-23800
ccoe	32	-20700	5249.892	-36900	-15800
cheale	32	-1300.541	370.944	-2327.6	-552.5
ppbe	32	-13700	7423.477	-42600	-7172.31
ppse	32	-1154.578	990.162	-6356.144	-636.645
pse	32	-1630.706	684.174	-3227.275	-890.258
phele	32	-985.624	300.396	-1938.451	-643.392
cgdp	32	-53000	22934.91	-108000	-26200
cbjz	32	-157.039	208.611	-1224.202	-32.516
zjjz	32	-1290.669	737.431	-3217.263	-241.279

此外，还要对影响因素指标进行标准化处理。由于数据来源是多样的，必然会存在各因素指标采用不同量纲的情况，也会存在指标单位相同但数量级别不同。因此，需要对原始指标做标准化处理。处理结果为生成结果均值为0、标准差为1的数据。

第二步，影响因素指标检验。对原始的影响因素指标数据进行KMO和SMC检验。检验的目的是了解各指标数据之间的相关性，并根据检验的结果来判断是否适用主成分分析方法。一般以0.5作为临界点，KMO值大于0.5表明可以应用主成分分析。SMC检验值的判断与KMO类似，都是越大越好。各因素数据的检验结果如表7—3所示。

表 7—3　　　　　　　　样本数据的 KMO 和 SMC 检验

Variable	KMO	SMC
eflu	0.6916	0.8206
egas	0.6698	0.7057
hawa	0.7724	0.7318
heavm	0.6805	0.4944
csav	0.6342	0.9358
cdpi	0.6309	0.9762
cheale	0.6885	0.8211
ppbe	0.6059	0.9871
ppse	0.5594	0.9540
pse	0.8365	0.8810
phele	0.6670	0.9624
cgdp	0.8193	0.8539
cbjz	0.6802	0.8611
zjjz	0.5322	0.5593
overall	0.6737	

由表 7—3 中检验结果可见，总体 KMO 为 0.6737，表明可以应用主成分分析法。同时各项影响因素的 SMC 检验表明各变量与所有其他变量的负相关关系，除了 heavm 一项为 0.4944，略低于 0.5 以外，其他都在相当高的水平上，表明较为适合应用主成分分析。

第三步，主成分因子选择。应用 Stata15 对相关数据进行主成分分析，得到主成分特征值及它们的贡献率。结果如表 7—4 所示。

表 7—4　　　　　　　　主要成分特征值及贡献率

Component	Eigenvalue	Difference	Proportion	Cumulative
Comp1	5.11342	1.13606	0.3652	0.3652
Comp2	3.97737	2.56385	0.2841	0.6493
Comp3	1.41352	0.286586	0.1010	0.7503

续表

Component	Eigenvalue	Difference	Proportion	Cumulative
Comp4	1.12693	0.444876	0.0805	0.8308
Comp5	0.682056	0.0836608	0.0487	0.8795
Comp6	0.598395	0.218	0.0427	0.9223
Comp7	0.380394	0.165163	0.0272	0.9494
Comp8	0.215231	0.0427839	0.0154	0.9648
Comp9	0.172448	0.0300672	0.0123	0.9771
Comp10	0.14238	0.0617878	0.0102	0.9873
Comp11	0.0805926	0.0108755	0.0058	0.9931
Comp12	0.0697172	0.0501299	0.0050	0.9980
Comp13	0.0195872	0.0116277	0.0014	0.9994
Comp14	0.00795958	0	0.0006	1.0000

Principal components（Eigenvectors）

前四个主要成分特征值的累积贡献率已经高达83.08%，说明这四个主成分已经能够概括原始数据的绝大部分信息。结合利用Stata生成的碎石图7—1可见，第一和第二主成分因子位于图形最高位置，表明前两个变量已经概括了较多数据变异，第三、第四变量也较其他因子更高，转折发生在第五个主成分处，其后的因子都处于非常平缓的图形位置上，这提示我们应该选择前四个主成分特征值作为选择变量。

第四步，计算主成分得分矩阵。根据选取的四个主成分因子，分析主成分得分矩阵所概括的各原始因素的能力，也即各主成分因子与原始因素的线性关系。具体见表7—5，选择的四个主成分得分矩阵特征值与各因子间的具体关系如下：第一主成分Comp1与标准化的ppse、pse、phele、cbjz载荷高于其他指标，第二主成分Comp2在eflu、heavm、cdpi、cheale等因子上的载荷较大，第三主成分Comp3与hawa、ppbe、pse的载荷高于其他指标，第四主成分Comp4与egas、heavm、zjjz的载荷高于其他指标。

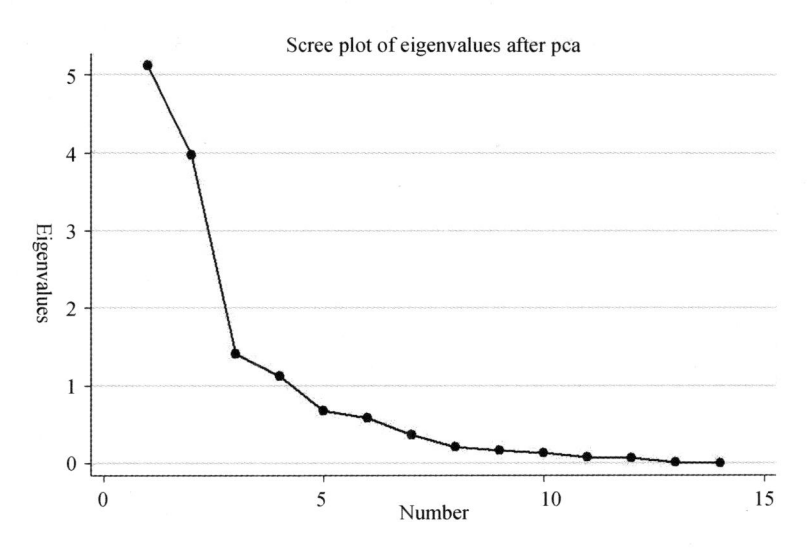

第七章 居民因病致贫脆弱性指数的影响因素分析

Scree plot of eigenvalues after pca

图 7—1 城市居民主成分分析碎石图

表 7—5 主成分得分矩阵

Variable	Comp1	Comp2	Comp3	Comp4
eflu	0.2954	-0.2317	0.3405	0.0038
egas	0.2820	-0.0590	-0.0139	-0.5952
hawa	0.1764	-0.3049	0.4119	-0.2378
heavm	0.2455	-0.0427	0.3063	0.3724
csav	0.1139	0.4144	-0.2117	0.0352
cdpi	0.2085	0.4277	-0.0980	-0.0324
cheale	0.1628	0.3253	0.4160	0.1754
ppbe	0.4011	-0.0817	-0.2647	0.0310
ppse	0.2621	-0.2256	-0.4995	0.0313
pse	0.3868	-0.1027	0.1006	0.0845
phele	0.4017	-0.1143	-0.1967	-0.0536
cgdp	0.1983	0.3964	0.0315	0.0705
cbjz	0.2671	0.3003	0.0588	-0.0360
zjjz	0.0875	-0.2431	-0.1419	0.6319

以上关系可以表达为四个主成分因子与各个原始变量之间的线性关系式：

$F_1 = 0.295 \times eflu + 0.282 \times egas + 0.176 \times hawa + 0.246 \times heavm + 0.114 \times csav + 0.209 \times cdpi + 0.163 \times cheale + 0.401 \times ppbe + 0.262 \times ppse + 0.387 \times pse + 0.402 \times phele + 0.198 \times cgdp + 0.267 \times cbjz + 0.088 \times zjjz$

$F_2 = -0.232 \times eflu - 0.059 \times egas - 0.305 \times hawa - 0.043 \times heavm + 0.414 \times csav + 0.428 \times cdpi + 0.325 \times cheale - 0.082 \times ppbe - 0.226 \times ppse - 0.103 \times pse - 0.114 \times phele + 0.396 \times cgdp + 0.300 \times cbjz - 0.24 \times zjjz$

$F_3 = 0.340 \times eflu - 0.014 \times egas + 0.411 \times hawa + 0.306 \times heavm - 0.212 \times csav - 0.098 \times cdpi + 0.416 \times cheale - 0.265 \times ppbe - 0.500 \times ppse + 0.101 \times pse - 0.197 \times phele + 0.032 \times cgdp + 0.059 \times cbjz - 0.142 \times zjjz$

$F_4 = 0.004 \times eflu - 0.595 \times egas - 0.238 \times hawa + 0.372 \times heavm + 0.035 \times csav - 0.032 \times cdpi + 0.175 \times cheale + 0.031 \times ppbe + 0.031 \times ppse + 0.085 \times pse - 0.054 \times phele + 0.071 \times cgdp - 0.036 \times cbjz + 0.631 \times zjjz$

第五步，主成分因子载荷图分析。通过绘制主成分因子载荷图可以更加直观地表现各特征变量的重要性及相关性，这是主成分分析常用的结果分析方法。但是在二维坐标内，每个图只能表现两个主成分因子所包含的信息，由于本书共提取了四个主成分因子，因此绘制的载荷图也是四个因子的组合，即第一第二、第一第三、第二第三、第一第四、第二第四、第三第四主成分因子载荷图，具体关系如图7—2所示。

观察各载荷图容易看出，凡是包含component1，即第一主成分因子的载荷图中，ppbe、ppse、phele、cbjz以及pse都位于component1轴的高位，如图7—2左侧两图及中上一图所示，这表明第一主成分主要包含了这些原始变量的信息。结合ppbe、ppse、phele、cbjz以及pse的实际含义为：人均地方公共预算支出、人均一般公共服务支出、人均社会保障和就业支出、城镇医保人均资助金额以及人均医疗计划生育支出，由此可

Component loadings

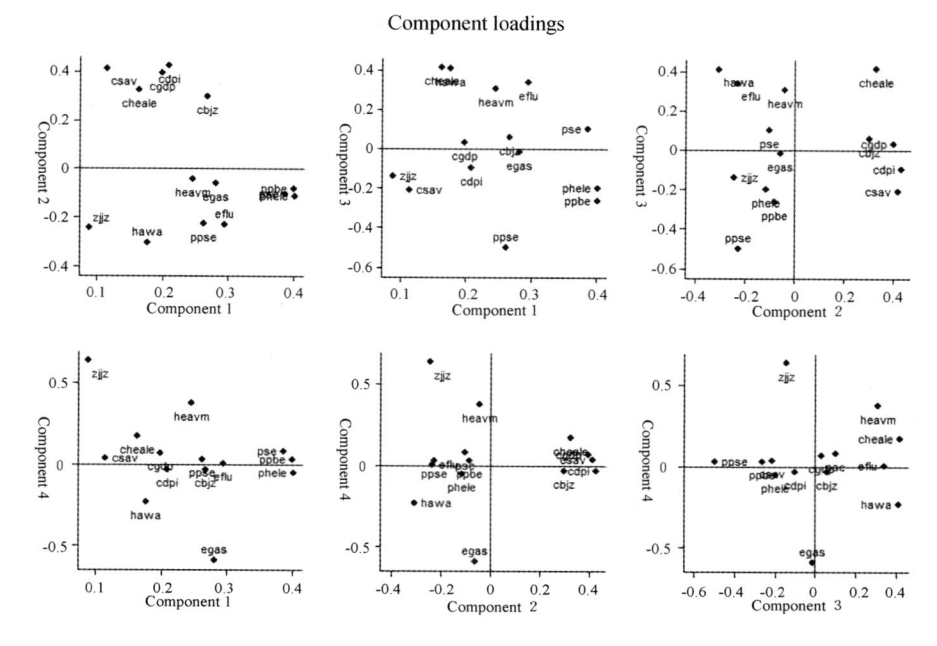

图7—2 城市居民脆弱性影响因素主成分因子载荷图

知第一主成分主要概括了公共服务因素，这与最初认为公共服务因素会影响居民脆弱性的假设相吻合，验证了假设的合理性。当然也有例外，原假设中人均 GDP 在 Component1 轴的位置则较低，说明第一主成分因子没有包含太多信息。再归纳第二主成分因子的特征：图中凡是包含 Component2 轴的载荷图，cdpi、cgdp、csav、cbjz、cheale 等原始变量都聚集于该轴的高位，图7—2 中左上以 Component1、2 为轴，右上以 Component4、3 为轴，中下以 Component2、4 为轴的坐标系（简称左上、右上、中下坐标，下同）。说明第二主成分包含了较多这些因素的信息。结合这些原始变量的实际意义，可以归纳出第二主成分主要包括了城镇居民个人可支配收入、城镇居民当年储蓄、城镇居民医疗保健支出、人均 GDP 以及城镇医保人均资助金额等因素。这些因素显然都是居民个人收入和储蓄因素，其中人均 GDP 和城镇医保人均资助金额在原假设分类在公共服务因素下，通过分析结果来看，这两个因素分类在个人收入和储蓄因素里更加合适。就第三主成分而言，凡是以 Component3 为轴的图形里，heavm、eflu、hawa、cheale 都位于该轴的高位，图 7—2 中中上、右上、右下坐标，说明该主成分主要包括了这些原始变量的信息，结合这些原始变量的实际意义，可以将第三主成分归纳为负外部性主因子。最后看第四主成分因子，观察图中包含 Component4 轴的三个图形，图 7—2 中下一行三个坐标，其轴的正向高位分布有 zjjz 负向高位分布 egas，说明第四主成分因子主要包括了这两个原始变量的信息，结合 zjjz、egas 的实际意义及其在初始分类中的位置，zjjz 直接救助金额原属公共服务范畴，egas 为大气污染原属负外部性范畴，但是在反映大多数公共服务因素的第一主成分里并没包括 zjjz，反映大多数负外部性因素的第三主成分里也没有包括 egas，它们单独出现在第四主成分因子里具有以下含义：首先，这两个因素与其他原属同类因素相比有其独特性，在此可以推测为 zjjz 直接救助金额相对于其他类型的公共服务支出对居民因病致贫的影响更直接，因为其他公共服务支出作用于居民因病致贫脆弱性时要经历诸多中间环节，而 zjjz 则没有这些环节；其次，egas 大气污染相对于其他负外部性因素对城市居民的影响可能更加广泛，当然具体原因还有待于流行病学研究从更专业的角度做深入分析。最后，zjjz 与 egas 分别位于 Component4 轴的正负两个方向的高位，说明二者对脆弱性的影响方向是相反的，这倒是与实际相符。总而言之，zjjz、egas 的共性特征是直接影响了居民脆弱性，据此将第四主成分因子归纳为直接作用因子。

第六步，主成分因子得分图分析。本研究的目的之一是为社会救助政策提供参考。第六章的城乡差异分析同时发现居民的脆弱性指数分布还存在区域差异，对于这种差异，可以利用主成分分析的结果绘制得分图来具体呈现。以各省市的各主成分载荷为依据，绘制得分图，首先将各省市的简称为字母缩写，对应结果如表 7—6 所示。然后绘制我国 31 个省市及全国平均脆弱性指数与各影响因素之间基于主成分因子的得分图，结果如图 7—3 所示。结合载荷图归纳出的四个主成分因子：公共服务因子、居民收入和储蓄因子、负外部性因素以及直接作用因子。观察得分图可以看出：

表 7—6　　　　　　　　　省份简称

省份	简称	省份	简称	省 份	简称
全国	av	浙江	zj	重庆	chq
北京	bj	安徽	ah	四川	sc
天津	tj	福建	fj	贵州	gz
河北	heb	江西	jx	云南	yn
山西	shx	山东	sd	西藏	xz
内蒙古	nmg	河南	hen	陕西	sx
辽宁	ln	湖北	hb	甘肃	gs
吉林	jl	湖南	hun	青海	qh
黑龙江	hlj	广东	gd	宁夏	nx
上海	shh	广西	gx	新疆	xj
江苏	js	海南	han		

首先，凡是以第一主成分公共服务因子为轴的图形中，图 7—3 中左侧上、下及中上 3 坐标，北京、西藏、上海、青海、天津都位于负值的高位，其他省市都位于 0 附近的正负低位，这说明前述五省市的公共服务对于第一主成分的贡献较高，从而推动公共服务成为第一主成分。其实际意义是这五省市的公共服务水平高于其他省市，反映了公共服务水平的省域差异明显。

其次，凡是以第二主成分居民收入和储蓄因子为轴的图形中，图 7—3 中左上、右上、中下 3 坐标，北京、上海、浙江、江苏都位于负向高位，西藏、青海、贵州都位于正向高位，表明这七个省市对第二主成分的贡献最大；同时，结合第二主成分的主要载荷量的实际意义，位于正、负方向分布的差异也表明省域之间的居民收入和储蓄因素存在巨大差异。

再次，凡是以第三主成分负外部性因子为轴的图形中，图 7—3 中中上、右上、右下 3 坐标，西藏、广东、山东、江苏位于正向高位，吉林、黑龙江、辽宁、宁夏位于负向高位，表明这七省市对第三主成分贡献更大，位于轴正负方向的不同位置也说明省域之间负外部性因素方面存在明显差异。

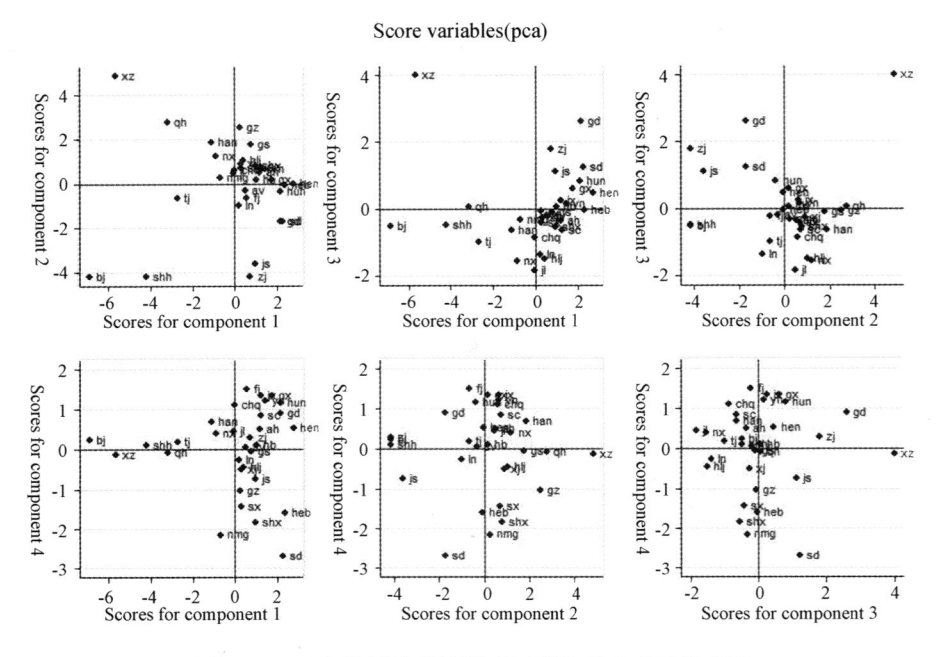

图 7—3　城市居民脆弱性影响因素主成分分析得分图

最后，观察以第四主成分直接作用因子为轴的图形，图7—3中下行3个坐标，山东、内蒙古、山西、河北、山西位于负向高位，福建、广西、云南、江西等位于正向较高位置。表明这些省份对第四主成分贡献更大。结合第四主成分中载荷量最大的大气污染、直接救助金额，表明以上省市在这两个因素上存在巨大差异，这也与华中地区大气污染严重、东南沿海空气质量较好的现实相符。

第七步，构建预测模型。根据前文分析，选择的四项主成分因子已经包含原始数据83.08%的信息，可以将其与城市居民在各风险情景下的因病致贫脆弱性指数进行回归，据之揭示这些因素对脆弱性指数的具体影响。

二　分析结果

1. 四项主成分因子与城市居民日常医疗脆弱性指数的回归分析，结果见表7—7。四项主成分因子与城市居民日常医疗脆弱指数回归的总体检验显著（P = 0.000）；第一主成分公共服务系数的检验结果为显著（P = 0.002），第二主成分居民收入和储蓄系数的检验结果为显著（P = 0.000），第三主成分负外部性系数检验结果为一星显著（P = 0.094），第四主成分系数检验结果为不显著（P = 0.341）。由此，结合相关系数 -0.010、-0.013、-0.009 可以认为城市居民居民日常医疗脆弱性会受到公共服务、居民收入和储蓄、负外部性所涵盖因素的轻微影响。

表7—7　　　　主成分与城市居民日常医疗脆弱性指数的回归

vc1	Coef.	St. Err	t – value	p – value	Sig.
f1	-0.010	0.003	-3.50	0.002	***
f2	-0.013	0.003	-4.11	0.000	***
f3	-0.009	0.005	-1.74	0.094	*
f4	0.006	0.006	0.97	0.341	
_cons	-0.866	0.006	-141.46	0.000	***
Mean dependent var		-0.866	SD dependent var		0.048
R – squared		0.551	Number ofobs		32.000
F – test		8.269	Prob > F		0.000
Akaike crit.（AIC）		-119.851	Bayesian crit.（BIC）		-112.522

注：*** p < 0.01，** p < 0.05，* p < 0.1。

2. 四项主成分因子与城市居民住院医疗脆弱性指数的回归分析，结果见表7—8。四项主成分因子中，第三主成分负外部性因子与城市居民住院医疗脆弱性指数的关系显著性水平最高（P = 0.005），第一主成分公共服务与城市居民住院医疗脆弱性指数的关系显著性水平也较高（P = 0.035）。但是其他两个主成分因素与城市居民脆弱性指数的关系都不显著。这说明城市居民的住院医疗脆弱性主要受到负外部性因子中所包含的各类污染因素的影响，城市居民的住院医疗脆弱性指数与水污染企业数呈现显著的负向相关关系。这与鄂学礼[1]、任金法[2]、王志强等[3]的研究认为肝病、胃病、食管疾病等的发生与水污染相关的结论一致。同时城市居民的住院医疗脆弱性指数也会受到公共服务因子所包含的地方公共服务支出、人均医疗计划生育支出等因素的影响。

表7—8　　主成分与城市居民住院医疗脆弱性指数的回归

vc2	Coef.	St. Err	t-value	p-value	Sig.
f1	-0.035	0.016	-2.22	0.035	**
f2	0.000	0.018	0.00	1.000	
f3	-0.092	0.030	-3.04	0.005	***
f4	0.021	0.034	0.62	0.543	
_cons	0.044	0.035	1.25	0.224	
Mean dependent var	0.044		SD dependent var		0.231
R-squared	0.350		Number ofobs		32.000
F-test	3.640		Prob > F		0.017
Akaike crit. (AIC)	-7.903		Bayesian crit. (BIC)		-0.575

注：*** $p<0.01$，** $p<0.05$，* $p<0.1$。

3. 四项主成分因子与城市居民重大疾病脆弱性指数的回归分析。由于重大疾病分为九个类型，因此可以得到九个回归结果，由于表格较多，为了表达简洁，此处只列出两类重大疾病的回归结果为例，完整的九个分析结果以附件形式列于附录（见附录表1—2至表1—10）。此处作为例子列出主成分因子与肿瘤疾病、循环系统疾病的回归结果，见表7—9、表7—10。选择两类疾病的原因在于便于展示重大疾病回归结果的共同点和差异点。

---

[1]　鄂学礼：《饮水污染对健康的影响》，《中国卫生工程学》2006年第1期。
[2]　任金法：《饮用水水源污染对人体健康的威胁及安全饮水的对策》，《中国卫生检验杂志》2009年第4期。
[3]　王志强等：《福建省11个县饮用水水质与胃癌死亡率的关系》，《中国公共卫生学报》1997年第2期。

表7—9　　主成分与城市居民肿瘤疾病脆弱性指数的回归

vctu	Coef.	St. Err	t – value	p – value	Sig.
f1	0.033	0.018	1.82	0.080	*
f2	0.139	0.020	6.83	0.000	***
f3	-0.121	0.034	-3.54	0.001	***
f4	0.031	0.038	0.80	0.428	—
_cons	0.854	0.040	21.42	0.000	***
Mean dependent var		0.854	SD dependent var		0.384
R – squared		0.700	Number ofobs		32.000
F – test		15.772	Prob > F		0.000
Akaike crit. (AIC)		0.035	Bayesian crit. (BIC)		7.363

注：*** p<0.01, ** p<0.05, * p<0.1。

表7—10　　主成分与城市居民循环系统疾病脆弱性指数的回归

Vccs	Coef.	St. Err	t – value	p – value	Sig.
f1	0.044	0.022	1.99	0.057	*
f2	0.176	0.025	6.96	0.000	***
f3	-0.152	0.042	-3.58	0.001	***
f4	0.039	0.048	0.82	0.421	—
_cons	1.320	0.050	26.59	0.000	***
Mean dependent var		1.320	SD dependent var		0.486
R – squared		0.709	Number ofobs		32.000
F – test		16.470	Prob > F		0.000
Akaike crit. (AIC)		14.089	Bayesian crit. (BIC)		21.417

注：*** p<0.01, ** p<0.05, * p<0.1。

虽然回归结果较多，但是综观九类重大疾病的相关回归结果可以归纳出一些共同特征：

首先，第二、第三主成分与所有重大疾病脆弱性指数的相关系数检验都是充分显著的，结果都是 P<0.01 的三星水平。这些结果的实际意义是所有类型的重大疾病脆弱性水平都会严格受到居民收入和储蓄因子所包含因素的影响以及受负外部性因子所涵盖因素的影响。结合前文载

荷图的分析，第二主成分因子中载荷值较高的是居民收入和储蓄因素，具体包括城市居民当年储蓄、城市居民可支配收入、城市居民医疗保健支出等。第三主成分因子载荷值较高的因素包括污水排放、危险废物、重金属等因素。结合相关系数值 0.139、-0.121、0.176、-0.152（以肿瘤疾病、循环系统疾病为例）说明这些类型的重大疾病与第三主成分因子载荷的影响因素呈正向相关关系、与第二主成分因子载荷的影响因素呈负向相关关系。

其次，第一主成分因子除了肿瘤疾病、循环系统疾病有低显著水平的相关（$P<0.1$）以外，与其他七类重大疾病的关系都不显著。结合前文载荷图分析结果，第一主成分载荷值较高的原始因素内容主要包括人均地方公共预算支出、人均社会保障和就业支出、人均医疗计划生育支出等因素。因此回归结果的实际意义应该是指公共服务因子所包含这些原始因素并不会对各类重大疾病的脆弱性产生太大影响。

最后，第四主成分因子与所有类型疾病脆弱性指数相关性检验均未通过（$P>0.1$），结合前文载荷图分析的第四主成分载荷结果，说明第四主成分载荷值较高的是大气污染、直接救助两个原始因素。此回归检验结果的实际意义是这两个原始因素对重大疾病的影响并不明显。结合前文日常医疗脆弱性回归结果也容易理解，大气污染在短期内或许会导致较轻的疾病，与重大疾病关系并不明显；而政府的直接救助，限于救助金额较小、覆盖范围窄，其对重大疾病的脆弱性作用效果也不明显。

总之，九类重大疾病脆弱性指数与主成分因子之间的回归结果虽然存在个别差异，但是总体上表现出了较明显的一致性特征。这些一致性特征反映的是第一、第二、第三主成分因子所包括各类影响因素中，居民收入和储蓄因素、负外部性因素对城市居民的重大疾病脆弱性有明显的影响，而公共服务的影响不明显，这提示我们应该强化公共服务，从而提升对居民重大疾病的预防和治疗补助。

第四节　农村居民因病致贫脆弱性指数影响因素分析

将农村居民的脆弱性指数作为一组变量，将负外部性因素、居民收入和储蓄因素、公共服务及医疗保险因素等作为另一组变量，应用Spearman相关分析方法，对两组数据进行相关分析。将分析结果根据居民脆弱性的三种情景分别讨论，具体为：农村居民日常医疗脆弱性指数相关分析结果、农村居民住院医疗脆弱性指数相关分析结果以及农村居民九类重大疾病脆弱性指数的相关分析结果。

一 农村居民日常医疗脆弱性的影响因素分析

将分析结果中农村居民日常医疗脆弱性指数与负外部性因素、居民收入和储蓄因素、公共服务及医疗保险因素的相关分析结果单独列出，便于具体分析日常医疗情景下两组变量的关系。具体如表7—11所示。

表7—11　农村居民日常医疗脆弱性指数 Spearman 相关分析

	eflu	egas	hazw	hevm	csav	rsa	cdpi	rcoe
vrl	-0.157	-0.031	0.061	0.164	-0.269	-0.6972*	0.044	0.169
	rheale	ppbe	ppse	pse	phele	cgdp	rbjz	zjjz
vrl	0.0165	0.201	0.290	0.065	-0.3685*	0.0742	-0.4131*	0.0871

根据表7—11相关分析结果，农村居民脆弱性指数与农村居民当年储蓄、政府人均医疗计划生育支出、新农合人均资助金额三个因素的相关关系显著（P<0.1）。首先，就农村居民当年储蓄而言，相关系数为负值，表明其余农村居民日常医疗脆弱性指数为负向相关。其实际意义是如果增加农村居民当年储蓄，则有利于降低他们日常医疗因病致贫的脆弱性，反之则会使其脆弱性水平提高。其次，政府人均医疗和计划生育支出也与农村居民日常医疗脆弱性指数呈负向相关关系，这说明公共支出中，直接的卫生服务支出也是有利于降低农村居民的日常医疗脆弱性的。最后，新农合人均资助金额也与农村居民日常医疗脆弱性指数呈负相关，表明新农合如果进一步降低保险门槛、扩大保障范围最终实现保险补偿力度的提高也会有利于减轻农村居民的日常医疗脆弱性。

二 农村居民住院医疗脆弱性的影响因素分析

如果说居民的日常医疗支出还具有类似日常消费品的性质，住院医疗支出则是更纯粹的医疗支出。农村居民的住院医疗脆弱性指数与前述相关因素（见表7—1）的关系如表7—12所示。

表7—12　农村居民住院疾病脆弱性指数 Spearman 相关分析

	eflu	egas	hazw	hevm	rsa	cdpi	rcoe
vr2	-0.1888	0.071	-0.0615	0.2242	-0.8484*	-0.2387	-0.0815
	rheale	ppse	pse	phele	cgdp	rbjz	zjjz
vr2	-0.1206	0.027	0.0339	0.169	-0.1661	-0.5355*	0.1597

在前文归纳的第一个方面的负外部性影响因素中，农村居民的住院医疗脆弱性与负外部性因素的相关关系都不显著。这似乎与一些研究认为的水污染、固体废物影响企业周边居民某些疾病发生率的结论相悖。但是考虑到相关研究的共有前提是局部范围的水域、土壤与当地居民的关系，而本书数据是以省份为单位的宏观数据，表明在大范围里，广大农村的人口分布相对分散，环境的自我净化能力相对较高，因此，农村居民脆弱性指数并没有像城市居民那样与负外部性因素表现出显著的相关性。

在第二个方面的居民收入和储蓄各因素中，农村居民住院医疗脆弱性与其收入和储蓄方面的因素则呈现出显著的相关性（P<0.1），说明农村居民收入的增加有利于降低其住院医疗脆弱性，这一点与前文脆弱性分析的假设相符合。

在第三个方面的医疗保险与公共服务支出各项因素中，医疗保险与公共服务支出与农村居民住院脆弱性指数无显著的相关关系，这表明公共服务支出并没能降低农村居民住院的脆弱性。只有新农合人均资助金额与农村居民住院医疗脆弱性指数呈负向相关关系显著（P<0.1），这表明农村居民只能从医疗保险服务中受益，但是新农合作为有前提条件保障，或者作为俱乐部产品，必须以参保为前提。而对于无前提条件的公

共服务，或者更具公共产品性质的公共医疗服务支出，农村居民在住院风险情景下并没能从中明显受益。

三 农村居民九类重大疾病脆弱性指数的影响因素分析

农村居民重大疾病脆弱性指数相关性分析结果如表7—13所示。就负外部性方面而言，所有的污染类型与农村居民的重大疾病指数相关性都不显著，因此无法确定农村居民疾病的影响原因。从居民收入和储蓄方面来看，农村当年储蓄、农村可支配收入、农村消费支出、农村医疗保健支出等因素都与脆弱性指数相关性显著（P<0.1），表明农村居民收入和储蓄的增加能够降低其重大疾病脆弱性。医疗保险与公共服务方面，人均GDP和新农合人均救助金额两个因素与农村居民的重大疾病脆弱性指数呈负相关（P<0.1），说明这两个因素有助于减弱农村居民的脆弱程度。

表7—13　各影响因素与农村居民重大疾病的Spearman相关分析

	vrtu	vrfm	vrxy	vrcs	vrhx	vrxh	vrmn	vrgg	vrss
eflu	-0.0835	-0.0813	-0.0856	-0.0875	-0.082	-0.0815	-0.0835	-0.0831	-0.0862
egas	0.1815	0.1765	0.1842	0.1825	0.1830	0.1821	0.1832	0.1826	0.1830
hazw	-0.0913	-0.0913	-0.0913	-0.0913	-0.0913	-0.0913	-0.0913	-0.0913	-0.0913
hevm	0.2851	0.2851	0.2851	0.2851	0.2851	0.2851	0.2851	0.2851	0.2851
csav	-0.5327*	-0.5368*	-0.5352*	-0.5402*	-0.5415*	-0.5409*	-0.5439*	-0.5486*	-0.5490*
rsa	-0.9876*	-0.9861*	-0.9934*	-0.9877*	-0.9958*	-0.9899*	-0.9961*	-0.9960*	-0.9834*
rdpi	-0.7770*	-0.7671*	-0.7762*	-0.7870*	-0.7640*	-0.7530*	-0.7612*	-0.7711*	-0.7655*
rcoe	-0.4216*	-0.4101*	-0.4155*	-0.4229*	-0.4145*	-0.4121*	-0.416*	-0.4139*	-0.4128*
rheale	-0.3741*	-0.368*	-0.3752*	-0.3787*	-0.3620*	-0.3711*	-0.3664*	-0.3630*	-0.3730*
ppbe	-0.1653	-0.1611	-0.172	-0.1613	-0.1653	-0.161	-0.171	-0.162	-0.1615
ppse	-0.0497	-0.0488	-0.0487	-0.0518	-0.0478	-0.0486	-0.0478	-0.0489	-0.0476
pse	-0.0794	-0.0784	-0.0795	-0.0854	-0.0793	-0.078	-0.0792	-0.0796	-0.0797
phele	0.0831	0.0831	0.0831	0.0831	0.0831	0.0831	0.0831	0.0831	0.0831
cgdp	-0.5246*	-0.5141*	-0.5281*	-0.5131*	-0.516*	-0.5152*	-0.5132*	-0.5148*	-0.5156*
rbjz	-0.7201*	-0.7102*	-0.7282*	-0.7134*	-0.710*	-0.715*	-0.716*	-0.710*	-0.714*
zjjz	0.1421	0.1413	0.1432	0.1415	0.1414	0.1422	0.1414	0.1416	0.1409

注：*** $p<0.01$，** $p<0.05$，* $p<0.1$。

从疾病类型的角度来看，九类重大疾病与诸多影响因素之间的关系具有一致性。比如，无论是城市指数还是农村指数，都与居民收入和储蓄方面的各个因素密切相关。并且都呈现负相关，这说明在现有制度条件下，要降低农村居民的重大疾病风险脆弱性，最有效的方法是提高城乡居民的收入和储蓄水平。此外，城镇医保人均资助金额、新农合人均资助金额也与居民的重大疾病指数呈负相关，因此，提高两种医疗保险报销比例也可以有效地降低他们的重大疾病致贫脆弱性。城市居民的内分泌代谢和营养疾病、呼吸系统疾病、消化系统疾病、泌尿生殖系统疾病、骨骼结缔组织疾病、损伤类疾病与水污染相关，值得我们注意。但是它们之间的因果关系究竟如何，还有待于公共医学或流行病学的专业研究。而农村居民的各类疾病与负外部性无显著关系。并且公共服务开支所包括的人均地方公共预算支出、人均一般公共服务支出、人均社会保障和就业支出、人均医疗计划生育支出等因素与城市和农村居民的任何一类重大疾病都没有显著的相关关系，表明这些公共服务对于降低农村居民的重大疾病脆弱性是无效的。

前文的脆弱性评估结果中已经发现：农村居民重大疾病的脆弱性指数相对于日常医疗、住院医疗脆弱性指数，其值通常更加高一些。其中肿瘤疾病脆弱性指数、血液循环系统疾病脆弱性指数更是高出其他指数很多倍。讨论这些重大疾病的相关影响因素，有助于发现导致农村居民重大疾病发生的原因，进而探索降低其脆弱性的有效途径。

第五节 本章小结

因病致贫现象的发生在省域范围上具有必然性，因此用省域层次的影响因素来做相关分析是合理的。以上相关分析结果表明，负外部性因素、公共服务与医疗保险、居民收入和储蓄等三个方面的因素会因疾病类型不同而呈现指数关系不同，因居民群体不同而呈现指数关系不同。

一 负外部性因素对城乡居民脆弱性的影响

作为政府干预居民因病致贫脆弱性的合理前提，有必要首先讨论负外部性对居民脆弱性的影响。负外部性对居民脆弱性影响的总体特征是：对不同类型疾病脆弱性的影响不同、对城乡居民脆弱性的影响不同。

对城市居民的主成分分析中，负外部性所概括的诸因子表现为第三主成分。通过进一步的载荷图分析及回归分析发现，城市居民日常医疗脆弱性指数与废气排放企业数相关显著，城市居民住院医疗脆弱性指数与水污染企业数呈现显著的负向相关关系。这说明空气污染会影响城市居民的日常医疗支出，而水污染、固体废物则会影响城市居民的住院医疗支出。重大疾病的相关分析结果表明：城市居民的内分泌代谢和营养疾病、呼吸系统疾病、消化系统疾病、泌尿生殖系统疾病、骨骼结缔组织疾病、损伤类疾病与水污染、固体废物、重金属等因素相关。这说明多种重大疾病的发生受到城市环境的显著影响，公共部门应当对这些疾病的发生承担一定责任。当然，污染究竟是如何对以上多种疾病产生影响的，还需要公共医学或流行病学的专业研究。

对农村居民脆弱性指数的影响因素 Spearman 相关分析结果表明，农村居民的各类疾病与负外部性因素都无显著相关性。这一点有些出乎意料，值得深思。出现这种结果有多种可能性原因，如果假设排除本书研究方法的问题，结合现实也可以在一定程度上给出解释：本书作为宏观评估体现的是全国、全省范围的问题，而企业污染对周边农村居民的影响是微观的、局部的。宏观来看，农村相对稀少的人口分布、较好的环境自净条件还是能过滤掉大部分的污染。尤其是应用截面数据的评估，在短期内各类污染因素并没有在农村居民健康方面表现出明显后果。

二 公共服务及医疗保险对城乡居民脆弱性的影响

总体而言，公共服务和医疗保险对城乡居民的影响表现出了明显的城乡差异。

对城市居民的主成分分析中，公共服务所概括的因子表现为第一主成分。通过进一步的载荷图分析及回归分析发现，城市居民的日常医疗脆弱性指数与城镇医保人均资助金额、城镇当地人均 GDP 等因素的相关性显著。就城镇居民的住院医疗脆弱性而言，人均社会保障和就业支出、人均 GDP 与之呈负向相关关系具有统计学显著性，说明社会保障支出和经济水平的提高有利于降低城市居民的住院医疗脆弱性。城市居民九类重大疾病脆弱性指数与人均 GDP、城市医保人均资助金额呈显著负相关,这表明当地经济水平越高,医疗保险资助力度越大,越有利于降低城市居民的重大疾病脆弱性水平。其中值得注意的是,社会保障支出有利于降低城市居民的住院脆弱性,这表明城市居民社会保障支出相当一部分是与医疗保障相关的。联系现实可以理解这种情况的合理性:我国城市保障目前所给付的对象大多数是 20 世纪五六十年代以前出生的人口,对这部分人口适用的单位保障、国家保障归根结底还是以公共财政形成的社会保障支出,这部分人口的保障收入显然会影响他们的医疗行为,进而影响其脆弱性指数。

农村居民日常医疗脆弱性指数与人均医疗和计划生育支出呈负向相关关系。这说明公共支出中,直接的卫生服务支出有利于降低农村居民的日常医疗脆弱性。但是就住院疾病而言,农村居民的脆弱性指数与新农合资助及其他公共服务支出都没有显著性相关关系,只与人均 GDP 呈负向相关关系。这表明公共服务支出并没能降低农村居民住院医疗的脆弱性,农村居民只能从经济的总体发展中获益。就重大疾病而言,人均 GDP 和新农合人均救助金额两个因素与农村居民的重大疾病脆弱性指数呈负相关关系,说明这两个因素有助于减弱农村居民的脆弱程度。这一结果表明就公共服务而言,加大新农合医疗保险资助的力度可以有效地降低农村居民的重大疾病脆弱性。

三 居民收入和储蓄因素对城乡居民脆弱性的影响分析

在居民收入和储蓄方面,城乡居民的各因素与其疾病脆弱性指数都有密切关系,难得地出现了城乡居民统一的特征。这说明在应对疾病风险方面,城乡居民根本上还是主要依靠自身的收入和储蓄。

对城市居民的主成分分析中,居民收入和储蓄所概括的因子表现为第二主成分。通过进一步的载荷图分析及回归分析发现,城市居民的日常医疗脆弱性指数与城市居民当年储蓄、城市居民医疗保健支出、城市居民可支配收入、城市居民消费支出等因素的相关性显著。与其日常医疗脆弱性指数与收入和储蓄显著相关不同,城市居民住院医疗脆弱性指数与其收入和储蓄等指标的关系不显著，表明居民住院支出不受其收入和储蓄太大的影响。城市居民重大疾病脆弱性与城市居民当年储蓄、城市居民可支配收入、城市居民消费支出、城市居民医疗保健支出等因素都有显著负向相关关系，这说明城市居民收入和储蓄的增长将有利于降低居民重大疾病脆弱性。

农村居民日常医疗脆弱性指数与其当年储蓄的相关关系具有统计学意义，相关方向为负相关；农村居民住院医疗脆弱性与其收入和储蓄方面的因素也呈现显著的负相关，表明农村居民收入和储蓄增加将有利于降低他们的日常医疗、住院医疗脆弱性水平。农村居民的当年储蓄、农村居民可支配收入、农村居民消费支出、农村居民医疗保健支出等因素都与各类重大疾病脆弱性指数相关性显著，表明农村居民收入和储蓄的增加能够降低其重大疾病脆弱性。

无论是城市还是农村居民的脆弱性指数，都与居民收入和储蓄方面的各个因素密切相关，并且都呈现负相关，这说明在现有制度条件下，无论是城市居民还是农村居民，要降低他们的重大疾病脆弱性风险，最有效的方法是提高他们的收入和储蓄水平。

总之，通过相关分析发现：外部性、居民个人因素及公共服务这三个方面的因素与居民各个脆弱性指数关系密切，结果如上总结。其中值得注意的是公共服务及宏观因素中人均 GDP 与居民脆弱性指数关系显著，同时居民个人因素中的居民当年储蓄、可支配收入、消费支出、医疗保健支出等也与其脆弱性指数关系显著，根据经济学的知识，人均 GDP 与居民当年储蓄、可支配收入、消费支出、医疗保健支出之间肯定有密切关系，存在共线性，这是选择采用 Spearman 方法的原因。但是这并不妨碍将这些因素与脆弱性指数做相关分析，可以将其他因素看作控制变量的条件下，讨论某单一因素与脆弱性指数之间的关系。

四 现实意义

综合以上相关分析结果，可以归纳出我国居民因病致贫脆弱性指数的一些特征。最明显的依然是城乡差异特征，即便是相关分析中也可以看出城乡居民指数与相关因素的关系其实也会因居民的城乡身份差异而不同。

农村居民的各项脆弱性指数具有"突变"特征：农村居民的脆弱性指数在日常医疗情景下脆弱性指数很低，但住院疾病及重大疾病的脆弱性指数则处于高水平上。这种"突变"有其现实意义：农村居民指数有一个顽固的内核，日常保健、住院疾病等都对外部因素不敏感，只有发生了肿瘤疾病、循环系统疾病这类重大疾病时，农村的脆弱性指数才会受到相关因素的影响。结合生活经验可以发现，这种突变反映的是农村居民的就医习惯：如果不是生了非常重大的疾病，农村居民就不会将医疗和健康放在很重要的位置上。即农村居民对医疗健康的态度在日常医疗上表现得很消极，这或许是农村居民总体生活水平不高导致的，也可能是农村居民观念上的偏差导致对医疗健康消费的忽视，更有可能是医疗资源的可及性不足，不到非住院不可的重大疾病，即便他们想看病，也难以就近找到合适的医疗机构，被迫等到疾病严重以后才去医院。这提示我们农村居民就医的机会成本要远高于城市居民，导致患者放弃医疗、拖延医疗的现象。

城市居民因病致贫脆弱性指数在各个等级上、与各个方面的影响因素进行相关分析时，结果都比较符合预期，指数的分布形态也比较理想。这与我们对经济水平、居民收入消费、公共政策等对居民因病致贫指数影响的假设相吻合。或者说，城市居民的医疗资源、医疗条件、致贫脆弱性指数才是符合常理的状态，而我国农村居民的因病致贫脆弱性指数的影响因素远比城市居民要更复杂多样，比如原来认为很重要的经济水平、居民收入消费、公共医疗资源事实上对农村的影响并没有那么大。这就启示我们，在消除农村居民的因病致贫脆弱性方面，不但要强化经济资源的供给，还要从农民医疗保健意识培养、医疗机构农村可及性等多个方面着手，才能够有效降低农村居民因病致贫风险脆弱性。

第八章

政策反思及优化建议

根据马克思主义民生思想，无产阶级通过革命掌握政权，为最广大居民生活的改善奠定了基础。我国已经完成了新民主主义革命，建成了社会主义现代化国家。中国共产党带领人民经过几十年的建设，我国经济社会水平达到了前所未有的高度，社会主义生产力有了极大的发展。在这种情况下，逐步提高人们的生活水平，进一步改善民生成为社会主义的必然要求。事实上，我国在消除绝对贫困方面已经取得了重大成就，下一步民生政策的关切重点应该转移到风险致贫上。因病致贫是居民面临的主要贫困威胁，它特有的风险性质要求变革以往政策"先贫困—再应对"的事后处置逻辑，那就需要制定"先预测预防—再有备应对"的事前风险减除政策。前文对居民的因病致贫脆弱性评估，其现实意义是为我国现有医疗保障制度查缺补漏提供思路和依据。正如对各类灾害风险进行区域脆弱性评估一样，对各省域居民因病致贫脆弱性的评估可以对区域风险进行监控和总结，也能对现有医疗保障政策效果进行评价，为"事前"的因病致贫风险减除、资源准备提供参考。

第一节 现有医疗保障体系存在的问题

将居民的因病致贫评估结果应用于政策实践，就要了解现有政策存在哪些问题和不足。只有这样才能针对问题提出优化的合理建议。观察我国现有医疗保障的总体特征，孙祁祥等认为我国的医疗保障具有"三支柱"框架，这三个支柱包括公共医疗保险、社会医疗救助和商业健康保险。① 王保真认为我国是要建立"人人享有基本医疗卫生服务"的中国特色的医疗保障体系。并提出医疗保障体系建设的思路是全覆盖、保基本、多补充、重救助、管理型、社会化、一体化。② 经过多年的建设和改革，我国的医疗保障体系确实取得了一定的成果，基本建成了由职工医疗保险、城市居民医疗保险和新型农村合作医疗保险构成的医疗保险系统，并且在医保参与方面取得很大进展，基本上实现了对于城乡居民的全覆盖。但是，如背景中所述，实践中依然有不少城乡家庭会陷入因病致贫的困境，说明这"三支柱"还是有疏漏之处。

一 现有医疗保险制度的问题

我国现有政策将疾病视作一种个人风险，由此奠定了以医疗保险作为我国居民应对疾病风险的最主要手段。从这个基础出发，我国不但建立了包括职工医疗保险、城镇居民医疗保险到新型农村合作医疗保险的社会医疗保险体系；即使是兜底性质的政府救助制度，很多情况下也被最终重新引导到保险中来，比如对贫困者的医疗救助方式之一是代缴医疗保险金。保险自身属性决定了具有救助程度的局限性，将救助也引导到保险中或许能够减少政府施政的环节或工作量，但也使保险制度的局限性延伸到了救助领域。

首先，医疗保险作为一种保险本身具有局限性，只能为居民提供部分保障。在"三支柱"的框架中，所谓公共医疗保险其实就是指我国现有由职工医疗保险、城市居民医疗保险和新型农村合作医疗保险构成的医疗保险系统体系，更常见的叫法是社会医疗保险。虽然我国各项医疗保险在政府的大力推广下，参与率很高，但是从根本上讲民众是有购买与否的自由选择权的，而这些医疗保险本质上是商业保险的强化版，只是发起主体是由政府控股的法人，多了更严格的政府管制而已。但其依然具备商业保险的属性，这决定了它必须考虑盈利，至少要考虑存续，

---

① 孙祁祥、朱俊生、郑伟、李明强：《中国医疗保障制度改革：全民医保的三支柱框架》，《经济科学》2007 年第 5 期。

② 王保真：《浅析我国多层次医疗保障体系的建立与完善》，《卫生经济研究》2008 年第 11 期。

出于产品盈亏平衡的精算，这些保险必然限制对居民的补贴。因此，无论职工医疗保险、城镇居民医疗保险还是新农合，都有其起付线、报销药品、病种等限制条件，还有封顶线的设定。实际上就我国而言，社会医疗保险的补偿率一般在50%—70%。比如王震经过分析甘肃省的新农合补偿率发现，2008—2018年该省农村居民住院医疗的报销比例从52.15%增长到66.70%。[①] 项莉等研究发现，湖北省某市2013年新农合实际补偿率为68.9%。[②] 如果考虑到这只是住院医疗部分，一般而言，住院疾病通常在之前都会经历门诊医疗，而门诊医疗金在很多地方是不补偿，或者补偿率较低的。这也可能导致居民陷入因病致贫的境地。此外，门诊医疗费用得不到应有的保障还可能加剧居民后续医疗费用的增加。比如低收入居民为了节约医疗费用放弃本来经门诊医疗就可以痊愈的轻微疾病，最终使小病拖延成大病，再去住院医疗，最终花费的医疗费用更高。总之，城乡居民基本医疗保险的起付线、赔付条件、封顶线设计都表明其对居民因病致贫脆弱性的减除是有局限性的。

其次，近年来医疗保险的保障效果被过快上涨的医疗费用削弱。虽然近些年我国社会保险体系建设进展很快，城乡居民的参保率不断扩大，医保赔付效率也有很大提高，在降低城乡居民因病致贫风险方面发挥了很大的作用。但是新的问题也随之出现，以致大大削弱社会医疗保险的功能。根据城乡居民医疗保险补偿率，综合门诊和住院两个层次的医疗，意味着居民自己承担的医疗资金应该在30%以上。如果问题仅仅止步于此，或许不会有那么多的因病致贫现象。更大的问题在于伴随政府逐渐放手医疗管理，强调用市场化手段调节医疗服务和医疗保险，催生了近些年来医疗服务费用的快速上涨，当然，这个费用上涨是综合后果，其实包含了医疗服务价格上涨和医疗服务收费项目增加等多种增长形式。虽然以更完善的社会医疗保险为城乡居民提供了更好的保障，但是居民也感觉"看病难""看病贵"问题更突出。刘军强等研究表明，改革开放

---

① 王震：《甘肃省2008—2016年新型农村合作医疗制度运行情况分析》，兰州大学，硕士学位论文，2018年。

② 项莉等：《大病医疗保险补偿模式及补偿效果分析——以L市为例》，《中国卫生政策研究》2015年第3期。

的前 35 年，医疗费用的年平均增长率为 17.6%，① 这个速度远高于同期居民收入的增速。在医疗费用增长如此快的情况下，即便居民只承担医疗费用的一部分，在医疗费用的总金额较大的情况下，居民自负部分费用也往往是一个很大的数目，这就形成了相当大的致贫冲击力，使中低收入居民具有很高的因病致贫风险脆弱性。

最后，坚持依赖用保险手段解决重大疾病致贫问题存在潜在的失灵风险。近些年伴随着医疗保险的快速发展，城乡居民因病致贫的问题依然突出。其中暴露的其实就是医疗保险制度的局限性：正如前文分析的，当城乡居民遭遇重大疾病风险时发生巨额医疗费用，对此，城乡居民医疗保险只能补偿一部分，剩余的居民自负部分依然非一般居民家庭能够承受，因病致贫问题由此发生。对此，国务院 2015 年出台了全面实施城乡居民大病保险的文件（简称文件，下同），明确了建立大病医保的政策方向。其中城乡居民大病保险的基本原则之一就是"坚持政府主导、专业承办"。这一原则在文件第五条中体现，其第一小条就是"支持商业保险机构承办大病保险"。根据公共管理学的相关原理，引入商业机构提供公共服务本意是提高效率和质量，从而节约公共管理成本。但是单独就大病保险（文件中对城乡居民大病保险的简称，下同）购买商业保险的服务似乎有些问题。文件在大病保险筹资机制方面的要求是从居民基本医保基金中筹集。从这个表述来看，大病保险的资金来源始终只有一个，那就依然是城乡居民基本医保基金。这就容易使人疑问：既然大病保险资金来源依然是医保基金，所变化的就是对大病的认定和保险金的发放，那么沿袭以前的管理机构岂不是更为节约高效，为何还要单独委托给商业保险公司？如果说以上只是对大病保险运作的管理的效率问题，但是大病保险的另外一个原则存在的问题可能会直接限制其对居民的救助效果。那就是文件第五条第三点中提出大病保险"遵循收支平衡、保本微利的原则"。本来，政府如果是打包购买商业保险公司大病保险，那么形成了政府是客户、商业保险公司是商家的交易关系，只要商业公司以某

---

① 刘军强、刘凯、曾益：《医疗费用持续增长机制——基于历史数据和田野资料的分析》，《中国社会科学》2015 年第 8 期。

一价格投标，此后商业公司盈亏与否与政府无关。但是后文又要求承包商只能获取微利，虽然看似将保险公司限制在"微利"范围里，但是"微利"本身就是一个模糊的概念，一个亿与一百个亿在不同的范畴下都可以被称作微利。况且还约定了商业机构的亏损由保险基金分摊的机制。最终的结果不一定有通过严格的商业竞争来降低代理商利润的效果好。

而"保本微利的原则"本身也决定了其对居民保障的有限性。既然依然以盈利为目的，证明了大病医疗保险是众多类型保险的一类，是现代经济业态的一种，其本质上依然是商业行为。即便在我国作为社会保险要受到政府的管制，但事实上它的运作也需要管理费用的支出，医保资金的运营也可能有贬值的风险，因此，医疗保险对居民的医疗支出保障总是有诸多赔付条件限制以及最高赔付额设定。事实上，文件第三条第二点提出"2015年大病保险支付比例应达到50%以上"作为目标，由此可见，虽然在基本医疗保险的基础上又追加了城乡居民大病保险，但对居民的实际医疗保障还是有限的。总之，对于原本就是由医疗保险制度自身有限保障问题导致的因病致贫问题，重新交给保险制度来解决，其效果值得怀疑。

二 现有医疗救助制度的问题

在构成我国居民医疗保障体系的"三支柱"中，医疗保险是最重要的支柱，承担了大部分的居民因病致贫压力。社会救助制度是对医疗保险之外部分提供保障的另一重要支柱。但是，通过梳理我国现有社会救助制度，发现它并没有能够很好地发挥对多数居民的保障作用，存在以下几个问题。

（一）医疗救助对象覆盖面有限

在我国，最具有权威性的是中央政府及其下属民政部、卫生部出台的一些文件，早期有两个试点文件，包括2003年针对农村居民出台了农村医疗救助的意见，民发〔2003〕158号文；2005年针对城市居民出台的城市医疗救助制度，国办发〔2005〕10号文。然而，这些救助试点之后并无下文。直到2014年国务院于发布《社会救助暂行办法》（以下简称《办法》），将最低生活保障、特困人员供养、受灾人员救助、医疗救助、教育救助、住房救助、就业救助和临时救助等 8 项制度归并到一起形成一个综合救助文件，应该是目前我国最具权威性的医疗救助文件。但该《办法》中所界定的救助对象并非全体居民。比如《办法》第二十八条明确了可以申请相关医疗救助的人员仅包括低保家庭成员、特困供养人员及其他特殊困难人员。这意味着只有获得这些特殊的身份，城乡居民才具备获取医疗救助的资格。而对于此范围之外的广大群体，适用的是第三十二条的规定：对身份不明者给予救助。这造成该应急救助制度的救助对象范围更为狭窄。所谓身份不明者指的是国办发〔2013〕15 号文件《国务院办公厅关于建立疾病应急救助制度的指导意见》所界定的救助对象："在中国境内发生急重危伤病、需要急救但身份不明确或无力支付相应费用的患者为救助对象。"综合起来可以看出，我国现有医疗救助制度只针对获得各类"贫困"身份认定的群体，而非全体居民。

（二）救助申请程序复杂

想要获得政府的医疗救助，除了要经历认定"贫困"身份以外，还需要经历多个环节的审批公示程序。比如《办法》第三十条要求居民申请救助要经历申请—审核—公示—审批等多个环节。这还只是指导性的文件，真正到了基层落实时需要走的程序远比这个更复杂。居民申请救助时往往需要提交包括自己的证件、低保身份证明文件（比如低保证）、劳动保障部门证明、医疗证明、社区证明在内的很多种材料。当然，这些程序性的设定肯定有其合理性，毕竟对识别出真正需要救助的困难群体是医疗救助的关键环节，而这些程序性的要求正是识别正确率的保证。但是，不可否认多种证明材料的准备、多道环节的审批，任何一个环节出了一点意外或延误，都会使医疗救助搁浅。由于疾病具有突发性，因病致贫的形成很快，复杂的申请过程无疑会给本来已经陷入困境的居民带来更多困扰，很多对政策不够了解的居民会放弃救助机会，也使不少居民觉得政府的医疗救助是遥不可及的。

直接获得政府医疗救助的情况也有，但是只局限于少数特殊情况，比如对于需要急救但身份不明者才能动用根据《国务院办公厅关于建立疾病应急救助制度的指导意见》建立的疾病应急救助资金。实践中，受限于该项资金的有限性,以及事后需要医院担负资金申请的责任,一般居民几乎不可能获得这项资金的救助。

(三) 救助方式间接为主,直接救助金额有限

对于那些已经具备了"贫困"身份的居民而言,比如已经被认定的城镇低保人口或农村特困供养人员,当他们遭遇疾病冲击时,能够从政府医疗救助获得的资金也是有限的。《办法》中医疗救助方式有两种,其一是补贴基本医疗保险金,其二是补贴医疗费用,但是必须是经医疗保险报销之后的余额。第一种救助方式是补贴救助对象的保险费,其实又把救助对象交给了医疗保险,虽然是一个降低救助成本的方法,但是作为兜底功能的社会救助,似乎应该更加看重保险之后依然困难的群体。第二种救助方法能够更直接有效地帮助救助对象,但是也不会补贴全部余额。通过查询民政部网站公布的救助数据,可以计算出 2015 年民政部门直接医疗救助的人均资助力度。具体计算办法是用各省市当年直接医疗救助支出除以当年直接医疗救助人数,结果如表 8—1 所示。

表 8—1　　　2015 年民政部门医疗救助人均资助金额　　　单位:元

省份	人均资助金额	省份	人均资助金额	省份	人均资助金额
全国	853	浙江	364	重庆	241
北京	1367	安徽	1055	四川	1036
天津	1352	福建	334	贵州	3217
河北	1831	江西	805	云南	866
山西	2440	山东	2201	西藏	2635
内蒙古	2240	河南	993	陕西	2290
辽宁	559	湖北	1125	甘肃	1692
吉林	749	湖南	921	青海	1785
黑龙江	1596	广东	1084	宁夏	724
上海	867	广西	751	新疆	886
江苏	357	海南	1647		

注:数据来源于中华人民共和国民政部网站。

在全国平均水平上，能够获得医疗救助资格的居民最终能够拿到的直接救助资金为853元，对于真正遭受重大疾病冲击的居民而言，这个救助额度显然是杯水车薪。综观各省市的救助金额，从241元的最小值到3217元的最大值，救助金额总体都不太高。尤其是相对于医疗费用的飞快上涨，这种程度的医疗救助显然远远不够。

总之，在我国现有防范和治理居民因病致贫的"三支柱"里，医疗保险是最主要的支柱，也确实承担了最大的功能，但是因其自身的局限性及医疗价格增长过快导致它存在保障不均衡、不充分的问题。比如对门诊费用及过高医疗费用的保障能力欠缺。社会医疗救助制度本来应该发挥查缺补漏功能的，但是现有制度对保障对象限定过于狭窄，导致一般居民都被排挤在救助之外，未能真正发挥其功能。至于商业性医疗保险，因为起步晚，产品设计不一定合理等原因，如今对居民的覆盖率还太低，未能形成可观的保障力量。

第二节　基于日常医疗脆弱性评估完善最低生活保障制度

社会救助对于缓解和消除贫困应该发挥关键作用，也是各国处理贫困问题的一贯做法。政府救助是解决贫困问题的最主要力量。各国的实践证明，以政府财政支出为主要表现的社会公共资金支出对消除贫困有显著作用。比如S. Fan等利用1970—1990年的面板数据估计了政府不同类型的财政投入对经济增长和贫困的影响，结果显示，政府在科研、教育和基础设施等方面的投资对农村扶贫起到了推动作用。[①] 李盛基等利用1990—2008年我国的相关数据实证研究政府各类公共财政支出对我国农村贫困的影响，结果表明，农村教育和卫生支出对消除和减少当地绝对和相对贫困都有显著效果，而专项扶贫基金只对绝对贫困的消除有影

---

① S. Fan, L. Zhang, X. Zhang, "Growth, Inequality and Poverty in Rural China: The Role of Public Investment", *IPRI Research Report*, Vol. 125, No. 1, June 2002, pp. 1 – 71.

响。① 解决因病致贫问题也应该发挥公共资金的作用。

一 日常医疗应该纳入居民最低生活保障

人体作为一个系统，是在与外部环境不间断的物质能量交换中保持存在和延续的。因此必然受到外部环境的影响。居民所处的地域都有各自的水土特征，人们生存其中，每天吃五谷杂粮，历经四季变换，在各种因素的综合影响下，发生一些日常疾病难以避免。对于一般家庭而言，这种日常疾病的医疗支出通常不会导致贫困，但也无法节约，因此消费优先度不低于食物。根据经济学的理论，包括最基本的食物、衣着支出需求被界定为具有"刚性"的需求，即无论人们的经济状况如何都一定要发生的消费。从日常医疗需求的属性来看，与吃饭穿衣类似，都是维持人们生理存在的基本需求，因此是人的最基本需求的一部分，具有很高的刚性。既然居民的日常医疗需求是与食物需求等性质相似的居民基本需求，那么就应该包括在为低收入者提供基本生活保障的最低生活保障制度中。但是，我国以保障基本生存为目的的救助制度却没有将日常医疗需求纳入救助范围。比如国务院 2014 年颁发的《社会救助暂行办法》规定低保标准要根据经济发展适时调整。该办法对最低生活保障标准的核算办法只是笼统地说依据当地居民生活必需费用确定，并没有明确生活必需的具体内容，作为具有法律效力的全国性文件，需要考虑地方上的差异，这样要求显然为各地救助标准的设定预留了机动调整的余地。政策实践中，针对城镇居民低保的文件明确了低保标准计算涵盖的内容包括衣食住费用、水电燃煤费用以及未成年人的义务教育费用。显然，在计算城市居民最低生活保障标准时并没有包括居民日常医疗支出需求的内容。同样，适用于农村居民的低保制度建设文件中第三条要求农村低保标准计算包括吃饭、穿衣、用水、用电等费用，也没有包括居民日常医疗支出需求的内容。由以上分析可见，居民的日常医疗支出需求在城乡居民的最低生活保障制度中都没有涉及。如果综合考虑医疗救

---

① 李盛基、吕康银：《财政支出、经济增长与农村贫困——基于 1990—2008 年时间序列数据的实证分析》，《东北师大学报》（哲学社会科学版）2014 年第 3 期。

助政策，低收入群体的医疗救助虽然会得到政府的保费补贴，但是，真正生病报销时，医疗保险是有起付线的，构成居民日常医疗支出的门诊医疗或保健医疗通常不在保险补偿范围内，或者补偿比例、限制条件很多。这样一来居民的日常医疗支出需求并没有包含在我国社会救助制度范围内。

根据低保文件，国务院于1999年颁布的《城市居民最低生活保障条例》已经确定了低保制度的保障原则是"城市居民最低生活保障制度遵循保障城市居民基本生活的原则"。对于农村居民而言，2007年《国务院关于在全国建立农村最低生活保障制度的通知》也在其第一条中说：农村居民"仍有部分贫困人口尚未解决温饱问题，需要政府给予必要的救助，以保障其基本生活"。直到如今，社会救助领域法律效力最高的、由国务院颁发的国务院令《社会救助暂行办法》，其第一条"为了加强社会救助，保障公民的基本生活……制定本办法"。根据我国的相关文件精神，最低生活保障制度是"托底线、救急难"的制度，而居民的日常医疗需求既是底线的基本需求、也是急难需求，自然应该包括在最低生活保障之内。

此外，将居民的日常医疗需求作为基本需求提供保障有利于预防疾病的发生和恶化，从而减少住院疾病或重大疾病的发生概率。比如，封进等研究了补贴一般风险与补贴重大风险的差异，通过分析中国健康和营养调查数据，对比了新农合医疗各种补贴模式的结果。研究发现，如果同时补贴门诊费用和住院费用，其抵御健康风险效果远大于只补贴住院费和灾难性医疗支出的作用；同时，单独补贴住院医疗和灾难性补贴，其对居民的减负作用十分有限。[①] 这说明如果能对日常疾病进行补贴，就可以大大减少其发展为大病的概率，从而获得更好的因病致贫风险减除效果。

---

① 封进、李珍珍：《中国农村医疗保障制度的补偿模式研究》，《经济研究》2009年第4期。

二 根据居民日常脆弱性确定基本医疗保障标准

如前文所述,日常医疗如衣食一样是城乡居民的基本需求,作为基本医疗需求自然应该属于最低生活保障的范畴。如此一来,只要测算出居民的基本医疗需求,也就确定了基本医疗保障标准。因此,对居民日常医疗需求或基本医疗需求的计算也需要参考最低生活保障线的"保基本,救急难"原则。《社会救助暂行办法》第十条规定"最低生活保障标准,由省、自治区、直辖市或者设区的市级人民政府按照当地居民生活必需的费用确定"。这里把握最低生活保障线其实要抓住"最低""必需"的限定词,即一方面这种需求是必需的,而不是可有可无的。另一方面,这种需求要控制在最低的范围里,而不能是高层次、高品质、享受型需求。在计算方法上,基本医疗保障线的计算也可以参考最低生活保障线的计算方法。低保线的计算在我国各地已经有多年的实践经验,曾经出现过马丁法、菜篮子法、参考值法、扩展线性需求法等多种方法。然而,在多年政策实践的比较之后,很多地方低保线的计算是采用"50%标准",即用当地居民食物、衣服、住房、水电气等支出平均水平的一半来计算的。这种方法内涵明确、计算简便,得到广泛应用,其结果与其他更复杂计算方法的结果也相差不大。此处也参考这种方法,用当地居民日常医疗需求的50%标准来界定基本医疗保障标准。根据前文中脆弱性评估模型及其在居民日常医疗情景下的分解式,可以推导出居民基本医疗保障线的算式为:

$$MPL_t = 2(1 - V_{u1})OPE_{t-1} \quad (8-1)$$

式中,MPL 是医疗保健贫困线,t 为计算期数;V_{u1} 为当地居民日常医疗支出的致贫脆弱性指数;OPE 为当地居民日常医疗需求;t-1 表示当年的医疗保障线用上一年的居民日常医疗风险冲击来计算。根据以上公式,结合前文对我国城乡居民 2015 年日常医疗脆弱性评估结果,可以计算出 2016 年我国城乡居民的基本医疗保障标准,如表 8—2 所示。

表 8—2　　　　　　　　居民基本医疗保障标准　　　　　　　　单位：元

地 区	城镇	农村	地 区	城镇	农村
总 计	360.84	211.49	河 南	341.375	192.245
北 京	592.375	334.005	湖 北	370.51	246.27
天 津	472.025	289.965	湖 南	293.655	211.015
河 北	375.16	230.135	广 东	274.105	180.785
山 西	348.52	198.585	广 西	216.56	177.415
内蒙古	393.925	279.425	海 南	326.775	158.635
辽 宁	440.475	266.135	重 庆	348.515	186.465
吉 林	481.05	264.525	四 川	342.325	209.955
黑龙江	481.07	278.19	贵 州	218.06	112.365
上 海	590.415	366.07	云 南	337.98	144.41
江 苏	398.565	272.055	西 藏	133.61	34.105
浙 江	384.745	311.58	陕 西	445.905	239.56
安 徽	268.335	202.05	甘 肃	347.69	167.45
福 建	291.325	206.735	青 海	364.82	297.72
江 西	210.345	142.42	宁 夏	503.99	231.49
山 东	354.025	229.795	新 疆	379.28	182.96

注：表中结果据 2015 年居民脆弱性指数计算。

表 8—2 结果表明，总体而言，各省市城市居民基本医疗标准要高于农村居民，这主要是因为城市居民日常医疗支出额大于农村居民，虽然农村居民的脆弱性指数高于城市居民，但是受制于医疗支出额基数太低，最终结果也是城市标准高于农村。这反映了医疗的城乡差异有其历史原因，不是一个政策可以马上解决的问题。从分布来看，城市居民基本医保保障标准分布较为均衡，但是农村标准中只有西藏自治区标准异常低，由此可以推断当地农村居民的日常医疗消费也很低，这或许与当地居民日常医疗的就医习惯有关。

计算出各省市的基本医疗保障标准后，如果将其加入最低生活保障线，显然会大幅提高现有低保线水平，由此引起一系列问题，比如筹资渠道是从医疗救助资金拨付还是直接提高低保标准、中央和地方对资金筹集的责任如何分配、由此会引起低保人口增加多少、对最低工资标准会产生何种影响。由此引起的一系列问题还有待深入探讨。是否将基本医疗需求加入现有低保标准或许会有综合权衡后的价值判断，但是无论最终的政策决策如何，都不影响居民日常医疗需求作为基本需求的性质。

三 重大疾病脆弱性评估结果的政策应用

对于城乡差异的结果，我们可以从两个角度来解读：如果将居民医疗的城乡差异作为原因，那么应该将城乡差异视为既定事实前提，由此出发来制定相应的政策。基于此制定的政策也是城乡差异化的政策。这些差异化政策具有符合当地居民生活实际状况的优点，但也有延续差异甚至深化差异的缺点。反之，如果将城乡差异视作后果，建立一个城乡公民平等享有医疗资源的权利、共享社会发展成果的救助制度，在这个前提下讨论城乡差异现状的不足，探索改进或消除这种差异的政策方案。从政府施政的角度，有可能选择第一种角度来维护现状稳定，也有可能选择第二种角度来开拓进取。但是，作为研究肯定选择第二种角度来讨论城乡差异，以期达到解决因病致贫问题的目的。

因病致贫脆弱性评估是基于宏观数据的脆弱性评估，因此对评估结果最恰当的应用也是为政府的公共政策提供参考。前文结合重大疾病的脆弱性评估结果归纳出了这些指数具有的显著城乡差异特征。此外，还发现我国居民重大疾病的脆弱性存在以下特征：根据农村居民脆弱性指数明显的偏态分布特征，西部省区的农村居民遭受住院疾病冲击时具有高度的致贫脆弱性，其中又以西北部省份脆弱性最高，西南部省份次之，中部省份脆弱性居中，东部少数省份脆弱性最低。这种区域差异的分布特征让人很容易联想到脆弱性指数与经济发展水平存在某种联系。结合相关分析的结果，农村居民的重大疾病脆弱性指数与人均GDP呈显著（$P<0.05$）的负相关关系。这显然为以上联系提供了证据，同时也确认了关联方向。由此可以得出推论：农村居民的重大疾病脆弱性与当地经济发展水平关系密切，经济水平越高，当地居民的重大疾病脆弱性指数越低，反之亦然。部分省份的重大疾病脆弱指数总是异常的高。典型的比如青海、甘肃、内蒙古、宁夏、陕西、贵州、四川等几个省区，几乎在所有疾病类型的评估中都表现为极高的脆弱性。经过回溯观察评估数据发现，部分省区农村居民的收入储蓄特别低，这导致其应对资金筹

集能力明显小于其他省份。这说明居民个人的收入储蓄在脆弱性指数评估中占有重要地位。结合影响因素分析的结果，农村居民的当年储蓄、农村可支配收入、农村消费支出、农村医疗保健支出等因素都与其重大疾病脆弱性指数相关性显著（$P<0.05$），相关方向为负，表明对于居民而言，收入储蓄及消费水平越高，其重大疾病脆弱性越低，反之亦然。其政策意义是农村居民收入储蓄的增加能够降低其重大疾病脆弱性。

对重大疾病致贫脆弱性指数特征的归纳，为其政策应用提供了方向。基于不同的施政目标，可以从多个角度应用以上脆弱性评价结果。本书评估的居民因病致贫脆弱性指数是各省市总体层次上的结果，因此将评估结果结合省域层次政策制定是合理的。最直接的应用是为中央对地方提供医疗救助资金的分配方案提供参考。在中央医疗救助资金总量一定的情况下，科学合理的资金分配机制会决定资金分配的最终效果。本书对各省居民因病致贫脆弱性水平的评估，可以为合理分配资金提供科学的参考。实践中中央为各省提供医疗救助资金时可能会考虑很多种因素，但是其中最基本的一条应该是根据各省市居民的因病致贫风险程度分配：对于居民因病致贫脆弱性高的省区提供更高金额的补贴，对于居民因病致贫风险程度低的省市提供较低的补贴；如果还考虑其他因素，也是在此基础上再讨论，这是由救助资金"救急难"的性质决定的。

根据我国城乡居民重大疾病脆弱性评估结果，可以建立一个资金分配系数，用于中央对地方医疗资金补贴的分配参考。具体而言，根据不同的施政目的，可以分两种情况，第一种是以缓解或消除城乡差异为目标的资金分配方案，其计算式为：

$$MS_i = AF \times \frac{V_{ci,ri}}{\sum V_{ci} + \sum V_{ri}} \times R \times 100\%, \quad (AF = \frac{TFF}{31}) \quad (8-2)$$

式中，MS_i（medical subsidy）是中央对 i 省市的医疗补贴；V_{ci}、V_{ri} 分别是城镇居民重大疾病脆弱性指数和农村居民重大脆弱性指数；AF（allocation of funds）为补贴基数，它等于总财政资金 TFF（total financial funds）的平均值；R（range coefficient）为范围系数，它可以是各省因病致贫人口占全国因病致贫人口的比率，即用因病致贫人口除以当地总人口。

2015 年医疗卫生与计划生育支出 11953.18 亿元，其中中央政府为 84.51 亿元，其余绝大部分由地方承担。但是结合医疗救助支出数据来看，政府救助花费在医疗保险、合作医疗和直接救助三项总和为 269.05 亿元，我们假设中央承担的部分都是针对医疗救助的，那么中央承担的部分也占总救助金额的近 1/3。如果这部分中央资金的拨付按照各地居民因病致贫风险程度来分配的话，就更符合医疗救助的"救急难"精神。由于日常医疗和住院疾病已经由社会保险提供了保障，那么政府的救助资金一般是面向遭遇重大疾病风险冲击的居民。至此，就可以应用式（8—2），基于居民重大疾病脆弱性评估结果，来核算中央对各省区救助资金的分配金额，这个金额以各省市居民的脆弱性水平为分配系数，充分体现了"救急难"的社会救助精神。

具体的计算过程也需要对数据进行一些处理。由于重大疾病有九种类型，因此对各省市居民的重大疾病风险脆弱性的总体评估需要取九类重大疾病的平均值。在此基础上计算全国各省市居民重大疾病的相对水平。受数据来源限制，无法确知各省市的因病致贫人口数据，因此也就无法求范围系数 R 的值，所有分配方案的结果中，都带有 R 系数，但是这并不影响政策应用，实际操作中，如果有各收入水平居民的数据，就可以用收入水平小于（平均收入×脆弱性指数）的标准计算本省的脆弱人口数，然后再除以总人口得到本省的脆弱性范围系数 R。计算结果如表 8—3 所示。

表 8—3　参考脆弱性指数的中央医疗救助资金对各省市分配额

单位：万元

地区	补贴额	地区	补贴额
平　均	27261.29R	河　南	7194.16R
北　京	2988.98R	湖　北	10335.33R
天　津	3717.15R	湖　南	14940.76R
河　北	9993.79R	广　东	9120.77R

续表

地　区	补贴额	地　区	补贴额
山　西	10175.39R	广　西	10894.91R
内蒙古	47990.29R	海　南	8295.79R
辽　宁	6255.65R	重　庆	13341.26R
吉　林	9328.60R	四　川	19590.32R
黑龙江	8384.99R	贵　州	25356.00R
上　海	120.22R	云　南	14239.70R
江　苏	5087.23R	西　藏	7595.09R
浙　江	2437.28R	陕　西	21920.90R
安　徽	11238.53R	甘　肃	54869.42R
福　建	11029.34R	青　海	150170.15R
江　西	7718.92R	宁　夏	25749.90R
山　东	4103.32R	新　疆	11976.91R

注：表中值只反映按因病致贫强度分配的方案，最终结果还需经范围系数R的调整。

在没有参考范围系数的情况下，大多数省份得到的医疗救助资金都小于平均数，其原因在于青海、甘肃、内蒙古等几个省区分得了资金的相当大部分，比如青海一个省就拿走了15亿元的救助金，这是因为该省的居民脆弱性指数异常高造成的。当然，这个分配方案只反映了各省区的因病致贫强度，没有经过范围系数的调整，考虑到因病致贫人口的话，青海的份额肯定会被缩减。尽管如此，我们也可以从表中结果看出，以各省区居民脆弱性指数为参考，计算出的资金分配方案能够使资金更加倾向于贫困问题更加突出的西部、北部贫困省区，从而使救助资金的应用更鲜明地体现了"救急难"的原则。按照《国务院办公厅关于全面实施城乡居民大病保险的意见》的文件精神，要求到"2015年底前，大病保险覆盖所有城镇居民基本医疗保险、新型农村合作医疗参保人群，大病患者看病就医负担有效减轻"。目前我国各省区已经在居民医疗保险、新农合的基础上，衍生建立了城乡居民大病保险。但是即便如此，也不能保证实现对所有重大疾病患者家庭的完全保障。毕竟，如前文所述，医疗保险终究有其自身的局限性，这在该文件中也有体现，比如对大病保险的支付比率方面提出的要求是到"2015年大病保险支付比例应达到50%以上",这意味着剩余的一半还是要靠居民自己承担。对于此后依然存在的居民因病致贫风险,该文件也明确了其进一步的目标是"到2017年,建立起比较完善的大病保险制度,与医疗救助等制度紧密衔接,共同发挥托底保障功能,有效防止发生家庭灾难性医疗支出,城乡居民医疗保障的公平性得到显著提升"。这意味着,要最终防范居民陷入因病致贫状况,还是要依靠医疗救助制度来托底。这种托底的医疗救助就不可能像医疗保险制度那样是普及性的、平均分配的。而是应该根据居民遭遇的疾病风险大小,或者是疾病风险造成的困难程度高低来分配救助资金。而以上按照各省区居民脆弱性指数来分配救助资金,显然就恰好迎合了这一要求。有利于医疗救助资金更好地发挥其救助效果,从而提高救助资金的总体应用效率。

以上对居民因病致贫脆弱性评估结果的两种应用只是抛砖引玉,事实上,根据政策制定和实施的具体需求,还可以从多个方面、多个角度应用居民的脆弱性评估结果。比如从风险减除的角度,结合评估中各类疾病冲击的风险大小、不同居民群体的脆弱性指数,从流行病学或公共卫生角度,设计更具针对性的公共卫生或疾病预防与减除政策。也可以从风险抵抗力的角度,结合评估过程中居民的抵抗力的构成因素,以及不同居民群体的脆弱性指数特征,设计更加合理的收入分配政策或医疗保险政策。此外,国务院已经于2016年印发了《关于整合城乡居民基本医疗保险制度的意见》,说明统一城乡居民基本医疗保险的工作已经正式展开。分析和明确现状是施政的基础,本书对我国城乡居民因病致贫脆弱性的评估有助于揭示城乡居民在因病致贫方面的特征以及二者差异,这可以为各省市的城乡医保统一提供参考,比如哪些省市的城乡差异较小可以更快推进、哪些层次的医疗城乡差异较大统一时应该注重对农村居民的补贴强化,或者是哪些类型的疾病城乡差异明显,城乡统一时应该从预防、补贴方式等多方面综合施策等。总之,对居民脆弱性评估结果的应用还可以有很多种可能,只需要结合不同的施政目标进行具体分析即可。

第九章

研究结论

第一节 研究结论

马克思主义为最广大人民群众的民生状况改善提供了理论指导，认为无产阶级民生的改善需要具备诸多条件，比如对现状的科学认知是切实改善民生的必要前提。通过对我国各省市居民因病致贫脆弱性指数的总体评估，并对评估结果进行的特征总结以及相关分析，最终可以归纳出以下几点结论：

结论一：医疗方式越复杂、用时越长，居民的脆弱性水平越高。由于居民遭遇疾病风险的情况多种多样，为了更有序呈现居民的风险，本书结合情景分析法将居民的疾病风险分为日常医疗、住院医疗以及重大疾病三种情景。各省市评估结果显示：不同疾病风险情景下，居民的脆弱性水平差异明显。呈现出医疗形式越是多样、复杂，脆弱性水平就越高；医疗用时越长，脆弱性水平越高。比如日常医疗形式相对简单，用时较少，居民的脆弱性水平总体很低；住院医疗形式相对多样，用时较长，居民的脆弱性水平也总体较高；而一些重大疾病特别是一些发生率高、短期医疗费用高的疾病，其致贫脆弱性指数会非常高，突出的如循环系统疾病及肿瘤疾病就是如此。

结论二：居民脆弱性指数的城乡差异明显。由于评估基于的相关数据本来就是分城乡提供的，因此评估结果也自然地分城乡显示。从评估结果明显可以看出在相同的风险情景下，城乡居民的脆弱性评估结果存在很大差异。其中，日常医疗的脆弱性评估结果显示，农村居民的指数均值是城市居民指数均值的 10 倍以上；住院医疗的脆弱性评估结果显示，农村居民的指数平均水平是城市居民的近十倍；重大疾病的脆弱性评估结果显示，九类重大疾病中，农村居民的指数是城市居民的几倍到几十倍。

结论三：横向来看，我国居民脆弱性指数也呈现出明显的区域差异。城乡差异分析过程中发现，居民脆弱性指数还存在明显的区域差异，北京、上海、浙江、山东等东部省市在多种情景下脆弱性水平都较低，而青海、内蒙古、贵州、甘肃、宁夏等西部省份的脆弱性水平都较高。主成分分析以及 Spearman 相关分析则表明，不同省市的影响因素也有差异，比如，北京、西藏、上海、青海、天津等省份居民的脆弱性受公共服务因素的影响较大。在居民收入和储蓄方面，北京、上海、浙江、江苏等省市的居民收入和储蓄有利于降低其脆弱性水平，而西藏、青海、贵州等省区居民收入和储蓄的作用则相反。这表明省域之间的居民收入和储蓄对其居民脆弱性的影响存在明显差异。负外部性影响因子方面也存在类似的省域差异，西藏、广东、山东、江苏等省份的居民脆弱性受到负外部性的正向影响，而吉林、黑龙江、辽宁、宁夏等省区受到负向影响。其实，以上省域差异可以综合概括为东西差异，结合东西部经济水平的差异，也可以经验性地认为脆弱性指数的省际差异与各省经济发展水平差异相一致。对于脆弱性指数的相关因素分析结果也证实了这一点：各省居民的脆弱性指数与人均 GDP 的相关系数呈负相关关系，具有统计意义上的显著性（城市 $P<0.01$，农村 $P<0.05$）。

结论四：农村居民的指数具有"突变"的特征。单独观察农村居民的各类风险情景下的指数变化规律，发现其与城市居民的指数变化有明显不同。农村居民的脆弱性指数在日常医疗情景下脆弱性水平（参见第八章脆弱性水平划分等级）只是在低水平上，而住院疾病的脆弱性则陡然上升到较高水平，在重大疾病情景下，部分重大疾病的脆弱性指数都在高水平上，如果单纯对比三种情景下的指数，部分省市住院疾病是日常医疗的几百倍。而对应情景下，城市居民的指数在三种情景下则都是低脆弱性水平。这就凸显出农村居民指数的"突变"特征，也就是说，农村居民的日常医疗脆弱性水平并不高，与城市居民一样都处于低脆弱性水平上，但是从住院疾病开始，农村居民的脆弱性指数就突然升高，达到了较高或高度的水平。相比之下，城市居民指数就不存在这种"突变"。

结论五：九类重大疾病对居民的致贫脆弱性也有很大差异，可以归纳为"双高型""单高型"以及"慢性型"三种类型。"双高型"包括循环系统疾病、肿瘤疾病，这两类疾病的特征是疾病发生率高，同时短期医疗费用也高。居民面临这些"双高型"疾病的贫困脆弱性水平也是最高的。比如农村居民在这两类疾病的脆弱性都在高水平上。而"单高型"疾病主要指血液和造血器官疾病、损伤类疾病，这些疾病的发生率不算高，但是单次医疗费用则非常高，因此居民面临这些疾病的脆弱性也相当高，只是略低于"双高型"疾病，是次高的疾病类型。而剩余的内分泌代谢和营养疾病、呼吸系统疾病、消化系统疾病、泌尿生殖系统疾病、骨骼结缔组织疾病综合起来包含的具体疾病类型很多，因此总和发生率并不低，但是这些疾病的致贫脆弱性则并不算太高，其原因在于这些类型疾病的发生过程较为缓慢，单次医疗费用并不算太高，因此居民面临这些疾病的脆弱性水平并不算太高。由此可见，重大疾病因种类不同而具有不同的致贫风险。

第二节　研究不足及展望

本书以马克思主义民生思想为指导，以统计数据为基础，实证评估了我国城乡居民的因病致贫脆弱性状况，归纳了居民脆弱性指数的城乡差异特征，探讨了居民脆弱性水平的相关影响因素。虽然在研究视角、研究方法上有一定的创新，但是研究中也存在不少问题和不足。

首先，在数据应用方面，风险因素指标、风险抵抗力指标的选择以及范围系数的选择等受可获取数据的限制，通常要对数据进行多次处理才能应用于模型，这会造成数据精度的损失；尤其是关于重大疾病的评估方面，由于现实中疾病种类非常多，为了便于研究，只能对30种疾病类型归并为9类，其中疾病发生率、医疗费用数据在归并时必然损失一定的精确性。研究结果的分析方面，城乡差异显而易见，在梳理城乡差异的同时也发现各省指数存在明显的区域差异,虽然后续的相关分析发现经济发展水平可能是解释区域差异的原因,但它们之间的关系还有待进一步的详尽分析。

其次,评估结果显示出了明显的城乡差异,这种差异可以经验地理解为是我国二元经济社会的现实导致的。在进行影响因素分析时发现城市居民指数与影响因素的相关性显著,结果也符合相关原理及实践经验。但是对农村居民指数的相关分析结果则不理想,其脆弱性指数仅与少数影响因素的关系显著,尝试多种分析方法的结果都是如此。出现这种情况有以下几种可能:第一种可能是本书提出的脆弱性评估模型只适合对城市居民情况的评估,而不适合农村居民。因为对城乡居民的评估应用的是相同的模型。第二种可能是农村居民的数据存在问题。不可否认,农村居民在公共卫生服务或其他公共产品的获取上存在短板,收入分配、保险制度、保障制度也存在明显的城乡差异,这就导致很多数据看似是面对全体居民的,事实上受到影响的仅仅是城市居民。当然,具体情况还值得进一步的实证分析。

最后,本书的评估结果虽然基本达到了揭示区域居民脆弱性水平的目的,但是以省域为对象的评估结果只具有宏观意义。其实该评估方法可以基于地级或县级数据,进行更小范围的居民因病致贫脆弱性评估,这样一来其政策意义更加具体,也可以为地方政策制定提供更实用的参考。

总之,书中构建的居民因病致贫风险脆弱性评估模型一方面参考了成熟风险脆弱性评估模型,另一方面参考了贫困计量的经典方法,两种方法分属自然科学和社会科学,虽说从贫困理论、风险评估理论等角度看有其合理性,评估结果也较为符合经验预期,但正如前文所述,方法与问题的结合很多方面都还存在不足,还有待进一步的优化和探索。可以预见,伴随我国生存贫困人口大量减少,因病致贫问题将日益成为贫困救助领域的突出问题。基于脆弱性评估的研究方法能够反映因病致贫问题的"风险—贫困"问题特征,相关研究必定会越来越丰富。

附录　主成分分析结果

附录表1—1　　各影响因素与城市居民脆弱性指数的 Pearson 相关分析

	Vctu	vcfm	vcxy	vccs	vchx	vcxh	vcmn	vcgg	vcss
eflu	-0.287	0.323*	0.298	0.277	0.331*	0.329*	0.316*	0.32*	0.303*
egas	0.04	0.009	0.031	0.048	0.002	0.004	0.015	0.012	0.027
hawa	0.399**	0.406**	0.402**	0.397**	0.407**	0.407**	0.405**	0.405**	0.403**
heavm	0.045	0.022	0.038	0.051	0.017	0.018	0.027	0.024	0.035
csav	-0.937***	-0.925***	-0.934***	-0.939***	-0.921***	-0.922***	-0.928***	-0.926***	-0.932***
rsa	-0.735***	-0.716***	-0.729***	-0.739***	-0.711***	-0.713***	-0.720***	-0.718***	-0.727***
cdpi	-0.783***	-0.746***	-0.772***	-0.792***	-0.737***	-0.740***	-0.754***	-0.750***	-0.768***
ccoe	-0.623***	-0.585***	-0.612***	-0.633***	-0.576***	-0.578***	-0.593***	-0.588***	-0.607***
cheale	-0.308*	-0.286	-0.302*	-0.313*	-0.281	-0.283	-0.291	-0.288	-0.299
ppbe	-0.238	-0.189	-0.223	-0.25	-0.178	-0.181	-0.199	-0.193	-0.217
ppse	-0.088	-0.069	-0.083	-0.093	-0.065	-0.066	-0.073	-0.071	-0.08
pse	-0.037	0.007	-0.024	-0.048	0.017	0.014	-0.002	0.003	-0.018
phele	-0.178	-0.128	-0.163	-0.191	-0.117	-0.12	-0.139	-0.133	-0.156
cgdp	-0.579***	-0.532***	-0.565***	-0.591***	-0.521***	-0.524***	-0.542***	-0.536***	-0.559***
cbjz	-0.594***	-0.560***	-0.584***	-0.602***	-0.552***	-0.554***	-0.567***	-0.563***	-0.580***
zjjz	0.101	0.102	0.101	0.101	0.102	0.102	0.102	0.102	0.102

注：*$P<0.1$，**$P<0.05$，***$P<0.01$。

附录表1—2　　主成分与城市居民肿瘤疾病脆弱性指数的回归

vctu	Coef.	St. Err	t-value	p-value	Sig.
f1	0.033	0.018	1.82	0.080	*
f2	0.139	0.020	6.83	0.000	***
f3	-0.121	0.034	-3.54	0.001	***
f4	0.031	0.038	0.80	0.428	
_cons	0.854	0.040	21.42	0.000	***
Mean dependent var	0.854	SD dependent var	0.384		
R-squared	0.700	Number ofobs	32.000		
F-test	15.772	Prob > F	0.000		
Akaike crit. (AIC)	0.035	Bayesian crit. (BIC)	7.363		

注：*** $p<0.01$，** $p<0.05$，* $p<0.1$。

附录表1—3　　主成分与城市居民内分泌代谢和营养疾病脆弱性指数的回归

vcnfm	Coef.	St. Err	t-value	p-value	Sig.
f1	0.013	0.011	1.24	0.227	
f2	0.076	0.012	6.34	0.000	***
f3	-0.068	0.020	-3.39	0.002	***
f4	0.017	0.023	0.76	0.457	
_cons	0.077	0.024	3.25	0.003	***
Mean dependent var	0.077	SD dependent var	0.216		
R-squared	0.665	Number ofobs	32.000		
F-test	13.425	Prob > F	0.000		
Akaike crit. (AIC)	-33.468	Bayesian crit. (BIC)	-26.139		

注：*** $p<0.01$，** $p<0.05$，* $p<0.1$。

附录表1—4　　主成分与城市居民血液和造血器官疾病脆弱性指数的回归

Vcblo	Coef.	St. Err	t-value	p-value	Sig.
f1	0.024	0.015	1.64	0.113	
f2	0.111	0.017	6.67	0.000	***
f3	-0.098	0.028	-3.50	0.002	***
f4	0.025	0.031	0.79	0.437	

续表

Vcblo	Coef.	St. Err	t-value	p-value	Sig.
_cons	0.515	0.033	15.71	0.000	***
Mean dependent var		0.515	SD dependent var		0.310
R-squared		0.690	Number of obs		32.000
F-test		15.016	Prob > F		0.000
Akaike crit. (AIC)		-12.527	Bayesian crit. (BIC)		-5.199

注：*** $p<0.01$，** $p<0.05$，* $p<0.1$。

附录表1—5　主成分与城市居民循环系统疾病脆弱性指数的回归

vccs	Coef.	St. Err	t-value	p-value	Sig.
f1	0.044	0.022	1.99	0.057	*
f2	0.176	0.025	6.96	0.000	***
f3	-0.152	0.042	-3.58	0.001	***
f4	0.039	0.048	0.82	0.421	
_cons	1.320	0.050	26.59	0.000	***
Mean dependent var		1.320	SD dependent var		0.486
R-squared		0.709	Number of obs		32.000
F-test		16.470	Prob > F		0.000
Akaike crit. (AIC)		14.089	Bayesian crit. (BIC)		21.417

注：*** $p<0.01$，** $p<0.05$，* $p<0.1$。

附录表1—6　主成分与城市居民呼吸系统疾病脆弱性指数的回归

vchx	Coef.	St. Err	t-value	p-value	Sig.
f1	0.011	0.010	1.11	0.275	
f2	0.069	0.011	6.23	0.000	***
f3	-0.062	0.019	-3.35	0.002	***
f4	0.016	0.021	0.74	0.463	
_cons	-0.012	0.022	-0.55	0.589	
Mean dependent var		-0.012	SD dependent var		0.196
R-squared		0.658	Number of obs		32.000
F-test		12.962	Prob > F		0.000
Akaike crit. (AIC)		-38.663	Bayesian crit. (BIC)		-31.335

注：*** $p<0.01$，** $p<0.05$，* $p<0.1$。

附录表1—7　　主成分与城市居民消化系统疾病脆弱性指数的回归

vcxh	Coef.	St. Err	t – value	p – value	Sig.
f1	0.011	0.010	1.15	0.261	
f2	0.071	0.011	6.26	0.000	***
f3	-0.064	0.019	-3.36	0.002	***
f4	0.016	0.021	0.75	0.461	
_cons	0.011	0.022	0.49	0.631	
Mean dependent var		0.011	SD dependent var		0.201
R – squared		0.660	Number ofobs		32.000
F – test		13.089	Prob > F		0.000
Akaike crit.（AIC）		-37.294	Bayesian crit.（BIC）		-29.965

注：*** p<0.01，** p<0.05，* p<0.1。

附录表1—8　　主成分与城市居民泌尿生殖系统疾病脆弱性指数的回归

vcmn	Coef.	St. Err	t – value	p – value	Sig.
f1	0.016	0.012	1.35	0.188	
f2	0.084	0.013	6.43	0.000	***
f3	-0.075	0.022	-3.42	0.002	***
f4	0.019	0.025	0.77	0.451	
_cons	0.175	0.026	6.82	0.000	***
Mean dependent var		0.175	SD dependent var		0.237
R – squared		0.673	Number ofobs		32.000
F – test		13.872	Prob > F		0.000
Akaike crit.（AIC）		-28.143	Bayesian crit.（BIC）		-20.814

注：*** p<0.01，** p<0.05，* p<0.1。

附录表1—9　　主成分与城市居民骨骼结缔组织疾病脆弱性指数的回归

vcgg	Coef.	St. Err	t – value	p – value	Sig.
f1	0.014	0.011	1.29	0.209	
f2	0.079	0.012	6.38	0.000	***
f3	-0.071	0.021	-3.40	0.002	***

续表

vcgg	Coef.	St. Err	t – value	p – value	Sig.
f4	0.018	0.023	0.76	0.454	
_cons	0.116	0.024	4.76	0.000	***
Mean dependent var		0.116	SD dependent var		0.224
R – squared		0.669	Number ofobs		32.000
F – test		13.616	Prob > F		0.000
Akaike crit. (AIC)		-31.279	Bayesian crit. (BIC)		-23.950

注：*** $p<0.01$，** $p<0.05$，* $p<0.1$。

附录表1—10　主成分与城市居民损伤类疾病脆弱性指数的回归

vcss	Coef.	St. Err	t – value	p – value	Sig.
f1	0.021	0.014	1.56	0.130	
f2	0.103	0.016	6.61	0.000	***
f3	-0.090	0.026	-3.47	0.002	***
f4	0.023	0.029	0.78	0.441	
_cons	0.404	0.030	13.28	0.000	***
Mean dependent var		0.404	SD dependent var		0.287
R – squared		0.685	Number ofobs		32.000
F – test		14.700	Prob > F		0.000
Akaike crit. (AIC)		-17.201	Bayesian crit. (BIC)		-9.873

注：*** $p<0.01$，** $p<0.05$，* $p<0.1$。

参考文献

［美］保罗·萨缪尔森（Paul A. Samuelson）、威廉·诺德豪斯（William D. Nordhaus）：《微观经济学》，萧琛等译，华夏出版社1999年版。

陈国强主编：《简明文化人类学词典》，浙江人民出版社1990年版。

陈学胜、周爱民：《新汇率体制下中国上市公司外汇风险暴露研究》，《经济管理》2008年第8期。

陈奕延、陈小宪、李晔：《城市群视角下的高校科技合作对策——基于半模糊Spearman-Hamming联接强度模型》，《技术经济与管理研究》2018年第6期。

陈迎春、徐锡武等：《新型农村合作医疗减缓"因病致贫"效果测量》，《中国卫生经济》2005年第8期。

陈在余、王海旭、蒯旭光：《农户因病致贫的动态变化及其影响因素分析》，《湖南农业大学学报》（社会科学版）2017年第6期。

程毛林：《多元非线性回归预测模型的一种建立方法》，《统计教育》1997年第3期。

崔凤：《城市贫困人口医疗问题的现状与出路》，《中共青岛市委党校·青岛行政学院学报》2004年第1期。

戴海夏等：《上海市A城区大气PM10、PM2.5污染与居民日死亡数的相关分析》，《卫生研究》2004年第3期。

邓娌莉、夏师：《多元回归模型及其在GDP增长中的应用》，《经济研究导刊》2018年第34期。

丁建定：《1845年苏格兰新济贫法的颁布与实施》，《兰州学刊》2012年第 8 期。

丁建定：《改革开放以来党对社会保障制度发展道路的认识》，《社会保障研究》2017 年第 6 期。

丁建定、何二毛：《论中国社会福利制度类型的完善》，《贵州社会科学》2015 年第 6 期。

丁建定：《论英国济贫法制度的政治功能》，《东岳论丛》2012 年第 8 期。

丁建定：《论中国养老保障制度与服务整合——基于"四力协调"的分析框架》，《西北大学学报》（哲学社会科学版）2019 年第 2 期。

丁建定：《西方现代社会保障制度发展的政治基础》，《新疆师范大学学报》（哲学社会科学版）2017 年第 2 期。

丁建定：《中国养老保障制度整合与体系完善》，《中国行政管理》2014 年第 7 期。

段小丽、魏复盛：《我国环境化学污染物的健康影响现状和问题及科研发展方向》，《环境与健康杂志》2010 年第 12 期。

鄂学礼：《饮水污染对健康的影响》，《中国卫生工程学》2006 年第 1 期。

樊丽明、解垩：《公共转移支付减少了贫困脆弱性吗？》，《经济研究》2014 年第 8 期。

方淑芹、王凯华、米术斌：《职业压力对高校教师心血管疾病的影响》，《家庭医药（医药论坛）》2010 年第 11 期。

房莉杰：《我国农村贫困人口的医疗保障研究》，《中国卫生经济》2006 年第 1 期。

封进、李珍珍：《中国农村医疗保障制度的补偿模式研究》，《经济研究》2009 年第 4 期。

冯朝军：《基于多元回归分析的我国 CPI 影响因素识别》，《统计与决策》2017 年第 24 期。

高明、唐丽霞：《多维贫困的精准识别——基于修正的 FGT 多维贫困测量方法》，《经济评论》2018 年第 2 期。

郭梦童、吴群红等：《医保患者住院费用补偿、自付比及因病致贫变化趋势分析》，《中国医院管理》2014 年第 12 期。

《民政部、卫生部、财政部关于实施农村医疗救助的意见》，中国政府网，

http://www.gov.cn/gongbao/content/2004/content_62870.htm。

《国务院办公厅转发民政部等部门关于建立城市医疗救助制度试点工作意见的通知》，中国政府网，http://www.gov.cn/gongbao/content/2005/content_63211.htm。

海闻、刘刚、王健：《中国农村卫生问题研究：经济学的观点（一）》，《中国卫生经济》2002年第3期。

韩峥：《广西西部十县农村脆弱性分析及对策建议》，《农业经济》2002年第5期。

贺晓娟、陈在余、马爱霞：《新型农村合作医疗缓解因病致贫的效果分析》，《安徽农业大学学报》（社会科学版）2012年第5期。

洪秋妹：《新农合制度缓解因病致贫的作用效果》，《中外企业家》2014年第30期。

侯石安、刘朔涛：《健康人力资本、财政医疗卫生支出与财政政策选择——基于中国重大疾病谱变化视角的实证研究》，《经济经纬》2017年第4期。

侯石安、谢玲：《贵州农村贫困程度及其影响因素分析——基于2001—2012年贵州农村FGT贫困指数的多维测度》，《贵州社会科学》2014年第7期。

黄伟：《风险冲击、脆弱性与农户贫困关系研究》，硕士学位论文，华中农业大学，2008年。

霍增辉、吴海涛：《贫困脆弱性研究综述：评估方法与决定因素》，《农村经济与科技》2015年第11期。

蒋红卫、夏结来：《偏最小二乘回归及其应用》，《第四军医大学学报》2003年第3期。

解垩：《代际间向上流动的私人转移支付与贫困脆弱性》，《经济管理》2015年第3期。

解垩：《医疗保险与城乡反贫困：1989—2006》，《财经研究》2008年第12期。

李东风、郑忠国：《最优线性回归的计算方法》，《数理统计与管理》2008年第1期。

李鹤、张平宇、程叶青:《脆弱性的概念及其评价方法》,《地理科学进展》2008年第2期。

李盛基、吕康银:《财政支出、经济增长与农村贫困——基于1990—2008年时间序列数据的实证分析》,《东北师大学报》(哲学社会科学版)2014年第3期。

李雪莲、刘梅、李健:《商业银行汇率风险暴露系统估计及其规避之浅见》,《现代财经》(天津财经大学学报)2010年第30期。

李叶、吴群红、高力军:《我国农村居民灾难性卫生支出的制度成因分析》,《中国卫生政策研究》2012年第11期。

李怡霏:《农村地区因病致贫现状及影响因素分析》,《中国管理信息化》2018年第3期。

林闽钢:《社会保障如何能成为国家治理之"重器"?——基于国家治理能力现代化视角的研究》,《社会保障评论》2017年第1期。

林闽钢:《在精准扶贫中构建"因病致贫返贫"治理体系》,《中国医疗保险》2016年第2期。

林齐宁:《决策分析》,北京邮电大学出版社2003年版。

刘昌明、曹英杰:《我国水污染状况及其对人类健康的影响与主要对策》,《科学对社会的影响》2009年第2期。

刘军强、刘凯、曾年益:《医疗费用持续增长机制——基于历史数据和田野资料的分析》,《中国社会科学》2015年第8期。

刘明、王仁曾:《基于t检验的逐步回归的改进》,《统计与决策》2012年第6期。

刘新华:《因子分析中数据正向化处理的必要性及其软件实现》,《重庆工学院学报》(自然科学版)2009年第9期。

刘学文:《中国股市投资者情绪测度指标的优选研究》,《中国管理科学》2019年第1期。

刘燕主编:《风险管理及其模型》,郑州大学出版社2015年版。

柳红兰:《心理压力及应对方式对心血管疾病的影响研究》,《中外医疗》2011年第2期。

卢志平、赵紫娟:《基于主成分分析法的制造业企业市场导向水平测度》,

《商业经济》2019 年第 1 期。

陆康强：《贫困指数：构造与再造》，《社会学研究》2007 年第 4 期。

吕美行：《对农村医疗保障制度构建的理论思考》，《卫生经济研究》2001 年第 6 期。

祁红光：《基于多元回归数学模型的分析应用研究》，《湘南学院学报》2007 年第 2 期。

任金法：《饮用水水源污染对人体健康的威胁及安全饮水的对策》，《中国卫生检验杂志》2009 年第 4 期。

沈琳：《我国水资源污染的现状、原因及对策》，《生态经济》2009 年第 4 期。

沈政：《新农合对农户因病致贫的缓解效果研究——基于生存分析视角》，《西部经济管理论坛》2018 年第 1 期。

时正新：《中国的医疗救助及其发展对策》，《国际医药卫生导报》2002 年第 11 期。

史培军：《三论灾害研究的理论与实践》，《自然灾害学报》2002 年第 3 期。

司富春：《"因病致贫返贫"与医疗卫生精准扶贫》，《中国人口报》2016 年 3 月 28 日。

宋志立：《贫困脆弱性研究文献综述》，《经济研究导刊》2013 年第 25 期。

孙梦洁、韩华为：《灾害、风险冲击对农户贫困脆弱性影响的研究综述》，《生产力研究》2013 年第 4 期。

孙祁祥等：《中国医疗保障制度改革：全民医保的三支柱框架》，《经济科学》2007 年第 5 期。

孙志刚：《实施大病保险是减轻人民就医负担的关键》，《行政管理改革》2012 年第 12 期。

唐圣春：《医疗消费的致贫研究》，《中国医院管理》2006 年第 3 期。

万广华、章元、史清华：《如何更准确地预测贫困脆弱性：基于中国农户面板数据的比较研究》，《农业技术经济》2011 年第 9 期。

汪辉平、王增涛、马鹏程：《农村地区因病致贫情况分析与思考——基于西部 9 省市 1214 个因病致贫户的调查数据》，《经济学家》2016 年第 10 期。

王保真：《浅析我国多层次医疗保障体系的建立与完善》，《卫生经济研究》2008 年第 11 期。

王晨阳、王成：《线性回归方程显著性的事先检验问题》，《延安大学学报》（自然科学版）2005 年第 2 期。

王琦等：《中医痰湿体质相关影响因素的研究》，《北京中医药大学学报》2008 年第 1 期。

王三秀、罗丽娅：《国外能力贫困理念的演进、理论逻辑及现实启示》，《长白学刊》2016 年第 5 期。

王三秀、王昶：《精准脱贫中政府与社会合作的欠缺及提升》，《理论探索》2018 年第 5 期。

王伟：《重大疾病对贫困的作用机制及其应对策略研究》，硕士学位论文，南京大学，2013 年。

王相宁、王敷慧：《商业银行外汇风险暴露及其影响因素》，《金融论坛》2012 年第 2 期。

王志锋等：《以大病统筹方法解决农村居民因病致贫的可行性研究》，《中国初级卫生保健》1997 年第 10 期。

王志强等：《福建省 11 个县饮用水水质与胃癌死亡率的关系》，《中国公共卫生学报》1997 年第 2 期。

王卓：《论暂时贫困、长期贫困与代际传递》，《社会科学研究》2017 年第 2 期。

魏凤英、赵溱、张先恭：《逐步回归周期分析》，《气象》1983 年第 2 期。

吴忆彤、苏玉璐：《农村贫困人口因病致贫、因病返贫现状及调查分析——基于南宁市 12 个县（区）调查数据》，《大众科技》2018 年第 5 期。

向润、陈素芬、曾雪强：《基于多重多元回归的人脸年龄估计》，《山东大学学报》（工学版）2016 年第 3 期。

肖羽堂等：《我国水资源污染与饮用水安全性研究》，《长江流域资源与环境》2001 年第 1 期。

谢邦昌、韩静舒:《社会基本医疗保险对家庭消费的影响》,《商业经济与管理》2015年第5期。

徐善长:《大病保险:健全医保体系的重要环节》,《宏观经济管理》2013年第3期。

徐伟、章元、万广华:《社会网络与贫困脆弱性——基于中国农村数据的实证分析》,《学海》2011年第4期。

徐映梅、张提:《贫困缺口总指数的构造、分解与应用》,《统计研究》2016年第7期。

徐正东、时瑜:《泸州市农民因病致贫返贫现状及对策研究》,《法制与社会》2016年第21期。

闫菊娥、高建民、周忠良:《陕西省新型农村合作医疗缓解"因病致贫"效果研究》,《中国卫生经济》2009年第4期。

杨丽莹:《我国新型城镇化的主成分影响因子及其VAR传导效应研究》,《河北经贸大学学报》2019年第2期。

杨文、孙蚌珠、王学龙:《中国农村家庭脆弱性的测量与分解》,《经济研究》2012年第4期。

于雷、郑云龙:《逐步回归响应面法》,《大连理工大学学报》1999年第6期。

袁兆康等:《新型农村合作医疗对农民医疗服务需要与利用影响研究》,《中国农村卫生事业管理》2005年第5期。

翟会君、饶振兴、翟洪涛:《基于优化支持向量机及Spearman秩次检验的滑坡变形预测研究》,《甘肃科学学报》2018年第5期。

张广科、黄瑞芹:《新型农村合作医疗制度目标及其实现路径——基于西部五省一线调研数据的实证分析》,《中国人口科学》2010年第4期。

张冀、祝伟、王亚柯:《家庭经济脆弱性与风险规避》,《经济研究》2016年第6期。

张倩、孟慧新:《气候变化影响下的社会脆弱性与贫困:国外研究综述》,《中国农业大学学报》(社会科学版)2014年第2期。

张晓、杨琼英、林国桢等:《大气污染与居民肺癌发病及死亡灰色关联分析》,《中国公共卫生》2014年第2期。

张晓:《中国水污染趋势与治理制度》,《中国软科学》2014年第10期。

张昭、杨澄宇、袁强:《"收入导向型"多维贫困的识别与流动性研究——基于CFPS调查数据农村子样本的考察》,《经济理论与经济管理》2017年第2期。

张忠朝、袁涛:《医疗保障扶贫实施情况分析研究》,《中国医疗管理科学》2016年第4期。

赵家正:《多元回归分析模型及其教学水平预测应用》,《科技风》2018年第33期。

郑功成:《中国社会救助制度的合理定位与改革取向》,《国家行政学院学报》2015年第4期。

《政治经济学批判大纲》第1分册,人民出版社1975年版。

中国保险监督管理委员会:《我国人身保险业第一套重大疾病经验发生率表发布》,http://bxjg.circ.gov.cn//web/site0/tab5207/info3891930.htm,2013年11月14日。

《社会救助暂行办法》,中国政府网,http://www.mca.gov.cn/article/fw/bmzn/shjz/flfg/201507/20150715848487.shtml。

宗樾:《从墨菲定律看安全管理》,《中国质量报》2011年第8期。

左停、徐小言:《农村"贫困—疾病"恶性循环与精准扶贫中链式健康保障体系建设》,《西南民族大学学报》(人文社科版)2017年第1期。

Bankoff, Greg et al., *Mapping Vulnerability: Disasters, Development and People*, London: Earth scan, 2004: 256.

Barbara Parker, Valerie Kozel, "Understanding Poverty and Vulnerability in India's Uttar Pradesh and Bihar: A Q-squared Approach", *World Development*, Volume 35, Issue 2, February 2007: 296 – 311.

W. TrivelpieceiLee A. Van Arsdalej Edwin L. Zebroskik, Confronting the risks of terrorism: making the right decisions, Reliability Engineering & System Safety Volume 86, Issue 2, November 2004: 129 – 176.

Blaikie, P., T. Cannon, I. Davis & B. Wisner, *At Risk: Natural Hazards, People's Vulnerability, and Disasters*, London: Routledge, 1994, p. 181.

Cesar Calvo and Stefan Dercon, "Measuring Individual Vulnerability", *Department of Economics Discussion Paper Series*, March 2005: 1471 – 1498.

Cesar Calvo, "Vulnerability to Multidimensional Poverty: Peru, 1998 – 2002", *World Development*, Volume 36, Issue 6, June 2008: 1011 – 1020.

Douglas Paton, Leigh Smith, John Violanti, *Disaster response: risk, vulnerability and resilience*, 2000, 9 (3): 173 – 180.

Ethan Ligon, "Poverty and the welfare costs of risk associated with globalization", *World Development*, Volume 34, Issue 8, August 2006: 1446 – 1457.

Ezzati M., Rodgers A., Lopez A. et al., *Comparative Quantification of Health Risks: Global and Regional Burden of Disease Due to Selected Major Risk Factors*, Geneva: World Health Organization, 2004.

Fan, S., L. Zhang, and X., Zhang, "Growth, Inequality and poverty in ruralchina: the role of public investment", *IPRI research report*, Vol125, No. 1, June 2002, p. 1 – 71.

Fara K., "How Natural Are 'Natural Disasters?': Vulnerability to Drought of Communal Farmers in Southern Namibia", *Risk Management*, 2001, 3 (3): 47 – 63.

Foster J., J. Greer, E. Thorbecke, "A Class of Decomposable Poverty Measures", *Econometrica*, 1984, 52 (3): 761 – 766.

Guo Y., Y. Jia, X. Pan, et al., "The association between fine particulate air pollution and hospital emergency room visits for cardiovascular diseases in Beijing, China", *Sci Total Environ*, Vol. 407. No. 3, 2009: 4826 – 4830.

Isabel Günther, Kenneth Harttgen, "Estimating Households Vulnerability to Idiosyncratic and Covariate Shocks: A Novel Method Applied in Madagascar", *World Development*, Volume 37, Issue 7, July 2009: 1222 – 1234.

James E. Foster, "Inequality and poverty orderings", *European Economic Review*, Volume 32, Issues 2 – 3, March 1988: 654 – 661.

Jeremy Holland, "Female labour force integration and the alleviation of urban poverty: A case study of Kingston, Jamaica", *Habitat International*, Volume 19, Issue 4, 1995: 473 – 484.

Katsushi S. Imai, Raghav Gaiha, "Microfinance and Poverty—A Macro Perspective", *World Development*, Volume 40, Issue 8, August 2012: 1675 – 1689.

Klaus Deininger, Marito Garcia, K. Subbarao, "AIDS-Induced Orphanhood as a Systemic Shock: Magnitude, Impact, and Program Interventions in Africa", *World Development*, Volume 31, Issue 7, July 2003: 1201 – 1220.

Luc Christiaensen, Lionel Demery, Jesper Kuhl, "The (evolving) role of agriculture in poverty reduction—An empirical perspective", *Journal of Development Economics*, Volume 96, Issue 2, November 2011: 239 – 254.

Mengjie Sun, Baofeng Chen, Jinzheng Ren, "Natural Disaster's Impact Evaluation of Rural Households' Vulnerability: The case of Wenchuan earthquake", *Agriculture and Agricultural Science Procedia*, Volume 1, 2010: 52 – 61.

Neil McCulloch, Michele Calandrino, "Vulnerability and Chronic Poverty in Rural Sichuan", *World Development*, Volume 31, Issue 3, March 2003: 611 – 628.

Paul Glewwe, Gillette Hall, "Are some groups more vulnerable to macroeconomic shocks than others? Hypothesis tests based on panel data from Peru", *Journal of Development Economics*, Volume 56, Issue 1, June 1998: 181 – 206.

Peacock, Walter G., Ragsdale, A. Kathleen, "Social systems, ecological networks and disasters: Toward a socio-political ecology of disasters", *Hurricane Andrew: Ethnicity, Gender, and the Sociology of Disasters*, New York: Routledge, 1997: 20 – 35.

Robert Chambers, Melissa Leach, "Trees as savings and security for the rural poor", *World Development*, Volume 17, Issue 3, March 1989: 329 – 342.

Robert Chambers, "Rural poverty unperceived: Problems and remedies", World Development, Volume 9, Issue 1, January 1981: 1 – 19.

Shafiq Dhanani, Iyanatul Islam, Poverty, "Vulnerability and Social Protection in a Period of Crisis: The Case of Indonesia", *World Development*, Volume 30, Issue 7, July 2002: 1211 – 1231.

Shubham Chaudhuri, Martin Ravallion, "How well do static indicators identify the chronically poor?", *Journal of Public Economics*, Volume 53, Issue 3,

March 1994: 367-394.

Stefan Dercon, "Wealth, risk and activity choice: cattle in Western Tanzania", *Journal of Development Economics*, Volume 55, Issue 1, February 1998: 1-42.

Turner, B. L. II, Roger E. Kasperson, Pamela A. Matson, James J. McCarthy, Robert W. Corell, Lindsey Christensen, Noelle Eckley, Jeanne X. Kasperson, Amy Luers, Marybeth L. Martello, Colin Polsky, Alexander Pulsipher, and Andrew Schiller, *A Framework for Vulnerability Analysis in Sustainability Science*, PNAS (Proceedings of the National Academy of Sciences of the United States of America) 2003, 100 (14): 8074-8079.

UNISDR, *Global Assessment Report on Disaster Risk Reduction—Risk and Poverty in a Changing Climate: for a Safer Tomorrow. United Nations International Strategy for Disaster Reduction*, Switzerland: Geneva, 2009: 207.

Warren Bailey, Edward Ng, Rene M. Stulz, "Optimal hedging of stock portfolios against foreign exchange risk: theory and applications", *Global Finance Journal*, Volume 3, Issue 2, Autumn 1992: 97-113.

WHO, *Quantification of the Disease Burden Attributable to Environmentalrisk Factors. China Country Profile*, Geneva: World Health Organization, 2009.

Wolfgang Kröger, Enrico Zio, *Vulnerable Systems*, London: Springer, 2011.

World Bank, *World Development Report 2000/2001: "Attacking Poverty"*, Oxford: Oxford University Press, 2001, p. 335.

Yin Zhang, Guanghua Wan, "The impact of growth and inequality on rural poverty in China", *Journal of Comparative Economics*, Volume 34, Issue 4, December 2006: 694-712.

致　　谢

　　本书的写作是我十余年来对风险与贫困救助思考的一个总结。写作期间离不开工作单位和深造学校各位老师、同学的帮助和启发。在与他们长期的共同工作和学习中，持续的问题探讨、思想碰撞都对本书的写作提供了思路和灵感，在此对华中科技大学、河南理工大学、湖北民族大学的各位老师、同事和同学表示真挚的感谢！尤其是华中科技大学，在这里我求学六年，也是成长最快的六年。在华中科技大学我收获了知识，收获了成长，收获了爱情。一直喜欢华中科技大学笔直的校园大道、诗意的林间小路、安静的图书馆、菜品美味的食堂等。当然，最有魅力的是这里的老师和同学，上课时教授们丰厚的学识、睿智的思维、深入浅出的讲授都使我受益良多；学术会议、论坛沙龙同学们对学术的思考和解读常使人耳目一新，相处时深感他们都是锐意进取、科研实力超强的牛人，更是渊博亲和的师友。能在华中科技大学学习真是自己的幸事！还要感谢河南理工的各位领导和同事对我的支持和帮助，我们一起工作、一起出游，一起经历了那么多，他们是同事更是朋友！更要感谢湖北民族大学的领导和同事们，他们在生活上、工作上为我提供了很多的帮助和支持！

　　最后要感谢家人的理解和支持。我的母亲、妻女以及其他家人，正是他们的支持，使我在工作和学习上没有了后顾之忧。家里大小事务基本上由妻子操劳，乖巧的女儿越来越懂事、越来越独立，母亲、岳父母以及兄弟姐妹也从各方面为我提供支持。很幸运拥有这么好的家人，这份亲情永远是我最珍贵的财富！

常金奎
2021 年 3 月 20 日